民国新闻教育史料选辑

龙伟 任羽中 王晓安 何林 吴浩 编

图书在版编目(CIP)数据

民国新闻教育史料选辑/龙伟,任羽中等编. —北京:北京大学出版社,2010.1
ISBN 978-7-301-16469-3

Ⅰ.民… Ⅱ.①龙… ②任… Ⅲ.新闻学－教育史－史料－中国－民国
Ⅳ.G219.296

中国版本图书馆 CIP 数据核字(2009)第 227274 号

书　　　名：民国新闻教育史料选辑
著作责任者：龙　伟　任羽中　王晓安　何　林　吴　浩　编
责 任 编 辑：李廷华
标 准 书 号：ISBN 978-7-301-16469-3/G·2782
出 版 发 行：北京大学出版社
地　　　址：北京市海淀区成府路 205 号　100871
网　　　址：http://www.pup.cn
电　　　话：邮购部 62752015　发行部 62750672
　　　　　　编辑部 62752824　出版部 62754962
电 子 邮 箱：weidf02@sina.com
印　刷　者：三河市欣欣印刷有限公司
经　销　者：新华书店
　　　　　　730 毫米×980 毫米　16 开本　19.75 印张　313 千字
　　　　　　2010 年 1 月第 1 版　2010 年 1 月第 1 次印刷
定　　　价：40.00 元

未经许可,不得以任何方式复制或抄袭本书之部分或全部内容。
版权所有,侵权必究
举报电话:010－62752024　电子邮箱:fd@pup.pku.edu.cn

选编说明

一、本书选编了1926—1949年间我国新闻界、教育界关于新闻教育的部分文章资料,供研究者参考。其中大多数文章是第一次按专题汇编出版。

二、为研究方便,文章按发表时间先后排列。惟所选袁昶超先生的几篇文章,本是袁氏在《报学杂志》上发表的系列文章,为保持文章的整体性,故将这几篇文章排在一起。

三、所选文章尽量保持原貌,只做了适当的技术处理。如原文有明显错漏,编辑改动之处用[ ]号标明,难以辨认的字用□号标明。有人名、地名与今日通译不同者,也用[ ]号改注。

四、为方便研究者查考原文,各文均在文末标明出处。

五、因学识所限,遗漏或选材、编排失当之处在所难免。所选《新闻教育机关概况》等三篇文章,原出处即未注明作者。恳请读者指正并帮助提供新的线索和资料。

民国时期的新闻教育(代序)

1918年国立北京大学添设新闻学科,开启了我国近现代新闻教育,至今已经过去九十多个春秋。1949年之前的民国时代,其新闻教育的发展具有重要的历史价值。我们编这本《民国新闻教育史料选辑》,就是希望通过搜集整理那些似已湮灭的文字,帮助读者对民国新闻教育事业的发展状况以及新闻教育思想有更多的了解,进而对今日的新闻教育有所思考。

关于民国新闻教育的初创及发展历程,兹引用新闻学前辈戈公振的论述,对这一过程作简要交代。

民国元年,全国报界俱进会,曾提议设立新闻学校,是为我国知有报业教育之始。民国九年,全国报界联合会,已进一步,议决新闻大学组织大纲。惜两会均不久瓦解,未能见诸实行。民国七年,北京国立大学,设立新闻学研究会,请文科教授徐宝璜为主任,是为报业教育之发端。民国九年,上海圣约翰大学于文科中设立报学系。民国十年,厦门大学成立,列报学于所设八科之一。民国十二年,北京平民大学。民国十三年,北京国际大学与燕京大学。民国十四年,上海南方大学等,又先后设立报学系。

进入20世纪30年代后,新闻教育的发展进一步加速。1944年,蒋荫恩在《新闻教育感想》一文中以感慨的笔调写道:"近十年来,新闻教育似乎风行一时,大学竞设新闻学系,专科职校则纷设新闻班,报馆及与新闻事业有关机关,亦多成立训练班讲习班,而若干热心分子则开办速成科及函授学校,五花八门,热闹之至。"据同年卜少夫对民国新闻教育机构所作不完全统计,民国先后成立的新闻教育机构至少有39所,数量上已经不少。不过,卜少夫也一针见血地指出:"过去创立新闻教育机关的人,主要的动机由于应一时紧急的需要,以致用为主,很少是为了企图建立中国新闻学术,以求中国新闻学在学理技术上的奠立。"对这个批评,我们今日回过头再来看,"中国新闻学在学理技术上的奠立"似仍是未完成之重任。

民国新闻教育的内涵包含甚广,我们对以下几个方面的印象尤其深刻。

一、报业(包括报业教育)的社会责任感

近代报业大多有着强烈的社会责任感,肩负着教化民众的社会使命,同样地,新闻教育也有极明确的参与社会、服务社会的自我定位。早在1920年,全国报界联合会议决组织新闻大学,其大纲即提出,新闻大学宗旨有四,分别为"造就新闻专门人才","促进全国新闻业之发达","补助国际舆论","输入新文化"。可见,这一时期人们对新闻大学的设计乃是本着培育人才与服务社会并重的思路,既造就报业的发达,又借此改造中国的社会与文化。可以说,其后陆续成立的各新闻教育机关也大多传承了这种精神。例如1925年成立的南方大学报学系及报学专修科,在办学规程中就提出:"报业高尚之职业也。惟其感化人民思想及道德之重大无比,故亟宜训练较善之新闻记者以编较善之报章,而供公众以较善之服务。"与此类似的自我定位往往也可以在其他新闻教育机关的办学宗旨中找到。民国新闻教育的这种自我定位,一方面固然是报业的社会功能所决定的,另一方面显然也受到特定的历史环境影响,与民国知识分子的"救亡"使命和理想主义情节休戚相关。

进入20世纪30年代后,国家救亡的时代主题日益突现,新闻教育界明确意识到报刊应该肩负起动员人民,唤醒民众的时代责任,而新闻教育也必须着力去养成服务于社会的新闻从业人员。著名报人成舍我明确地写到:"自从九一八事件发生以来,我们更深切的感到,有急起直追转变我们目标的必

要。内容应由政治转到广义的社会,读者应由少数特殊阶级转到全国劳动大众。就是要将向来被视为特殊阶级的读物,变成大众的读物,使全国士农工商,都能看报,用报纸来唤起全国民众,共赴国难,抵御外侮,这是中国报纸应该改革的第一点。"在这种情况下,培养怎样的记者就不仅仅是一个纯粹技术上的问题,而成为整个民族教育对时代的一种响应。我们去读那些民国相关新闻教育的论著,就会发现这种强烈的社会责任感和使命感是贯穿整个民国新闻教育的重要主线。

二、注重学生常识的养成,培养报业"通才"

大致看一看民国时期各新闻学校开设的课程,我们便可以发现那一时期的新闻学教育与今日的新闻教育有着显著的差别。这种差别最为引人注目的地方恐怕就在于"专业"的区分上。用较为时髦的话来表达这种区别,我们可以说民国的新闻教育是一种"通识"的教育,而今日的新闻教育则显得极为"专业"。以国立暨南大学新闻系为例,该系1947年第一学期大一所开设课程为三民主义、国文、英文、中国通史、民法总则、哲学概论、政治学、新闻学概论;大二所开设课程为伦理学、中国近代史、经济学、政治学、国际公法、采访学、报业管理、英文新闻文选。两个年级的"专业"课程都非常有限(该校新闻系自1946年度始成立,只有两个年级),相反却开设了大量的文、史、哲课程,以培养学生的常识。施志刚对比了1947年前后民国政治大学、复旦大学、民国大学、暨南大学、中国新闻专科、民治新闻专科六所新闻教育机关开设的课程,发现"专业"课程只占到极小的比例,专业课程开设最多的民治新闻专科,专业课程也只占58.3%,而专业课程开设最少的政治大学,专业课程仅占27.7%。所有的学校都强调文法科课程,此类课程大多超过所有课程的50%,其中语文类(包括文法、修辞、外国语等)大体均在30%左右,史地类课程约占10%。

不少民国新闻教育家认为,新闻教育最主要的是基本知识,如语、文、史、地、政、经等学科的训练,以培养学生的常识。例如有文章即指出,"新闻学校里现所学习的课程,诸如编辑技术一类的'玩意',只要在报馆实习了两三个星期后,便可熟习的,现在花费许多时间去学习这类工作,无非是种浪费。但是我们所不易学习的部分是什么呢？就是一般普通的常识，这种常识一个学生刚步出学校跑进报馆的时候常会感觉到是非常缺乏的。一个新闻家要是缺乏各种常识，他的新闻事业决不能有什么发展，在个人方面或是对国家社会也决不会有什么贡献"。进而，"一个新闻学校如果单注意刻板理论的灌注，而不顾普通常识的训练，那么我敢说这个新闻学校的效果，是极为微薄的。因为国际局势以及各项常识，并非是在短期中所能获得，必需经过长时期的修养方能得到。"正因为民国新闻教育家对记者常识的看重，觉得新闻记者"必须是常识十分丰富充足的人"，故而燕京大学、复旦大学等新闻学系都"不只是供给学新闻者一种专门的知识与技能，而对于种种普遍的学识亦极其注重"。这种对普遍学识的重视，决定了民国的新闻教育机构，即使是专门的职业学校也并不仅仅局限在编辑、印刷等极专业的课程学习上，而是着力一种"通才"（曾虚白语）的培养，努力将"职业教育"与"文化教育"结合起来。

三、强调新闻职业的训练，鼓励学生动手实践

民国新闻教育除开设大量的理论课程外，也非常强调学生实践，提高学生的实际技能。谢六逸曾说："新闻学不能单在理论方面去探求，也不能完全偏重于应用。如果只顾及理论，就要犯不切实用的毛病，反之，也易流于低级趣味，而不能尽报纸的职责。"强调实际技能的训练，同样是民国新闻教育的一大特色。

就民国大多数的新闻教育机关来看，无论是其宗旨，还是课程的安排，都明显地体现出强调实践的倾向。成舍我创办的新闻专科学校，其目的就在于塑造"手脑并用"的新闻从业人员，强调学生的动手能力，并以《世界日报》作为学生实践的舞台。燕京大学、复旦大学、圣约翰大学等新闻学系的课程，也都强调"理论与实习"并重，这些大学不但办有各种各样的刊物，有条件的学校还组织有通讯社、印刷所和研究室，以便学习新闻的学生进行实习。燕京大学新闻学系以学理与实验并重为宗旨，刊行有《燕京新闻》、《新闻学研究》、《新中国英文月刊》、《中英文燕大报务之声》等数种刊物，以为学生练习之助。复旦大学新闻学系，其校刊由新闻系高年级同学轮流试编，分采访、编辑两

部,由教授指导。每星期出版一次,以沟通校内消息。除此之外,复旦还组织有通讯社和印刷所,皆为学生实践之场所。即使那些设备未臻完善的新闻教育机关,学校不能完全提供学生实习的设备和场所,但也多与各地报社、通讯社等新闻事业机关合作,提供学员实践锻炼的机会。

当然,我们也应该看到民国新闻教育存在的种种不足。比如民国时期的大多数新闻教育机构都受师资、经费、设备匮乏的困扰,难以彻底地推进理想的新闻教育。虽然我们觉得民国的新闻教育特别重视技能培养,但其时的新闻教育家仍感学生理论与实践严重脱节,以致陈望道在谈到中国新闻教育机关的问题时,认为新闻教育亟须解决的两大问题便是"如何充实教学的设备与内容,使有志新闻事业的青年更能学以致用"以及"如何与新闻事业机关取得更密切之联系,使学与用更不全十脱节"。此外,民国的新闻教育主要在于培养直接服务于报界的从业人员,而对于新闻学的研究不甚措意。诚如成舍我所言:"自来轻视新闻教育的人们,总以为新闻教育,其目的只是训练一些技术的人才,是职业教育的一种,没有什么高深学理的研究,不能成为一个学术上独立研究的部门。所以直到现今中国的大学中还没有正式允许新闻学系的存在,更谈不到正式的新闻学院。其实新闻教育,一方面固然是职业教育的一种,一方面何尝不含有高深学理的研究,尤其号称民本主义的国家,新闻教育更有积极提倡的必要。"恰因这种高深学理研究的不足,直接导致了卜少夫所谓的"中国新闻学术"的奠定化为泡影。

相信读者在这本选辑中,还能够读出更丰富的内容来。作为编者,我们也试图使这本选辑有更丰富的内容,能"发出它自己的声音",能带给读者更深刻的思考。当然,它是否能体现出我们对民国新闻教育的某种理解,则还要请读者评判。

参与本书编选工作的有龙伟(西南科技大学)、任羽中(北京大学)、王晓安(北京大学)、何林(重庆市委宣传部)和吴浩(外语教学与研究出版社)。北京大学出版社的杨书澜老师也给予我们许多指导和帮助,在此表示深深的谢忱。

编 者

2009 年 9 月 9 日

目　录

中国报业教育之近况　戈公振　/ 1
新闻教育之目的　戈公振　/ 9
复旦大学新闻学会成立演讲词　戈公振　/ 16
大学新闻系之组织　张继英　/ 18
新闻教育的重要及其设施　谢六逸　/ 21
教育与报纸的关系　钱　鹤　/ 33
燕京大学新闻学系概况　黄宪昭　/ 37
新闻教育与新闻事业　谢六逸　/ 43
大学教育与新闻人才　胡庶华　/ 45
新闻教育机关与报业协作　张君良　/ 48
发展边区及内地新闻教育　君　良　/ 53
中国新闻教育方针的商榷
　　——为报学季刊特撰　窦　定　/ 56
造就新闻人才和办理新闻事业有彻底合作的必要　郭步陶　/ 59
我所理想的新闻教育　成舍我　/ 62
我所受的新闻教育　凌鸿基　/ 74
怎样普及新闻教育　潘　觉　/ 77

新闻教育问题　惜　莹　/82
新闻教育与教育新闻　胡汉君　/86
新闻教育机关概况　/94
复旦大学新闻学系概况　谢六逸　/113
新闻职业与大学教育　马星野　/120
中国新闻教育之现在与将来　梁士纯　/124
新闻教育之价值　Frank I. Martin　/129
战时报人的进修问题　钱　震　/131
培养战时新闻人才　裴　克　/134
建设中国本位的新闻教育　杜绍文　/136
新闻学院存在的问题　/139
新闻事业与新闻人才　/147
新闻记者之教育　黄天鹏　/149
四十年来中国新闻学之演进　黄天鹏　/155
中央政治学校的新闻教育　张学远　/164
谈新闻教育　卜少夫　/167
培植新的报人　沈法准　/178
新闻教育感想　蒋荫恩　/181
怎样增加新血轮　刘光炎　/193
培养报业人才管见　詹文浒　/195
中政校新闻学院之产生及其未来　曾虚白　/199
新闻馆与新闻教育问题　陈望道　/204
中国新专之过去现状及展望　施志刚　/205
中国新闻教育与新闻事业　陈锡余　/207
新闻教育的重点在哪里　王师莱　/211
今日之中国新闻教育　储玉坤　/215
二十年来的新闻教育　储玉坤　/220
论中国新闻教育　施志刚　/225
初期的报学教育　袁昶超　/240
中国的报学教育　袁昶超　/244

报学教育的目标　袁昶超　/251
报学系课程概述　袁昶超　/255
报学教育和职业训练　袁昶超　/260
报学教育的前途　袁昶超　/264
论新闻教育　吴灌声　/267
注重通才的培养　曾虚白　/270
改造新闻教育　朱沛人　/272
论我国新闻教育　储玉坤　/276
中国新闻教育的现状与急需　武道(M. Votaw)　/280
敬与武道教授论中国新闻教育　钟华姐　/283
进步的新闻教育　王公亮　/289
论新闻系与新闻界之合作　白宝善　/292
假如我再念报学系　余　予　/294

戈公振

中国报业教育之近况

中国报学史稿之一

报业教育在欧美甚新。矧在我国,其幼稚固不待言也。

欧美名记者,往昔金谓报馆为最佳之报学院。实用方法,恐难于教室内教授。故报业教育初兴之时,颇遭报界之轻视。然自此种人才加入报界之后,觉成绩优良,远过于未受专门训练者。于是报界之怀疑始去。而乐与教育界携手。世间有一颠扑不破之公例,即学问绝无害于经验,而有助于经验也。

记者之职责至重,誉之者至谓为救世主。然执今之报界中人,而询其因何而为记者,如何而后成良好之记者?恐能作明了之答复者,千百之十一耳。故由道德上理想上以造就报业人才,则报馆不如学校。学问与经验,两不宜偏废也。

抑尤有进者,报业职业也。一论一评一纪事,须对读者负责任。非有素养者,曷足以语此。譬之医之处方,可以活人,亦可以杀人。往昔私相传授偏重经验,今则非大学生不得肄习。非有卒业证书,不得为人治病。此无他,慎重人命而已。欧美名记者,固有出身于报馆者,然此种人不数数见,岂足以应报界之需,故报界之必须有教育。即使有志于此者,于未入报界之先,予以专门之训练及关于政治学心理学社会学上之高级知识,乃尊重职业之意,岂有他哉。

民国元年,全国报界俱进会,曾提议设立新闻学校,是为我国知有报业教育之始。民国九年,全国报界联合会,已进一步议决新闻大学组织大纲。惜两会均不久瓦解,未能见诸实行。民国七年,北京国立大学,设立新闻学研究会,请文科教授徐宝璜为主任,是为报业教育之发端。民国九年,上海圣约翰大学于文科中设立报学系。民国十年,厦门大学成立,列报学于所设八科之一。民国十二年,北京平民大学。民国十三年,北京国际大学与燕京大学。民国十四年,上海南方大学等,又先后设立报学系。最近上海光华大学与国民大学成立,亦有报学课程,至是报学乃在教育上占一位置,可喜之现象也。

● 国立北京大学之有报学课程,已五六年于兹,为政治系四年级选修课之一。然该校学生之有报学兴味者不少,故最近选修是科者,竟达七十人,文科、法科均有之。每周授课两小时,教授为徐宝璜,去年曾新编讲义,但未几即改用其所著之新闻学以为课本,参考书指定为 Harrington and Trankenbery 著之 Essentials in Journalism; Given 著 The Making of a Newspaper;邵振青著之新闻学总论等。前曾发行新闻周刊,对于一周之新闻,为系统之记载,下公允之评论,为中国唯一传播新闻学识之报纸。

● 上海圣约翰大学,于民国九年,由教授卜惠廉 W. A. S. Pott 在教务会议中提议设立报学系,附于普通文科,请密勒氏评论报主笔及美国密梭里大学报学学士毕德生 D. D. Patterson 兼任其事,故授课均在晚间。约大周刊(英文)亦于此时发行,编辑者即为报学系中人。一时选读者达四五十人,校长见学生对报学至有兴味,乃函告美国董事部,添聘报学教授一人。民国十三年,得密梭里大学报学硕士武道 M. E. Votaw 来华主任教务。于是报学课程渐多。每学期选读者均约五六十人,以教授人数太少,未设专科,故毕业者仍给以文科学士学位。

● 厦门大学成立于民国十年,为华侨陈嘉庚所创办,内设八科,报学其一也。斯时草创伊始,教授缺乏,学生只一人而已。课程与文科同,徒有其名。翌年夏,江浙学生负笈前往者渐多,入报学科者增至六人。惟学校当局,重视理科而漠视其他。报学科学生乃组织同学会,内则要求学校当局聘请主任,添设课程,购买图书与印刷机器,外则介绍同志加入此科。民国十一年冬,学校因聘英国爱丁堡大学哲学博士孙贵芝为报学科主任,孙在伦敦曾自办日报,于报学颇有心得,锐意经营,报学科遂日有起色。不意民十二年发生反对校长风潮,教授九人及全体学生宣言离校,赴沪创设大夏大学,于是幼稚之厦大报学科遂成昙花一现。

● 北京平民大学创办之初,即规定设立报学系。民国十二年,第一届预科毕业,该系即正式成立。今共有三级,学生计男百〇五人,女八人。聘北大报学系教授徐宝璜为主任。北京国闻通信社社长吴天生,京报社长邵飘萍等为教授。有自编讲义者,有口授而令学生笔记者。学生课外组织有新闻学研究会,有时亦至报馆实习,其所发行之新闻学系级刊,每半月出版一次,为报学界罕有之出版物。

● 北平燕京大学于民国十三年设立报学系,分为两级。最初仅有学生九人,内有女子一人。专习者只两三人,亦有仅选读课程之一二种者。然无论专习,或选读习者,均须三年或四年级生。斯系聘哥伦比亚大学报学学士布立登[白瑞通] Roswell S. Britton 为主任,密梭里[密苏里]大学报学学士蓝序 Vernon Nash 等为教授。燕京通信社 Yenching News Service 为该系师生所合组随时采集新闻,供给北京、天津、上海、汉口、香港、东京、纽约报纸十余家。始仅出英文稿件,今又增出中文,均酌取稿费。该系本拟自出报纸,因经济关系,尚未实行。但燕大周刊之新闻副刊,已归该系编辑。该系学生有在北京导报 Peking Leader 及其他报馆服务者,或为长期,或仅充暑期访员。

● 北京国际大学于民国十三年秋季设立报学系,聘毛壮侯为主任。专读者三十七人,选修者十人。国际日报为该校校长所办,故学生任何时间均可前往实习。外此有学生自组之新闻学研究会及每星期由教授引导至各大报馆参观。

● 北京民国大学,于民国十三年设立报学系,惟现仍系预科。俟预科毕业,始可正式开课。

● 上海南方大学,于民国十四年春,延美国哥伦比亚大学报学硕士汪英宾为主任,设立报学系及报学专修科。必修之学科凡三,报学原理,及广告原理,由汪自授,访事学由时报编辑戈公振任之。专读者报学系十八人,内有女子一人,专修科五人,选读者八十余人,内有女子一人。课外则组织南大通讯社,学生分日出外采集新闻,供给本埠各报馆之用,不取费。暑假中发生复辟风潮报学系亦遂涣散,今虽尚存其名,然主持已非旧人矣。

- 上海光华大学为上海圣约翰大学反对校长之师生所组织,学程中仍有报学一课。延汪英宾为教授,选修者六十余人,文科学生居多。广告学选修者二十余人,商科学生居多,汪拟建新校舍落成后,募款设立报学院,以期有完善之组织。

- 上海国民大学,为上海南方大学反对校长之师生所组织,设科一仍其旧,报学系聘戈公振讲中国报学史,商报编辑潘公展讲编辑法,时事新报编辑潘公弼讲报馆管理,蔡正雅讲广告学,该系学生曾联合光华大夏二大学报学学生合组上海报学社。内则提倡读书,外则参观报馆。学生之课作有登载各报者,亦有兼任报馆访员者,专读者六人,选读者三十余人。

- 北京华北大学章程载有报学系,但未开班。民国十四年,预科毕业生志愿升入该系者,人数不多,故学校当局拟先设专修科,一年毕业。

- 北京新闻大学,为张秋白所创办,于民国十四年秋开始招生。据云,有学生本科二十二人,特科二十三人,预科二十五人,惟报学目前有无设立大学必要,尚是一疑问,故该校已自动的于本年改称民族大学。

- 民国十四年夏季,上海远东通信社长莫克明,假寰球中国学生会开新闻学暑期演讲会两星期,延李昭实女士、王一之、朱少屏、潘公弼、张东荪、严锷声、汪英宾、严独鹤、潘竞民、朱希农、周孝庵、戈公振等为讲师。每日下午八时起,演讲一小时,讲题虽由讲师自择,但各不相同,听讲者男女四十余人。每人收费一元,演讲外并参观中外报馆。会毕,听讲者合组新闻学会为永久研究之机关。

- 报学函授学校,近已有多人组织,使不以纯粹谋利为目的,则于内地之投稿家未尝无益。

- 附件一:

南方大学报学系及报学专修科规程

目的 报业高尚之职业也。惟其感化人民思想及道德之重大无比,故亟宜训练较善之新闻记者以编辑较善之报章,而供公众以较善之服务。

报业之为职业也,举凡记者主笔经理图解者通信员发行人广告员,凡用报章或定期刊以采集预备发行新闻于公众者皆属之。本科之唯一目的,为养成男女之有品学者,以此职业去服务公众。

资格 (一)本系生——凡具有入系之资格,即修毕大学本科二年学程者,遵照本系学程研究期得学位者皆属之。(二)专修科生——凡具有入专修科之资格,即大学预科或高级中学毕业相当程度者,遵照本专修科学程研究期得毕业证书者皆属之。(三)特别生——凡无入本系或专修科之资格,并不期得学位或毕业证书而具有下列资格一项者,皆得入本系或专修科为特别生。(甲)有一年编辑之经验或本性相近者。(乙)国文精通者。(丙)能直接听记英文讲义者。

学位与证书 报学系生修完必修与选修各课,并满八十学分而经毕业试验及格时,授予报学士学位。报课专修科生修完必修与选修各课并满一百二十学分,考试及格时给予毕业证书。特别生选读学程考试及格时给予修业证书。

课程:

报学系一年级

学程	学期	学分
报学历史与原理	2	6
访事一	1	3
访事二(或广告之编写与销售)	1	6
广告原理	1	3
补系必修课	2	10
随意课	2	12—24

报学系二年级

学程	学期	学分
报馆管理一	1	3
报馆管理二(或社论编写)	1	3
编辑法	2	10
报学指导	1	2
补系必修课	2	10
随意课	2	12—24

　　　　报学专修科一年级

报学历史与原理	2	6
访事一	1	3
广告原理	1	3
社会科学选修科	2	10
外国语选修科	2	6
随意课	2	12—22

　　　　报学专修科二年级

访事二（或广告之编写与销售）	1	6
报馆管理一	1	3
社会科学选修课	2	10
外国语选修课	2	6
随意课	2	14—24

　　　　报学专修科三年级

报馆管理二（或社论编写）	1	3
报纸指导	1	2
编辑法	2	10
社会科学选修课	2	10
外国语选修课	2	6
随意课	2	8—18

● 附件二：

平民大学新闻学系分年课程表

第一学年　共计十二种科目授课时间二十三小时
　　一、新闻学概论(2)　二、速记术(1)　三、经济学(3)　四、政治学(2)　五、文学概论(2)　六、哲学概论(2)　七、民法概要(2)　八、中国文学研究(2)　九、英文（读报）(2)　十、日语（读本文法）(2)　十一、宪法(2)　十二、文字学(1)

第二学年　共计十二种科目授课时间二十三小时

一、新闻采集法(1)　二、新闻编述法(1)　三、广告学(2)　四、社会学(2)　五、照相制版术(1)　六、财政学(3)　七、中国近代政治外交史(2)　八、平时国际公法(2)　九、统计学(2)　十、中国文学研究(2)　十一、英文(读报)(2)　十二、日文(读报)(2)　十三、文字学(1)

第三学年　共计十一种科目授课时间二十小时

一、新闻经营法(1)　二、新闻评论法(1)　三、采编实习(2)　四、评论实习(2)　五、时事研究(2)　六、现行法令纲要(2)　七、战时国际公法(2)　八、中国近代财政史(2)　九、现代金融论(2)　十、近代小说(2)　十一、英文(读报)(2)

第四学年　共计十一种科目授课时间二十小时

一、新闻事业发达史(2)　二、特别评论法(戏评书评)(1)　三、出版法(1)　四、采编实习(2)　五、评论实习(2)　六、群众心理(2)　七、时事研究(2)　八、现代各国政治外交史(2)　九、现代社会问题(2)　十、近代戏剧(2)　十一、英文(新闻学选读)(2)

● 附件三：

全国报界联合会所议决之新闻大学组织大纲

第一条　新闻大学之宗旨：(一)造就新闻专门人才。(二)促进全国新闻业之发达。(三)补助国际舆论。(四)输入新文化。

第二条　新闻大学之成立，由全国报界联合会，选举委员五人，择定国内相当之大学筹备组织之。

第三条　新闻大学设立于择定大学内，即名为某大学之新闻大学科。

第四条　新闻大学之经费，由择定大学与本会两方合并筹足固定基本金三十万元，存储生息，以作常年经费之用。以后视发达之程度，逐渐推广。

第五条　新闻学主要学科，由大学教授会定之。

第六条　新闻大学应附设函授科，周行科，使国内现在从事新闻事业及一般有志入学而不得者，皆得受大学同等之教育，并促进社会之文化。

第七条　新闻大学审经济之状况，应聘请国际著有名望得各国舆论信用之新闻学大家主持教授。

第八条 谋新闻大学之发达起见,得设定各种名誉职授与各方之热心援助本大学者。

第九条 本大学学员之收录,由筹备员与择定大学协定之。

第十条 本大纲一切应行修改,或未尽事宜,均由筹备员与择定大学两方协议定之。

载《国闻周报》第 3 卷第 10 期,1926 年 3 月

戈公振

新闻教育之目的

报纸一天发达似一天，近几年来，进步得更快。但是仅从形体上发达，而精神上并没进步。换言之，就是一个很简陋的东西，忽然高昇而为科学。二百五十年来，报纸不断的发行，但是对于报纸的目的及方法，并不明了。在十七世纪和十八世纪要希望有一个统系的研究，当然是不可能，到了十九世纪末叶，二十世纪初期，才渐渐有人知道这个缺陷。最近五十年来，新闻学忽然大大流行，这是受什么激刺呢，就是新闻记者职业的准备。但是既把新闻学仅仅作为职业上的准备，所以关于报纸的本来性质和它的存在的一种认识，倒被阻碍了。其实就是关于新闻职业的教育的方法，我们又何尝真能知道呢？我们把各国新闻科的课程一看，就知道和记者职业如何密切。一八九三年，美国本薛文尼［宾夕法尼亚］大学新闻科，最初所定四种功课，第一是写报纸论说的方法，第二是每日问题和记者对付的方法，第三是报纸历史，第四是编辑及通信员的写作。到了十九世纪初期，哈佛大学才编了一个改良的课程，当时旁的学校都把这个课程认为模范，就是报纸管理法，报纸的生成出版法，报纸道德，报纸历史，并且想将报纸的精神用文学来表现。现在美国新闻科的课程，固然与前大大不同，就是制度也不一律，有三年毕业的，有四年毕业的，普通是受过试验，就给他一张证书，有些称呼是学士，和普通没有分别，有些有特别称呼，如 Bachelor of Arts in Journalism 或 Bachelor of Science in

Journalism,有些因为有进一步的研究,还可得硕士学位。在美国最新而最流行的要算哥伦比亚大学的课程,前后共有四年的研究,前二年是注意普通教育,后二年是专门教育,设若已在报界做过半年以上的人,可以立刻圈入后二年的一班,无论哪一个学生,一定要学一种外国语,普通是法文。后二年的课程是什么呢?第一年有三点钟讲通信法,并且有实地练习,讲义是本埠新闻的形式,教授做编辑主任,学生做编辑员,练习的材料就是城内每天发生的新闻。第二年有六点钟是政治和商业新闻的编辑,有三点钟是心理学,就是读报的兴趣在什么地方,同时前二年的功课,还要继续读下去,使得更为完全。第四年课程是注重实地练习,如通信法编辑法,如电报的编辑,标题的作法,短评的写法和通信社对于电报的处置方法,以外还有报纸历史,戏剧批评,书籍评论和星期增刊等。美国新闻科非常注重实地练习,所以每个新闻科,至少有一种报纸,都是由学生办理,教授仅做指导人。Jowa 大学,并且每日出报而且是自己印刷。Oklahoma 大学还进一步,竟发行日报一种,周报两种,月报一种,年报一种。比京新闻学院的课程是报纸历史,法国文学史,音乐史,艺术评论史,法律的原理,出版法,经济学,技术和实地练习,教员是大学教授,文学家,新闻记者,律师。研究两年后,经过试验,给以证书。法国天主教大学新闻科是规定三年,第一年注意普通教育,第二、三年是在普通教育的完成和职业的及技术的教育的完成,期满给以证书。波兰华沙大学新闻科的课程,第一年是报纸历史,报纸原理,记者文艺,经济学,国会及政党史,和报纸有关的法律,剧评,印刷技术,图画,波兰语,波兰政治史,波兰通史。第二年是国会的新闻纪事,报纸历史,报纸原理,宣传法,电报及通信法,外交史,经济学原理,十九世纪的波兰印刷物。第三年是波兰印刷物,宣传法,电报及通信事务,外交史,文学批评,波兰政治史,政治史通论,教员是新闻记者,官吏,大学教授。期满先笔试后口试,合格者给以证书,否则留级。德国莱勃摄细〔莱比锡〕大学新闻科分为三科:(一)政治的新闻科。功课是历史,国家经济,统计学,地理,行政学,政治及国家学总论,法律,随意科系哲学,文学史,人类学。(二)经济的新闻科。功课是国民经济,统计学,行政学,国家经济的专门讲义,如农业及农业行政学,商业行政,交易所,债权法,金融论,交通论,保险法,法学总论,商业法,汇兑法,海事法,国际公法,破产法等,又如商业经营法,商业算术簿记等,则在商业大学听讲。(三)文艺的新闻科。一类是哲学,尤其是哲学史,心理学,论理学,美学。一类是德国法国及英国文学史,戏曲史,音乐史。一类是日耳曼语言学总论,文化史,艺术史。这三科共通的课程是报纸历史总论,现代报纸编制及其技术,如报馆的行政。此外因为实地上职业的准备,又开设一个新闻研究院,必将某一种功课读完或已是大学研究生,方许入内。瑞士 Besn 大学的新闻科,功课是法典,政治学总论,联邦法,报学史,国家经济原理,历史学总论,法国德国文学及语言的历史,法律的哲学,社会学,瑞士法律史,经济政治学,瑞士史,地理,逻辑,国际公法,出版法,财政学及租税学,统计学总论,心理学,教会法,立法的政治,保险事业,铁路金融,债券银行,交易所,英国意国文学史,瑞士民法,著作权法,刑法的政治学,人口及人口统计学,政治学,劳动问题,社会政治学,经济统计学,社会统计学。在最后数学期有新闻技术上的模范实习。伦敦大学新闻科的功课,指定若干为必修科,如英文文体的研究,著作人及记者的练习。又有随意科,至少要选四种,且须得主任教授同意,如科学史总论,政治思想史,哲学,英国文学,现代言语,国家学总论,行政学,国民经济学。二年期满,试验及于普通各科。关于报纸方面,只有一篇论文及新闻科教授的评判,这种学生,须于暑假中实行记者工作,能平时兼做记者更佳。照这些课程看起来,可以分为三种形式:(一)是美国式,目的因特别为训练新闻记者而设一个研究所,用大学的或分科的或专门的形式。至于功课,是以记者实用方面为重要,普通教育反在其次,末后受专门试验,而给以一种学位。(二)是德国式,在一个现有的大学内经过多年的研究,同时注意新闻学或新闻的科学,有时候也有实习的功课,不过以普通教育为重要,至于毕业试验,就是普通大学试验,有时加进新闻学的课目。(三)是英国式,在现有大学的一个分科内,特别给记者一种研究。普通各科,固然注意,但是实习方面,亦不轻视,毕业试验,是注意普通科目,但是实地练习,也同样考试,合格者给以证书。

  美国的方法,注意职业的训练,德国的方法,注重职业的教育,英国的方法,想把两方面都做到。这三种制度的成立,因为大学教育目的的不同,所以对于记者的职业观念亦不同。美国所希望的记者,是通信员和编辑员,所以他们觉得自己是新闻的支配人。德国希望的记者,不仅是自己作为新闻支配人,且作为制造人,所以不仅须给读者以消息,并须指导读者。就是除去职业以外,觉得还有一个天职。换一句话说,美国制度比德国制度来得快,得到他的新闻职业,把记者当做可以由学而得的职业。有人说,记者要有艺术家的性质,就是要有天才,当然此话不能否认,但是有天才的人,受了教育以后,能够得到精神上的修养,可以使他要做的事,格外做到有效果。不过有许多人,还是怀疑,记者的大学教育是必要的么？或者仅仅乎有了也好罢,这还在议论纷纷,就是主张必要的人,也发生一个问题,就是这个新闻教育应当怎样办才好呢？新闻教育常为这些问题拖延下去。一九一三年,德国报界联合会曾发表过关于这个问题的一个宣言,就是记者的职业,是自由的职业,但是需要一个预备教育。新闻职业,是实地知识应用的一种职业,所以必从实地预备。不过理论上也要有普通教育才适宜,新闻专门学校,是不必有,因试验而给以记者资格,也不相当记者的养成。是发行人和编辑人共同的事务,实地训练,只有报馆自身才可能,大学设备新闻科讲座,所聘的教授,以有实地经验的人为适当。又一九二三年德国莱勃摄细大学在许多重要报纸上,征求关于记者职业的群众观念,所得到的答案,普通是记者是不能觉得到的,是天生的记者,特别表现是什么呢,就是要有敏捷的能力,迅速正确的判断力,能够得到要点的观察力,对于真实的感觉性,有强固的活动性,有极强的适应性,有流畅明了而能普通理解的文章。关于道德方面,要有公正而清廉的性质,有责任心和喜欢责任的心,勤敏有理想,有充满的精神,有自治力,有强的记忆力,有表现能力,有感觉心,有进步的欲望。至于记者如何可以得着他的知识,还是个人研究,还是进大学学呢？这是第二问题,不十分重要的,记者要有天才,不是说恭维的话,有天才的人,确是比普通人做事做得好。其实做医生做律师甚至于做一个工人,都也要有他的天才呢。同是一样工艺品,何以有的仅能卖普通的价钱,有的就能巧夺天工,藏得博物院里,所以记者的职业,不必是比别的职业是特别天生的,这一种特别性质,并不是记者所特有。当医生、当律师、当工人,不是都要有理解力,判断力,观察力等么？又如正直勤敏好责任求上进的精神,不都是要有么,什么是记者的特有性质呢？是不是仅仅有流畅明了而能普通了解的文章,而即不必受好的科学的训练吗？那么,无论何种职业,无条件而本来有的是什么呢？是知识吗？在前面的答案虽不把知识完全轻视,但是把知识和求知识的方法不作为十分重要。其实凡是有见识的人,一定承认私人研究,除非天才,是不能有好结果的。但是因为天才,是世上最少的,所以因私人研究,而常发生不幸。就是有一类人,对于无论什么都晓得一点,但是没有一样真能正确理解,而且报界的大部分,因为听了人家恭维的话,自己也堕入五里雾中,从未把记者的预备教育认识清楚。芝加哥填报发行人 W. Reid 氏说 West Pciul 不能保证造成良好军队,纽约的大学不能为记者给我们一个保证,但是 West Pciul 可以训练和可以给专门知识到[那]些天生的军人,不致把天才埋没,就是天生的军人,和他们登在一起,也可以达到相当有价值的地方。在大学教育中,为政治家经济家文学家所设的各科,人多以为必要,而对于新闻科,有些新闻界的人,却不以为然,甚至于反对。或者是侧重于经验的一方面,其实走进实际的世界,是有知识的人所能的,不是无知识的人所能。大学教育,很可省得我们暗中摸索走弯曲的路损失时间,当然理论的知识,要实地练习去补充,但是大学教育能补充实地知识,也不可不注意的。譬如医生律师在大学毕业后,也要到医院或法庭去实习,记者毕业后,到报馆去实习,并不是例外。无论何种职业,都是如此的。我们要知道,记者的大学教育不但是很好,而且是必要的。倘使我们把报纸只作为一个商业团体利益代表,或是一个宗教团体利益的代表,那么,记者只要有最小限度的知识,和最高程度的先入之见就够了,大学教育是不要的。若是我们认报纸是于公众有贡献,那么,[在]大学教育内,养成有总括的知识,而无偏见的记者,方可以尽这种责任。

有人每每将记者和议员进行比较,仿佛同是为人民的代表,但是议员是代表政党,只要知道政党的宗旨就行了。当然议员也要有某种专门知识,而且还要经过一种试验,就是选举,倘使他得了大多数的赞同,就可以代表数万人入国会。但是请主笔的人,是由一个报馆主人,或是几个人组织的董事会,并且因报馆的大小,而成为数千人数万人数兆人的指导员,而他的资格,却没有证明过。Szemere 氏说,医生药剂师,因为恐怕把人误杀,所以他们要科学的训练,就是当兽医也有如此的规定。但是记者并没证明他知识成熟的程度,却把一个更贵重的生命,就是一个国家或许多国家的生命托付他,是很不合理的。倘使三家村上的茶馆先生,或是一个衙门里的书手,都可做记者,做主笔,于舆论上发生如何不幸,是不证明而知的。国家对于此事,永远取旁观的态度,是不应该的,因为国家是全体国民的代表,应有取缔的义务,报纸对于舆论既能发生影响,对于公众及国家,自己能负这样重大责任的人,应该谨慎的选择材料,并且对于公众及国家负责任,但是这种人资格的证明,只有经过大学的研究和毕业试验，最为妥当。毕业证书，也应该在研究后一定期间内已经实习后，才能发生效力。凡是做新闻记者的，设若都有了高深教育的修养，那么方不致[盲]目地服从口号，也不致靠着通信社送来的稿子，用他人的意见为意见，他们将来要能看重国家利益比个人或一个团体利益还重要，为国家利益起见，防止报纸不负责任和发生危险的影响。除了上面所说，就是记者必须受新闻教育，就是大学教育，以外没有别法。若使将来主笔或记者，必须受大学教育，那么要研究什么呢，其实很容易解决。就是他们不可不研究可以帮助他来活动能力的学问，譬如对于政治，记者要研究的，就是政治学。对于商业，记者就是经济学。对于一省或一地方的记者，就是社会学。对于文艺记者，就是文学。所以新闻教育应该包括这几种：（一）理想的政治记者，应该研究的，是历史、地理、法律、国民经济及统计学和外国语。（二）理想的商业记者，应该研究的，是国民经济及统计学、私人经济、地理、重要法律和英语。（三）理想的省报或地方报的记者，应该研究的是历史、地理、国际公法、国民经济及统计学和特殊的法律。（四）理想的文艺记者，应该研究的，是哲学、历史和本国文学。除此以外，对于他们将来服务的报纸的宗旨，当然也要有深切的研究。所以记者不是仅仅在历史方面，研究报纸历史就够了，在国民经济方面，只研究报馆的经济构成就够了，在法律方面，只注意报纸法出版法就够了，应该把报纸的全体的现象分析开来研究，就是不仅把报纸的过去和现在，当为新闻学，要给我们一个报纸的标准和规律。我在国外，看见许多一种专为记者而设的学校，近来国内也有不少，不过他们都是竭力教授，如何可以去得着新闻职业，如果把这些学校作为记者养成所，很不适当，因为他们不给学生以正当教育，只注意职业的养成，不仅是不能使学生得到精神上的知识，而且于他们有害，这种营业色彩不去，理想的记者不会有。有人说优秀的新闻记者不能由学而得，这一句话，不可不注意。譬如一个人，在某个大学新闻科毕业以后，必须经过实地练习的一个阶段，不能直接就走到职业的地位。换一句话说，就是在学校毕业以后，就可将报馆的练习省去，是不可以的。其实无论何种职业，没有等到一个人必须有了成功的证明以后才给他位置，是世界所无的。所以新闻学的主要目的，不是使人学得实用的职业，是给他一种精神上的立脚点，指明他能够站而应该站的地方。其实新闻学是每个青年都应该研究的，因为每一个人，皆和报纸发生关系，而参与人类团体的生活,现在公众,对于报纸的知识,非常缺乏,比旁的文化事业,还要危险。差不多每一个青年,手里都拿着一份报纸或一本杂志,但是在他们的中间,有谁知道报纸如何发生,如何成立,有何条件,才能存在,报纸的界限是什么,读的方法如何呢?现在的群众,不管报纸的内容的黑白,他就大胆地带到家里去,还要说给别人听,迷信报纸的程度,可算得已极。对于人类和社会国家,发生损害,是不必费力去证明的,倘使我们对于报纸,比较有理解,或者还可以加上批评的态度,那么,我们社会上各人的生活,才不会变成旁的样式。倘使现在每一个国民,都能知道报纸从什么需要而来的,报纸有何种力量,报纸受何种势力的影响,那么,人才可以对于报纸有理解和正当的态度,所以对于报纸的目的组织及艺术等等,是于公众知识有关系的,足称为舆论一分子。就是所谓国民,尤其是官吏、议员、实业家等人,皆应当有这种知识的。凡是一方给报纸以消息,一方从报纸得消息,及批评的人们,应该知道报纸上述的各种关系,譬如音乐,我们先要知道乐器的目的及效能,和它的特性,以后才能正当的去听,去批评,甚至于去演奏。所以我敢说,新闻学是无条件的一种国民必修科,报纸是一国总括的文化现象。差不多政治、经济、社会、文艺各方面,都受它的暗示,我们由报纸而成为团体,如果我们现在没有报纸,社会将成何种现象?简单说起来,一方面知道报纸是一个危险的礼物,一方面又不能少了它。所以照上所述,我们的立脚点,是毫不怀疑,就是新闻教育,不仅仅要竭力提倡,而且应该十分尊重才是。

载《报学月刊》第 1 卷第 2 期,1929 年 4 月

戈公振

复旦大学新闻学会成立演讲词

(1929年9月)

戈公振先生讲,王德亮笔记

我今天很高兴,来参加贵校的新闻学会的成立会。我早已知道诸位研究新闻学是很努力的,又得到良好的教授潘公弼、陈布雷先生做指导,未来的成绩,一定是很有可观。我现在所要说的,就是凡是看报的人,都要有报学常识,然后才能知道报纸的正当读法。至于从事新闻事业的人,因为责任的关系,要有深切的研究,那更是不用说了。读了诸位的宣言,知道对于学识和经验,是同等看待,这种趋向是很妥当的。所以外国有许多学校的周报和日报,不独由学生自己编辑,并且由学生自己印刷和自行发行。德国报纸向来是注意理论的,美国报纸是注意应用的。英国的报纸,是理论和应用二者并重。我想我们研究新闻学,不可拘泥一方面,因为报馆里事务很多,有编辑,营业,发行诸部。贵会同学最好也择其性之所宜,分工研究,所以平日演讲,也不一定要请名记者,就是报馆里的印刷工人,甚至于贩报,都可以请他们来演讲,说不定有很好的资料来供给我们。研究新闻学,可以多看些关于新闻学的书籍,和关于新闻学的杂志,尤要多订几份报看看,外国的报纸,也可以订几份,看看他们是如何经营,以供我国的参考。我们研究新闻学,是要注意常识,及社会上发生的种种现象,因为报纸是社会背景和各方面都有关系的,现在各大学,都有新闻课,但是人数过少,力量薄弱,我很希望贵会诸会员,能通力合作能下一番研究工夫,现在给研究新闻学的人机会最好,以看报的人数日渐增加,就可知道将来的报纸,必定日渐发达,拿中国的新闻纸与土地来比较分配,实在不相称,如日本是一个很小的国家,但是有一报日销一百多万的。法国有日销二百五十万的。所以新闻事业在中国,正如一片荒土,亟待人来开辟,现在灌溉起来,将来必定有无限量的发展,请贵会诸君努力!

载黄天鹏:《新闻学演讲集》,上海现代书局,1931年

张继英

大学新闻系之组织

（李小可记）

汨溯大学教授威廉氏之学说曰："新闻家者，主记录，办申诉，买卖新闻，判断词讼，保障民权；任指导，又任解释疑义者也。若专记录则成钞胥，专买卖则成稗贩矣。严格论之，新闻学者，非营业也，职业也。职业之为解释疑义者也。"（即令民众了然于新闻中所注重之点，说见威廉马丁合著之新闻学实习 The Practice of Journalism）诚以报纸之为物，既系制造民意之机关，若仍"视报业为营业"之旧观念，则国家与社会，必将隐受其害，今报学人才之需训练，正以报业之为职业耳。大学出身之记者，不独任编辑之事，并须兼察编辑之原理，及新闻家应具之操守。今日美国各报馆，对于大学毕业生，已知选其文理优长者，而录用之，从前怀疑之见，与较量薪金之积习，可望同时打破。至论新闻系之组织，似宜先及各大学分科之法。按美国大学之分医农商报诸科，规模宏大，各自成为专门学校，所谓 School 者，以华文似应称之曰"院"。每院各有其独立之校舍与同学会，较诸中国大学之分各系迥不相同，今就报学而言，一院之中，实尚可再分两系，一曰新闻，一曰广告，二者有密切之关系，因在美国办报，广告费一项几占收入额之全部，而如"慎重操守"、"讲求编辑"等，在广告系复与新闻系相同也。考取入报学院之资格，限制颇严，照例须有学满大学二年级之程度，且凡预备考入报学院者，在开始入大学时，选择功课已须侧重于此。报学院第一学年课程，"必须科"有三须，一曰报学原理，二曰报学史，三曰广告原理，此则属诸理论 Theorematical 者也。沮溯大学报学院，组织一日报，名曰科仑布沮溯报 Columbia Missourian（夕刊），乃城市之新闻机关，非校报也。创办至今，已十七载，馆中重要职员，如总主笔以及"要电""城市""教育"各栏之编辑，皆各教授任之，其下各职，均由大学生充之。

（一）为访事员。每日出发时须先往城市编辑（本埠新闻之编辑）处，听候指派议院公堂救火会火车站等处，其临时发生之事，如"自尽"等惨闻，亦须前往实地查勘。每日服务，至少需两小时，若系专程访问，往往耗时甚多。又如每次火车到埠时访事人须登车查探其中有何重要人物，奔走搜寻，颇感困苦，然办事之经验，即从此时得来。综计每一学期，充访事学生多至百人以上，每日各生访得之新闻，多至二三百节以上，而报纸篇幅只有六部面 Pages 或八剖面，其能入选刊行者，盖甚寥寥，是以各大学生之中，因彼此竞争之心，冬不畏寒，夏不畏热，即道途甚远，亦不畏劳顿矣。

（二）为襄校员。大学生亦有充襄校者，必须兼作标题，标题有时三行并列，但长短字数须令各行约略相齐，如（Midnight Fire）（Causes Slight）（Damage Here）（半夜火此间略受损失），若改半夜 Midnight 为昨夜 Last Night，便觉过长，不可不察也。襄校员责任颇重，因经其点定后，加标题即须付印，更无他人过目矣。惟在诸生初习标题之方法时，尝令诸生环坐听候教授之指讲。

（三）为接电员（即译缮电报者）。凡遇国外消息，由电报通信社转达来馆，须由耳灵手快之大学生由电话中接收之。

（四）为撰述员。大学生习作社论，须经主论坛之教授审定，佳者付登，惟在作论时，除留意文法外，并须注意本报之主旨。

（五）为副刊主任。例如妇女宗教运动社交新刊介绍等栏，每栏均有大学生充主任而负全责，颇饶特别之兴趣，不必更如寻常新闻，经过访事与襄校之两层周折。予在校所主办者，即为妇女栏 Womens' Interests，对于家庭布置及烹调等，绘图立说颇见详尽。其属广告系之大学生，所实习者两大端，一为撰拟广告，一为招揽广告，此外排印之事，有一部分，须由学生任之。更有写真照相班及制版部，相片能作新闻之材料者，须能具新闻之价值，尤须注意画中人之动作。譬如植树节之点景，单有一人立树旁，便无意味，必须其人持锄近树，而更有人袖手旁观，乃合报纸之用，此则属诸机械 Mechanical 者也。又为报馆记者,必须具有完美之资禀,Qualification 诚实可靠一也,忍耐二也,无偏私三也,忠于社会忠于报纸四也。譬如有人接见访事,切嘱谈话某节,万勿揭载,访事一经承诺,即须始终弗发。又如群众运动之消息,报界尤应慎密审查,予近接友人函称,北方国民示威之运动,各处报载,均称数千人数万人,实则不过数百人耳。此中轻重出入,于民意大有关系,非报纸之过,实访员之误也。威廉氏之言曰:"吾信凡事虑伤人格而不能出诸口者,必不宜载诸报端,受人贿与纳贿于人均不可行。"此则属诸道德者也。

载黄天鹏:《报学丛刊》,光华书局,1930年

谢六逸

新闻教育的重要及其设施

一

菲力浦氏（Wendell Philips）曾说："News 是一切人的父母、学校、大学、讲坛、剧场、模范、顾问。"报纸对于社会的各阶级，成为重要的食粮，在今日已用不着饶舌了。

假使一个人隐居在深山大泽，不愿意做一个"社会人"，那么，不看报也是可以的。但是这种人和野蛮人没有什么差异。文明人是没有一天不读报，并且在每天很早的时候就想读报的。因为"看报就是看社会"。新闻记者从社会里蒐集了许多材料，经过他们的整理安排，做成报纸，再将它送还社会，所以可以说，报纸上记载的，就是提炼过的社会。一个人的能力有限，不能经验人世间的各种生活，也不能把所有的知识都吸收在脑里。我们每天只费少许的时间，打开报纸一看，那上面便有着鲜明的社会的缩图。他能告诉我们什么样的生活是悲惨的，什么样的生活是快乐的；现在的世界是怎样的状态，现代的学术进步到怎样的地步。我们儿时在小学校读书，除开国文算术之外，还得要读历史地理。现代的报纸，就是人生的地理教科书，人生的历史教科书，社会教科书等等。它能指导青年，它能指导成人，甚至于隐居在"苋裘"里的封翁，它也能暗中指导。只有无知无识的野蛮人，同它不发生关系。

报纸的本身,无论对于那一个阶级,都有很大的贡献。它的内容,包含着各种材料,供给儿童、青年、成人,以及从事凡百事业的人阅览。所以它是儿童教育、家庭教育、学校教育、社会教育的一种锋锐的利器。学究们编辑的教科书,有适合于青年的,但未见得就适合于成年人,若在报纸,它所包罗的资料很多,可以供给大家的采撷,并且那些资料常是最新鲜的果实。它所用的文字是很明朗的,趣味是很高尚的。所以大家在看报时的愉快,远过于诵读一切的书籍。

就中国目前的情况说起来,理想的报纸的制作,自然是不容易的,可是能够鉴别报纸的好坏的人——就是善于看报的人,也是不常有的。中国现在著名的报馆里,有许多记者连新闻价值(News Value)是什么还弄不清楚。例如在九十度的暑天,数十万的上海闸北的住户,不知什么原故,忽然有两天没有一滴自来水,但是报纸上却没有只字的记载。但是某姓(并非记者心目中的要人)有姊氏死亡而妹往填房的新闻,却很用力地登载出来(这些实例,我们都剪下保存着的)。以最普通的新闻价值的意义尚且不知,更谈不到什么编辑方针、科学管理等事了。又如广告图案的拙劣,也是吾华报纸的特产。例如出售腹胀病药的广告,就画一个枯瘦如柴而肚子特别大的人,愁眉苦脸的坐在椅子上;卖泻药的就画上一位太太坐在马桶上吐泻,卖香烟的总是哥哥打电话力劝妹妹吸××牌名烟。此外,如编辑方法的缺少常识,发行贩卖之不合理,真是写也写不完的。再就我国的阅报的人来说,有许多也是用着奇异的方法在看报。例如只翻开本埠新闻(本埠者上海也)来看看有无强奸的新闻就算看的,或是只翻阅"报屁股"(好美丽的名称!)也算看报的。办报的人是十数年如一日的办下去,看报的人是永远的看"报屁股"下去。所以我国报纸的改善是遥遥无期的,而报纸的好坏也没有一个人出来说一句有批评价值的话了。如此这般,近代的报纸在中国是早已失掉了它的功能,埋没了它的使命了。

照这样看来,"新闻教育"在我国是最切要的。所谓"新闻教育"包含着两种意义:(a)就普通的学校说,应该设新闻学的学科(Journalism Course),由教师讲授新闻学的常识,并指导学生为学校办"学校新闻"。(b)就专门以上的学校说,应该开办新闻学系(school of Journalism),为本国报馆培植人才。

所谓普通的学校,是指初高级中学及职业学校而言,我常见有许多中学生,因为学校经济的困难,不能为学校办刊物,而自己去办"壁报"的,仔细一看那壁报的文字,以调笑轻佻的居多,真能传达消息,发表言论的,很难寻觅。一旦在普通的学校里增设了新闻学科,经教师的指导督促,自然容易养成勤于写作、勇于任事的习惯,于是团结、合作、活泼、灵敏诸种美德,也必随之俱来。这对于中学生的未来的职业是很有帮助的。因为他们在求学时,对于印刷、排字、制版、校对、写作等的事务,已可知其大概,将来毕业之后,假使对于这方面有兴味的话,他们可以成为理想中的印刷工人或排字工人,而这种工人的地位便赖以增进。再就教育者的地位说,单靠几本教科书做教材,学生所得的知识是呆板的,如其能够采用善良的新闻记载作为教材,便是活的知识,是最佳的补充教材。试举作文一科来作例,其中的议论文、说明文、记叙文三种体例是很重要的,教师能够将洁鲜鲜的材料教他们写成新闻,必能增进学生的写作的能力与兴味。但是教师没有新闻学的素养,便不能事半功倍了。总括起来,普通的学校设有新闻学的课程,至少有下列的几种益处:

（一）写作能力的养成。

（二）新闻阅览的研究。

（三）新闻好坏的鉴别。

（四）职业教育的预备。

（五）由报纸上的记载,受到活鲜鲜的教育。

其次,再就大学校与专门学校的新闻学系来讲。

谈到这一点,我先要对于现在国内的大学的特殊性质申诉几句。我以为现在国内的大学（无论国立或私立）,并非能够完成大学的学术的使命的大学。所培植出来的人才,他们的知识,不过比高级中学程度的学生高一点,发明与发现固然讲不到,要求头脑清楚,能够祖述时贤的学说的人,也是稀有的。原因在于现在办大学的人,不知道大学的本身,有完成学术独立的使命,他们只拿一点粗浅的知识贩卖给学生。就是说,他们所给予学生的知识,只有半截,剩余下来的半截到什么地方去拿呢?他们好像在说:"到美国的大学去拿呀!"试问美国的大学,是否为希腊拉丁的大学而存在的呢?（这里要请阅者注意的,我并不是反对大学毕业生赴海外升学,我是反对办学的人,因为大学毕业生还有海外可以留学,因而倚赖别人,把自己的大学因陋就简的办下去。)因此我对于本国的大学,下了一个定义,曰:"中国大学者,为准备留学某某国之大学是也。"大学是一国的最高学府,最高学府才能独立地完成其学术的使命,不能使大学生在学术上的研究告一段落,殊令人有"大学无用"之感。一所大学要想完成其最高的使命,最起码的要求有两点:其一,各种学术研究的完备;其二,注意社会的环境与需要。就第一点说,大学各学院各学系的设备应该完全;就第二点说,应该审视社会所需要的人才,加以充分的指导和训练。

根据这两种理由,我竭力主张大学的文学院,应该开办新闻学系或新闻学专修科。

第一,为大学的福利起见,有开办新闻学系的必要。现在国立的大学,年耗一百几十万的公帑,想必从教授起到学生止,都正忙乱于埋头研究罢。我们总希望这些学者们将研究所得的,拿点出来发表。一所大学,至少要有代表这所大学的几种刊物,就是季刊、月刊、周刊、半月刊、日报之类。现在国内出版的刊物,有哪一种是大学生产出来的?有哪一所大学所办的刊物,可以拿出来见世面的?虽然有一两种,不过是"课卷式"的刊物,编辑时依然用着极旧的三段式的方法——就是"拉稿","照秩序排列","送印刷所",如此而已。至于内容的变化与编辑的手腕,是全然没有注意到的。编辑者没有 Journalism 的知识的素养,每每使得好文章不会引起阅者的注意。没有发表文章的好刊物,也不会促进写作者的发表欲望。大学里没有代表学校精神的刊物,仿佛大家都在暗中摸索,甚至于社会也会把它的存在忘记了的。学校刊物之中,最重要的是"大学新闻"(College News)。在美国,自一八八三年以后,就有二百以上的大学新闻,三百以上的大学杂志。有的是单纯的报道机关,这种名叫 Boarding Paper;有的是兼有言论机关的,这种名叫 Journal of Opinion。这些大学新闻,常执全校舆论与消息的牛耳。例如一九二四年哈佛大学的大学新闻"Crimson",曾因思想问题,引起伯克教授(Prof. Baker)事件;又如波斯顿大学的大学新闻,为了军事训练的强制问题,惹起了轩然大波;纽约大学也因同样的问题,以大学新闻为中心,实行学生总投票(Refrendum),结果以2912票的多数对349票的少数,否决了强制军事训练问题。这并不是说大学新闻是煽动的工具,乃是公平无私的诚挚的报告与批判,不过尽其大学新闻的职责而已。又如日本的早稻田大学除发行大学新闻,报告师生的举动,披露学术消息而外,更特设一大规模的出版部,出版了不少的专门学术的论著,成为东京的一种有力的书肆。这些例证,是举出来说明大学新闻足以代表一个大学的精神,有了大学新闻,足以使大学活泼有生气,使全校师生亲如晤对。至于负办理大学新闻的专责的,当然以大学的新闻学系学生为中心,而令全校的有志者辅佐之。所以新闻学系在一个大学里,它占极重要的地位,它负担重要的使命,它直接替学校服务,间接为社会服务。假使学校不愿意社会忘记自己的存在,应该知道新闻系的重要,而将它开办起来。

第二,为社会的需要起见,有开办新闻学系的必要。

近代的报纸是一所极大的文化大学。而且是永无卒业时期的大学。它的学生就是全社会的民众。普通的学校教育是在特定的时间,把特定的知识,施教于特定的学生。报纸是将非特定的知识与问题,教授非特定的学生。学校教育把原理原则教人,报纸将实际状况教人。学校教的是过去的社会,报纸教的是眼前的社会,把现代的社会人所必需的经验知识资料供给它的学生。要想把知识普通化民众化,没有比报纸更大更适宜的机关了。报纸把政治、经济、文学、艺术、科学、运动等专门的知识与技术,使之通俗化,使之民众化。伦理学家、宗教家的枯燥无味的道德,被人拒绝于千里之外,但一经报纸滤过,则道德就不难普遍民众化了。有人说,一国文化的进步与否,只看一国的出版物便知。这里所谓出版物,当然连报纸也包括在内。中国的大都市有几种报纸,我们可以数得清的。每种能否达到上述的职能,在本文里没有再啰唆的余裕。我们只看见恶俗趣味主义的小报日愈增加,有数的几家大报的内容日渐开倒车。"地方报"是如凤毛麟角。归根结局,在多数人的头脑里,以为新闻记者是任何人都可以做的。所以办报的人常是无聊的政客,报纸的企业是政客官僚们刮地皮余剩下来的残肴。于是新闻记者有"老枪",有"敲竹杠"的流氓,有公然索诈津贴的,有专门叨扰商家酒食的,有奔走权门以图一官半职的,种种丑态,罄笔难书。我们想,把社会教育机关的报纸,托付在这一般江湖文氓的手里,我们还忍心说报纸是宣扬文化的机关吗?处现在的中国情状之下,我们敢大声疾呼的说,恶劣的报纸,正如毒物一般,在每天的早晚,残杀最有为的青年,颓唐健全的国民。看报纸的人的头脑浸润在战争、奸杀、盗窃、娼寮、酒食、冠盖往来、买办暴富里面。一切受苦受难之声音,被虐被榨的实况,国际情势的变迁、近代学术的趋向,是永远和中国的阅报者绝缘的。假使把中国现在的几家大报的新闻,翻译一二段为外国文,送到国外报纸上去登载,必然被人家尊重为"支那特产"无疑。我们现在的唯一方法,就是由大学校本其完成学术研究的使命的决心,创办新闻学系,为本国报馆培养经营人才,培养编辑人才,同时为普通学校培养新闻教育人才;使这些学子有充分的新闻学知识与技能,有正确的文艺观念,富有历史、政治、经济的知识,有指导社会的能力。中国既然有国立或私立的大学,用不着等外国人到国内来替我们培植,这种新闻教育的责任,是办大学教育的人应该负担的。

第三,就学生的本身说,也有开办新闻学系的必要。

新闻学的知识与技能,是最活用的知识。别的课程与社会直接发生接触机会的时候较少,只有研究新闻学的学生,他们几乎是完全浸润在实际社会生活里面。他们对于一切生活的体验与观察,较之任何学系的学生为丰富。同时新闻学系的学生对于各种社会科学必须涉猎,所以他们的常识最为充分。将来他们择业的时候,除了报馆以外,还可以选择其他的职务。国内的地方报将来应该会增加的,只要时代来了,地方报的创办的责任,就在新闻学系学生的双肩上。举一个例来说,将来江湾以北地方,将成为上海市的中心,那时人口增加,商业繁盛。江湾区域的居民,是很需要一种报纸的。江湾复旦大学新闻学系的学生,就可以办一种报纸来供给他们,正如美国的密苏里大学(Missouri University)的新闻学系办报供给密苏里地方的人阅读一样。将来中国的文化进步,报纸的需要增加,同时老朽的报纸亦将归淘汰。现在研究新闻学的学生,决不至于无用武之地,这是可以断言的。

二

我们既然知道新闻教育的重要,第二步就要问到设施的方针如何?

关于新闻学系设施的问题,可以分做三方面来讲:一是课程,二是设备,三是永久的计划。

(一)课程方面

新闻学系课程,应理论与实验并重,就其性质,可别为五项。

1. 基础知识

此项包括大学必修课程,如本国文学、英文、第二外国语、心理学、逻辑、统计学及其他自然科学社会科学等。

2. 专门知识

此项包括新闻学理论与实际两方面课程。如报学概论、编辑、采访、报馆组织、管理、广告、发行、照相绘画、印刷等。

3. 辅导知识

此项包括新闻记者应有的政治、社会、法律、经济、历史、地理、外交等知识。

4. 写作技能

此项包括评论写作、通讯写作、新闻写作、速记术、校对术等。

5. 实习与考察

实习

(1) 介绍学生至设备完全之报馆及通信社实习,由本系教授指导。

(2) 自办报馆及印刷所、通信社,使学生服务。(现复旦大学办有"复旦五日刊","复旦通信社",供学生实习。)

考察

(1) 介绍学生至著名报馆及通信社参观。

(2) 率领学生赴国外考察新闻事业。

(说明)凡大学第一二年级学生,须读完大学必修学程,故新闻学系一二年级学生,以攻读"基础知识","辅导知识"各课为主,亦得兼读选修课程(如报学概论等)。第三年级学生,课程加重,专读特设的各学科(即专门知识),并注意写作技能。至第四年级,课堂听讲时间减少,以实习考察两者为重,务使学生多有与社会接触的机会。

(1) 报学概论

讲授报学(Journalism)的意义与类别,报纸的发生,起源,变迁;报馆的行政,及一般的报学知识。

(2) 新闻编辑

讲授编辑新闻的工作,编辑方针,新闻价值,编辑部的组织,排版的艺术,各种新闻的编辑法。

(3) 新闻采访

讲授新闻的采访方法,访员的职责,采访新闻的标准,记述方法,采访部的组织,国际新闻的采访。

(4) 报馆组织与管理

讲授组织与管理的理论及实际。

(5) 评论练习

注重评论的写作练习,讲授舆论与新闻的关系,评论写作的一般的技巧。

(6) 通讯练习

注重长篇通讯文字的写作练习,讲授世界通讯事业的概况,国际通信员应有的修养,通讯写作的一般的技巧。

(7) 报馆实习

由教授指导,实习报馆各部分的工作。

(8) 中国报学史

讲授现在国内著名报纸的沿革与概况,本国报纸发达的经过,注重压迫言论的事实的研究,本国报纸所受国外报纸的影响。

(9) 欧洲新闻事业

讲授欧洲各国新闻事业的概况,特别注重英法德俄意各国的著名报纸与代表各阶级的报纸,研究他们的报馆组织、编辑方法、言论、倾向、在国际间的作用。

(10) 美洲新闻事业

讲授美国各系报纸的渊源、组织、编辑、特质,现在各著名报纸的近状,及各种报纸的阅览。

(11) 日本新闻事业

讲授日本新闻事业发达的径路,大阪、东京各大报馆的编辑、组织、业务、特质,各种报纸的阅览。

(12) 比较报学

研究国内各报纸的缺点,同时将国内著名报纸与国外报纸作比较的研究,明其优劣,促进本国报纸的改善。

(13) 时事问题研究

时事问题常是突然而来的,报纸负有解说其起因、现状、结果的职责。本科讲授观察时事的方法,并随时对学生讲述最近国内外发生的时事问题,使学生能理解各种时事问题的全部,获得 up-to-date 的知识。

(14) 新闻纸法与出版法

讲授与报纸或出版物有关系的法规,新闻记事的束缚,新闻纸法的缺陷,军事检察的是非,压迫言论的实情,报纸营业的伦理化。

(15) 新闻贩卖学

讲授新闻发行的各种方法,理论的适用,研究国外各著名报纸的发行。

(16) 报学讲演

敦请国内外学者来校讲演:① 新闻学的知识,② 批评国内各报纸的得失,发抒改良本国报纸的意见,③ 与新闻学有关系的知识,④ 关于技术的知识(有排字、印刷经验的工友,也请他来和学生谈话),由学生记录详尽的笔记,汇交本系主任审查。

(17) 特别讲座

本讲座包含两种性质:① 国内外学者不能长期来本校授课者,请他们作短期的讲演。② 讲题的性质不需要长时期者,亦请学者作短期的讲演。由讲者指定参考书或研究资料,使学生在课外研究,将研究所得作成报告,交本系主任审查。

(18) 印刷术

(19) 校对术

(20) 速记术

三科讲授印刷、校对、速记的技术,并注重实地练习。

(21) 新闻广告研究

讲授广告学的原理、作用,新闻杂志广告的编作,注重练习。

(22) 新闻广告图案

讲授广告图案绘画的原理、应用,并注重习作。

(23) 商业新闻研究

讲授与新闻有关系的金融、商业知识,注重商业新闻的编辑方法,注重写作。

(24) 社会新闻研究

讲授社会与新闻的关系,国内社会新闻编辑之缺点,国外著名报纸社会新闻编辑之得失,注重写作。

（25）新闻绘画研究

研究报纸的插图、漫画、意匠,特别注重画报编辑方针,家庭儿童阅览的绘画。

（26）新闻照相制版研究

讲授照相制版的原理及应用,照相与文字的关系,新闻照相的重要,摄影通讯的应用,各种制版的技术,注重实地练习。

（27）新闻储藏法

指导剪报工作,讲授储藏的理论与实验。

（28）杂志经营与编辑

讲授杂志编辑、经营的各种方法。

（29）新闻记者的地理知识

（30）新闻记者的历史知识

（31）新闻记者的政治知识

（32）新闻记者的法律知识

（33）新闻记者的外交知识

（34）新闻记者的经济知识

（35）新闻记者的社会知识

新闻记者除具有专门知识而外,又须博学,例如对于"政治""科学",非仅以了解政治学原理为能事,必知如何观察政治现象,如何应用政治知识。右列七科与普通之地理、历史……等学科迥然不同,讲授时注重此等科学与报纸的关系,并如何将此等知识活用于报纸,而为编辑政治新闻、外交新闻的辅佐。

附美国密苏里大学新闻学系课程于后,以资比较。

第一学年第一学期:新闻史论、新闻记事、广告原理,选科（哲学、历史、文学、政治、经济等）。

第一学年第二学期:新闻史、新闻概论、通信、作稿论,选科（同上）。

第二学年第一学期:作稿论、通信,选科（同上）。

第二学年第二学期:广告学、地方新闻、农业新闻、文稿写作、漫画（任意选择）。

（二）设备方面

1. 大学新闻（日刊）

组织分编辑、营业、印刷三部，由学生分任，教授负指导的责任。

2. 通讯社

组织分设计、编辑、外交、总务四部，余同上。通讯社的职务在供给报馆记者能力不及的新闻资料，故应对外发稿，供给国内各报馆各杂志社的采用。复旦大学新闻学系"通讯练习"班学生写作的稿件，可以供外界采用者，有下列各种。

（1）国际政治经济社会消息。

（2）各地民生疾苦的实际状况。

（3）国内农村、交通、产业、教育、民俗的实况。

（4）实际生活（Real Life）的记录（例如个人的苦难生活而与社会问题有关系者）。

（5）剪裁通讯（该社注重剪报事业，愿受个人或团体的委托，调查各国或本国的人物，团体组织或代研究者搜集资料）。

（6）时事解说。

（7）国外学术消息与文艺消息。

（8）摄影新闻。

（注）第一至第七项，均以有系统的文字为主。

3. 研究室与阅报室，储藏室。

（三）永久的计划

1. 新闻学系专用的建筑物。

建造铁筋混凝土的四层楼专用教室。底层为印刷机器间，照相制版间，其上为教室，研究所，编辑室，办事室，图书室，新闻储藏室，屋顶为气象台，传书鸽饲养处等。

2. 印刷机器、照相制版机的购置。

3. 应用于报纸的科学的各项设备。

4. 新闻研究所的设立，容纳有志深造的新闻学系毕业生，资助相当的生活费,使其安心研究。

5. 世界各著名报纸的搜集与储藏。

6. 世界各报纸、各通讯社、各大学新闻学系的联络。

7. 本系永久资金的募集。

新闻教育的提倡,在我国尚属草创,不过是着手尝试而已。现在国内办有新闻学系而设备较好的,只有北平的燕京大学与上海的复旦大学两处。但都在进行的途中,一时尚无长足的发展。

载《教育杂志》第 22 卷,1930 年 12 月号

钱 鹤

教育与报纸的关系

(钱鹤先生讲,杜绍文笔记)

这个题目,是刚才想到的,虽浅显得很,然我们亦须详加考察。现在先讲教育一层。

教育是一种专门的学问与学识,普通的人们,常误解教育即系读书,读书即系教育,这是大错特错的。教育的范围,包括很广。广义的教育,是任何人自诞生以至于死亡,无论什么地方和什么时候,都有受教育的陶冶。狭义的教育,可以分为家庭教育、学校教育和社会教育等三大类。教育的本质,从前共分德、智、体三育,现在再加入群育与美育,共达五育,加进后述两种,使教育的本质,较前益形完备。

教育既是一种专门的学问,内容自很复杂。大概教育可分理论与方法两大方面,常先有理论,然后才有方法。理论可以说是教育的理想与目的,这些我们应该知道的。掀开中外历史,欧洲古代,希腊的大教育家苏格拉底、亚里士多德等,他们教育的理想,是以造成国家为目的。斯巴达教育的目的,在于养成一般儿童为国有,而为很彻底的国家主义的教育,现代的英、法、德等国,俱受其影响。不过这种教育,优点固多,而其最大弊端,则在于太爱国家,一变而为帝国主义的教育。中国三代——夏商周——的教育,是个人主义的教育,都是一种专为个人而设的教育的。所以春秋时孔子等大教育家,都是主张极端的个人主义教育。中国现代的教育的理论和目的,仍是深中着个人主义的流毒,以故使三民主义的教育,实施很难,影响于中国教育前途甚大。

欧洲各国受着国家主义教育的弊端,积数千年,而终引起空前的欧洲大战;中国则受着个人主义教育的流毒,亦经数千年的酝酿,爆发眼前不断的国内混战。所以处于今日,极端国家主义或个人主义的教育,都不适用,中外各大教育家,大都承认的。

改良教育的方法很多,最有力的几种教育思想:第一种为"科学":教育须科学化,重视实验。实验教育,在德国很为流行,德人模波,便是一位闻名的实验教育大家,经过他的宣传后,所以实验教育很盛行于欧美。返视中国,因专门人才及实验室不大完备,故成绩并不甚佳。第二种为"社会教育":教育的目的,是须适用于社会环境的,教育二字,亦可以说为生活本位的教育。美国现在很注重社会教育,著名学者杜威氏,他主张生活即是教育,教育即是生活,而把教育与生活,溶成一片。中国的社会教育很幼稚,所以很容易引起失业问题。第三种为"人品教育":与社会本位的教育不同,人品二字,不能作狭义讲,广义的说,人品不单是道德方面而已,一切举动、习惯礼仪以及做人的方法,俱包含在内。现在的教育,是造成资本主义的人才,往往忽视人品的训练。读书若单在课本上求知识,范围来得太小,这样若到复杂惝恍的社会去,维持生活很难。故个人的品格,须有精神上的修养,然后方可"自乐其乐"。法国波顿氏最主张此种教育,在中国则人品教育很少见。第四种为"勤劳教育":无论什么人,决不能终日孜孜为学,须特别注重实际工作,使教育与劳动,互相调剂,八小时工作,八小时读书,一方面为自己,一方面亦为社会。这种教育,欧洲比较流行,认真实行的亦有许多国。

以上所述四种教育方法,即可矫正近世个人主义国家主义的大弊,极力发扬人类的同情心,以维持世界的和平,建造人群的幸福。但今日有不少国家的政府,常利用教育,以固该国的势力,向外侵略,如日本雷厉风行爱国主义教育,便是一例。

中国国民革命成功以后,将三民主义,为施行教育的方针,这就称为三民主义教育。三民主义的范围很广,诸位谅皆研究有素,不必多讲。我们知道,三民主义是不主张急进的,是主张一步一步做去的,到了最后,便是天下为公世界大同。所以三民主义的教育,可以说是大同主义的教育。三民主义是孙中山先生苦心孤诣集大成的,教育方针趋向这一条路,是很完善妥当,中国如果实施这种教育,将来的希望亦很大。因为三民主义教育既不是帝国主义教育,又不是个人主义的教育,按诸中国现状,是很适当急需的。政府当局有见及此,就把这种三民主义,定为教育的方针。我这次出席在南京开会的全国教育会议,席间讨论三民主义教育的实施方法,规定得很详细,预备今后二十年,中国教育普及。中国现在识字的人,仅有百分之二十,而有百分之八十以上,俱不识字,所以当今中国教育的要务,第一为义务教育(七岁至十五岁),第二为补习教育(十五岁以上),全国各机关各大学,须兴办一补习教育的学校,预备一笔的经费,办理义务教育和补习教育,全国各中等以上的学校,暂时维持现状。这次大会,吴稚辉先生极力主张用注音字母,普及于全国,教育部已通令全国遵行,诸位新闻学的,对此点应严密认识,教育方面,大概如斯。

我从前尝做过新闻记者——上海时事新报特约记者,在日本东京时,自己尝经办过一种小报。据我的经验,觉得新闻事业的趣味,十分浓厚。

中国现在的新闻事业,和外国一比,可以说落伍及幼稚得可怜!以中国的广土众民,而报馆竟如凤毛麟角。又如上海各规模很大资格很老的几家报馆,资本很充足,但他们常不愿意改良,而其他抱有改良决心的报馆,又因资本拮据,无从着手。故中国的新闻事业,前途确很悲观。

新闻事业可分为二大区域,一在都市,一在乡村。中国办理新闻事业的,多喜在热闹的都市,而对于僻壤的乡村,置诸不顾,这是很不对的。欧美及日本各国,乡村的报馆的数目,不亚于繁盛的都市。中国新闻界这种缺点,亟待补救。

进一步说:中国的各家报馆,本身的经济,多不独立,所以报馆第一点就须商业化,使自己的经济,能够维持,言论纪载,自可免受外界的支配与把持,而得到完全的自由。一方面我们又希望报馆的组织,基于股份公司,有获利的机会,以奖励资本家的投资。第二点,中国专门办报的人才很少,求过于供。我们晓得,造成新闻专门人才的新闻教育,其重要不下于其他各种的专门学问,中国现在,只有北平燕京大学和上海的贵校,设有新闻学一系,其余比较完备的各大学,只开有几种关于新闻学的课程罢了,中国的新闻事业,倘使没有专门的人才去干,一般学识不佳的记者,往往被目为文丐和无聊的文人,故社会之有厚望于诸位的,其形迫切。第三点为新闻记者须平民化,通俗化。中国的文字在世界上可算是最简略的了,可是从前的新闻记者,努力将自己的身份,变成为贵族文化和特殊阶级化,故他们所纪载的文字多数是平民阶级看不懂的。现在从事于新闻事业最重要的信条,一为平民化,一为通俗化。许多人主张把纪事文体改为白话,使补习学校读过一些书的人,能够读报,这种趋势,在中国是很急需的。所以中国当前的新闻记者,做文章则须通俗,那些深刻的古典的文字,完全不能适用。第四点为合作化:现代中国的新闻记者,俱不通力合作,在外国一个人可担任几家报馆访员,所得报酬自丰,因为外国很注重新闻的合作化所致。以上便是我个人对于现在中国新闻事业的意见。

教育与报纸的关系,很为密切,我们可以说教育有家庭,学校和社会三种,社会教育中最主要和力量最大的,尤推报纸,故欲使社会美育办得好,不得不注意报纸了。

报纸又须提倡体育、德育等等,这一次的全国运动大会及远东运动大会,上海各报,提倡不遗余力,而尤以这次远东运动大会中,我国田径赛的一败涂地。经报纸宣传后,最予人以深刻的刺激。

报纸倚赖教育的地方很多,而造成新闻的专门人才,更非靠教育不可。从前的报馆,有许多中学小学毕业生,担任编辑或采访事务,他们常识一点都没有,一切国际政治、经济状况等学识,全付缺如,逆料此后报馆,须由大学毕业去办理,才有显著的成绩。由此看来,报纸岂不是很需要教育的么?

眼前欧美的报馆,内容分成几个部分,个人各司其职,各贡所长。但是中国的报馆,这种分门别类的方法,是不大有的。中国报馆对于国际情形,最为隔膜。最近如伦敦海军缩减会议,一般编辑者,全无研究,这是很可惜的。

教育和报纸,报纸和教育,密切至不可一刻或离。我国当局,须努力培植新闻教育,如兴办新闻学院等等,俱宜一一实现。诸位现在除研究新闻学外,亦宜一一加以探讨,使具有专门的技能外,尚备其他各种的学识。

我对于中国的报纸,不大满意,希望及早改良,以与欧美并驾齐驱。渴望在座诸位,负起改良中国报纸的重任。

载黄天鹏:《新闻学演讲集》,上海现代书局,1931年

黄宪昭

燕京大学新闻学系概况

燕京大学,由前北京通州协和大学,前北京汇文大学,前华北女子协和大学三校合组而成。民国十五年夏,北平西郊新校舍落成,男女两校同时迁入。十八年夏,遵照国民政府教育部公布各项法令,奉北平大学区教育行政院令,奉教育部令准予立案。经营建设,历时十载。学校组织,遵照政府定章分设三学院,一文学院,二理学院,三法学院,其本科以上之研究课程,统属于毕业生研究院。宗教学院,同时设立于大学之内,系为教职员学生自愿研究基督教者而设。校内所有必修宗教科目,及公共礼拜仪式,已于民国十三年废止,为国内各基督教团体所设立各大学之先导。新闻学系,为文学院内之一学系,主修新闻学之学生,不仅专习新闻学科,文学研究,历史沿革,及其他一切普通科学学识,均须同时培养。新闻学科之主修时间,仅占全大学课程四分之一或五分之一,其余大部分时间,则任学生选读其他与新闻事业有关之学科。务使学生,与其毕业后之社会环境相适应。兹将其概况,分志如下:

新闻学系课程

新闻学系　目的在教授学生以基本之新闻学学识与训练,使其将来得自由发展所学,成为报界专门人才。故凡欲选读该学系课程者,必须有大学本科一年以上之程度。其主修学生,必须修读该系课程三十二学分,同时须有一副修学科,此项副修学科,至少修足二十学分。副修学科得随各生任意选定,惟比较以社会科学及语言文字为宜。凡学生修习一百六十八学分内,已修满该学系课程四十四学分以上,及另一副主修学科者。该大学除照章发给毕业证书外,将再给予职业证书。学系现已开办下列课程:

新闻学导言 将近代报业各方面作归纳之研究,使学生对于报业之变迁,现今出版之情形,及新闻事业与社会之密切关系,均得正确简明之观念。

报章文字 研究中英报章文字作法之原理,对于新闻价值问题及报章文字之各种体裁,均有相当讨论,并常令学生练习写作。

新闻之采访与编辑 研究编辑新闻工作,编辑方针,新闻价值,编辑部之组织,排版之艺术。各种新闻之用编辑法。此外则研究新闻之采访方法,访员之职责,采访新闻之标准,记述方法,采访部之组织,及国际新闻之采访。

比较新闻学 用批评态度,研究国内各报纸之缺点,同时将国内著名报纸与国外如欧美日等新闻事业,研究其报馆组织,编辑方针言论倾向,及日本新闻事业发达之经过与特质,考其主义,明其优劣,以促进本国报纸之改善。

特载文字 研究兼练习非新闻非社论之文章,如趣闻,专载书评剧评小说及关于音乐文字。如何收材及制稿等问题,均在研究之列。

社论 研究与练习社论及社论版之制作。同时兼讨论舆论与报纸之关系,及如何利用社论作正当之宣传。

出版须知 研究出版之各种问题,如新闻事业之道德,报纸在职业上之地位,及出版法等问题,尤注意总经理对于此项问题之责任及管理与指导服务之工作。

通讯练习 研究兼练习报纸与杂志之专任或特派通信员之工作,讲授世界通讯事业之概况,国际通信员应有之修养。

报纸参考材料 教授学生用敏捷方法搜集,分类,收藏,检寻报纸之种种参考材料。

报纸图画 研究报纸之插画。在现代报纸上之地位及功用,特别注重画报编辑方针及安排图画等方法。

广告原理 由经济立场研究现代广告之功用与重要,尤注意广告在报纸杂志上之地位,对于广告学之种种方面,作概括讨论,注重新闻杂志广告之编作实习。此外关于广告制作、广告推销等,均有实地练习之机会。

营业及印刷法 专为研究报纸与杂志之营业及印刷问题,对于会计推销,组织,排版等各方面,均详为讲解。

新闻学史 注重个人研究与调查,尤以研究调查中国或远东新闻学史为宜。

以上课程,乃学系现暂设备者,该大学学生之愿主修或选修者,可任选其志向所近者而修读。

新闻学系教职员

新闻学系主任聂士芬副教授,美国人。1913年毕业于中央大学,1914年,毕业于密苏里大学新闻学院,得新闻学学士学位;复于1929年,在密苏里大学领受硕士学位,努力于新闻事业。于1916年,曾被密苏里大学选送往英国牛津大学研究。1917年至1924年,服务于美国于萨斯城及印度之青年会。聂氏在上学年开学之始,因受上海中央赈灾会电聘,往沪协助赈灾宣传工作,于1931年11月27号离沪回国,任美国密苏里大学新闻学院教授。

新闻学系事务由宪昭主持之。宪昭在美国密苏里大学新闻学院毕业,得新闻学学士学位,在广州香港主办各大报及讲师。

密苏里大学新闻学院代理院长马丁已到校,与聂士芬任交换教授一年。密苏里大学之新闻学院,于1908年开办时,马氏即在该校服务,马氏且曾游历东亚及欧洲云。

学系助教葛鲁甫,美国人,1929年来校,为密苏里大学选送来华之第一新闻学研究员。葛氏于1929年毕业于密苏里大学新闻学院,得新闻学学士学位。1931年,在燕京大学领取文学硕士学位,为外国学生在华领取硕士学位之第一人。葛氏在研究期间,曾在学系担任教授广告学。本年秋季,留校任广告学助教及学系员生主办之《平西报》及《新中国月刊》之营业部指导。葛氏并为燕京大学教师员之体育干事,1932年5月20日回国。

兼任讲师孙瑞芹,江苏崇明人。现任北平国闻通讯社英文部主任。孙氏于1920年毕业于天津北洋大学之法律学系,得法律学学士。曾在前英文华北正报当埠闻编辑五年,英文导报编辑一年。

兼任讲师管翼贤，湖北蕲春县人，日本法政大学政治经济科毕业。历充北平朝阳大学平民大学民国大学北平大学法学院新闻学教授。主办北平时闻通讯社实报社，兼充汉口正义报社南京复旦讯通社上海晨报驻平特派员。

兼任讲师张继英女士，江苏人。1926年，毕业于密苏里大学新闻学院，获得新闻学学士。曾任上海国民通讯社南京通讯社及美国合众社之南京特派员。张继英女士为我国女子留学美国而领有新闻学学士学位之第一人。

兼任讲师张象鼎，山西人，日本大学毕业，曾任北京大同晚报主笔。北平各大学教授，现任世界日报社论主撰，精通日本政治社会情形，故所为议论，深得国际所注视。

研究员饶世芬，广东人，1926年在燕京大学毕业。历充北平国闻通讯社英文部副编辑及北平今是中学教务长多年，现任英文平西报经理。

助理汤德臣，广东新会人，1931年秋季，毕业于燕京大学新闻学系。

助理黄丽青女士，广东南海人，1929年，毕业于广州岭南大学。1930年秋季入燕京大学研究院，研究教育学。

报纸的实际工作

新闻学系出版之《平西报》，最初乃一中英文合刊之报纸，中文占三版，多登载北平西郊社会新闻，及国内时事；英文占一版，刊印燕京大学教职员与学生之生活与工作。由学生，担任社论编辑，采访，广告，发行校对排版，均由学生轮流任之。编辑室设在印刷所内，俾学生与印刷人员，在工作时间内，有直接接触之机会。

"九一八"事件发生后，北平英文导报停版，学系为应时代需要起见，特在北平城内，发刊英文平西报，自置印刷机器与通讯机关，为北平中国人自办英文报纸之唯一刊物，由饶世芬任经理。美国人马丁葛鲁甫任撰述，其余编辑采访各项工作，概由学系中美两国学生亲行分任，英文平西报营业，日见发展，近已更名为北平英文燕京日报，汉文平西报，亦将英文版裁去，扩充汉文版，名称与英文同。社址则移于北平城内西裱褙胡同五十一号。渐有执北方舆论权威之势。

新闻学研究

新闻学系,每年四月举行新闻学讨论周一次,目的在联络报界先进,决疑解难,为后觉者之木铎。1931年春曾举行第一次新闻学讨论周,虽系试办,成绩蜚然,与会讲演者有国外记者及编辑五人,服职国内报界名人十二人,砥励指导,参加讨论者,亦七十余人,济济一堂,亦盛事也。1932年亦庚续主办。

新闻学系实习室与自修室内,原有百种以上之中英文报纸与其他刊物,以供研究参考,其关于印刷出版专业研究刊物,为数亦夥。每年于新闻讨论周时,更搜集我国各地搜存历年出版之各种报纸、画报、杂志及印刷用具以资展览,以供兴趣于我国报业历史进程者之研究。

假期中,新闻学系学生修业旅行,前往上海北平天津各大报社参观与实习,颇收实效,各报社因学生努力与兴趣,均表欢迎。此外往各报投稿者亦夥,此皆能引起学生写作之兴趣。

1931年毕业生,曾旅行西北,调查该地人民生活程度,使其于离校之前,对于本国内地人民生活状况,有较深刻之观察,而为将来眼光远大之记者。

此外名人来校,恒与学生讨论近代报业趋势,上学年开学后,国内外报界名人到燕京大学参观者,颇不乏人,皆对新闻学系学生作简短之谈话或演讲。北平世界日报社长成舍我,曾在该校作公开演讲,题为《我国国外宣传之失策》。上海申纸戈公振,亦对该系学生演讲。此外外国记者,如上海大陆报编辑,美国太平洋讨论会代表美国基督科学日报编辑柯白博士等,亦曾与该系学生谈话。白来安教授,往该校参观。新闻学系员生,特开茶话会欢迎。白氏原籍美国,惟生长于江苏苏州,对于我国文学,深有研究,前在燕京新闻学系任教职,现为纽约大学教授。

新闻学会成立于1928年,为对于新闻学有兴趣之教职学员所组织。在研究新闻学理及其实际应用,当时会员仅十数人。1930年会员骤增,会员大半为本学系之主修学生。本年会员计三十余人。会中之活动大半为出版与参观二事。出版物为英文新中国月刊(*The New China*)由会中之出版委员会负责。会员分任各种编辑、校对、推销广告等事宜。有燕京教师名著,参观则每半月举行一次。除参观平津各大报馆外,并往各大印刷所实地观察。

新闻学系毕业生

1926年毕业生饶世芬君,任职于北平国闻通讯社英文部多年,现为英文《平西报》经理。

1930年毕业生赵思源君任职天津大公报馆。

1931年毕业生周科征君,先任职于天津商报,现为天津体育周报社长兼主笔。汤德臣君任本学系助理。王成瑚君供职于汉口公论日报。该报刊行有年,为其父所经营。吴椿君在本校政治学系服务。兼任津沪大报之通讯。郑锡璋君任职于天津庸报。葛鲁甫君为美国密苏里大学新闻学院所派来华研究者。1929年来校,1931年在本校领得硕士学位,担任广告教授,兼任指导平西报与新中国月刊之出版事宜。

1932年毕业生沈剑鸿君,服务上海大陆报。高青孝君任北平实报主笔,实报为北方销数较多之报纸,为一纯粹的新闻营业机关。苏良克君任南京上海纽约各大报特派通电员。

本校其他学系毕业生之服务于新闻界者,卢祺新君为本系派往美国密苏里大学新闻学院之研究员。本年暑假可领得硕士学位。王家松任玲逊二君先供职于北平英文导报,后任上海英文新共和月刊编辑。黄庆枢、贾希彦、关钟麟三君现任职于上海大陆报。

燕京大学编:《新闻学研究》,良友公司,1932年

谢六逸

新闻教育与新闻事业

(1934 年 3 月 6 日)

新闻事业犹如一种武器,新闻记者好像一个造武器的技师;武器是否精良,就看技师技巧的高下。新闻记者的养成,又看新闻教育的办理如何。所以一国的新闻事业是否发达,就应该先看她的新闻教育是否发达。

新闻事业的发达,是产业革命以后的事,而新闻学之成为一种科学,以最早的美国而言,也不过二十几年的历史。(1908 年 Pulitzer 氏创办新闻科于哥伦比亚大学,此后各大学均纷纷成立,到现在二十八州的大学,均有新闻科。)至于吾国,全国最老的报纸——申报,不过六十一年,而新闻学之供人研究,则始于民国七年北京大学的设新闻学研究会,当时虽由新闻学先进徐宝璜主持,因未正式成为专科,只作为一种随意学科。所以新闻教育,在全世界已经是很幼稚,而在我国尤其幼稚,故我们要想新闻事业发达,提倡新闻教育,真是"不容缓图"的事了。

新闻教育如何去提倡,就全靠主持新闻事业的人与研究新闻学的人努力合作。我们知道,新闻学不能单在理论方面去探求,也不能完全偏重于应用。如果只顾到理论,就要犯不切实用的毛病,反之,也易流于低级趣味,而不能尽报纸的职责。新闻学的本身,既是这样的一种学科,故求新闻教育的发达,非主持新闻事业的人,与研究新闻学的人通力合作不为功。就像要造一座很美丽的屋子,自然要有好的工程师打样,同时也须要很好的工人去建造,否则图样虽极其精致,建造出来的屋子,未必就能如意。

我们希望主持新闻事业的人,能多聘请一些有新闻知识的人才去经营新闻事业,新闻事业自不难一天一天的发达;新闻事业发达了,人才有供不应求的时候,全国的各大学自必添办新闻系,新闻教育亦必因之而发达。主持新闻事业的人,不能吸收有新闻学知识的人才,而希望新闻教育发达之后,才求新闻事业的发达,那与"缘木求鱼"无异。目前国内新闻教育的不发达,就是这个原因了。

1934 年 3 月 6 日于复旦大学

载《申时电讯社创立十周年纪念特刊》,1934 年 7 月

胡庶华

大学教育与新闻人才

（1934年3月14日）

吾国新闻事业，创自清末，辛亥以前，国人资为利器，颠覆帝制；故武汉揭竿一呼，海内景从，不逾三月，而清社遂屋，论者多归功于舆论；此拿破仑所谓一枝笔胜于十万毛瑟也。舆论既足以转移一国政治之趋向，尤足以左右社会风俗之变迁；社会事业之一兴一废，每视舆论为依归，而摘奸发伏，功尤尚焉。所谓寸格之褒，有荣于华衮；一字之贬，则严于斧钺；其权力更足以辅助法律道德之所不逮。至于宣传文化，以启发民智；表扬民意，以汇集民力；领导民运，以利社会；主持正论，以辟邪侈；无一不唯舆论是赖，其责任之綦重，蔑以加矣。欧美各国，主持舆论领导民众之各大报，往往系有名学者，或大学教授，或在野之政治领袖为之主笔，职是故耳。昔美国密苏里大学新闻学系教授威廉士（Dr. Walter Williams）来华时，曾在北京大学讲演，有谓"新闻人才非由普通学校或职业学校所能培养，必须由大学培养，以高深学识去造就。故中国与全世界所需要之舆论家，是有知识有志愿并曾受高等教育者"。准此以言，则新闻事业非徒能文者，辄可率尔操觚，彰彰明矣。

晚近国内新闻事业，蒸蒸日上，其发达之速，他项事业莫之与京。惟新闻之种类虽多，能负领导舆论之责者，尚不多见。言政治则鲜有公正之批评；言外交则鲜有肯綮之论列。故外患频仍，内乱迭起，民生凋敝，风俗日媮，厉行训政数年,尚无若何成就,虽其原因甚多,然舆论之不健全亦其一端;较之辛亥革命,舆论权力之伟大,逊色多矣。以言国际宣传,更形薄弱,当九一八事变爆发,国内报章,竟迟至三日始获揭载。而日人已逞其惯技,颠倒是非,混淆世人之耳目,各国舆论甚有因之而左袒者,及国际调查团来华,始暴露其恶于世界。我国国际宣传之不健全,于斯可见一般。至于社会新闻,非属捕风捉影之谈,闭门造车之语,则所揭橥者,诲淫诲盗之录,多于奖善崇功之记;荒谬怪诞之说,多于正言谠论之篇。尤以迎合低级社会心理,描绘床第之私,舒写燕婉之好,以求推广销路,其私利虽获丰厚,而其贻害国家社会,则不知伊于胡底。他如谩骂攻讦,以逞私忿,尤为司空见惯。此吾国新闻记者之所以不能见重于社会,甚有畏之避之唯恐不速者耳。是故必有健全之新闻人才,方能领导健全之舆论,决非舞文弄墨之流,或凭藉为利禄之阶者,所能胜任愉快,可断言也。

惟健全之新闻人才,其学识、能力、人格三者均须修养有素,庶乎有矣。大学为研究学术造就人才之最高学府,欲求健全之新闻人才,非大学莫能养成。欧美各大学,设置新闻学科者,所在多有,吾国仅复旦、燕京等大学设有是系,新闻人才之缺乏,可以想见。虽然近世学尚专精,但学其他各科者,若有志于新闻事业,未始不可为新闻界之杰出人才,第视其个人之意志与修养若何耳。兹就管见所及,略举应具之修养条件,一商榷焉。

一、健康之身体

身体为事业之母,非有健康之身体,鲜能肩任艰巨。古之立大功建大业者,多奋斗于艰难困苦之中。新闻事业,非安闲生活,而任访员者,尤备受艰辛。或深夜尚未就寝,或饥饿而不得食,或奔走竟日不遑宁居,非有健康之身体,曷能胜任。西哲有言:"健全之精神,寓于强健之体魄。"故事业之成就,基于健康之身体,洵非虚也。

二、高尚之人格

丁兹叔世,道德沦亡,风俗日媮,必赖主持舆论者力事矫正;受高等教育者以身作则,庶几可资匡救。新闻记者,日奔走于军人政客之门,征逐于歌台舞榭之间,与富商巨贾相随,与贩夫走卒为伍。苟非修养有素,难免不为外欲夺其志,利禄失其操者,欲冀其为社会明是非,辨臧否,其可得乎?故应养成高尚人格,不为利诱,不为威屈,而树社会楷模。

三、丰富之常识

社会上细微事物,若囫囵吞枣,似无研究价值,绳以科学解释,随处皆是学问。故新闻记者,对于社会科学、自然科学须咸具相当根底,即庸俗末技,亦无不通晓者,斯为上乘。非若是则于事理之观察与判断,尠能趋于正确。不涉之于迷信,则涉之于武断,有何裨益于社会。恒人有言:"一事不知,儒者之耻。"有志于新闻学者,尤当服膺斯言。

四、纯洁之思想

人谓谋全人类福利之事业有二:一为战争时参加救伤之红十字会,一则沟通人类智识之新闻,益二者均无国界与人种之区别也。新闻记者,既负有为人类服务之使命,则应抱利国福民之宏愿,以尽天职。匪可唯图私利,不矜细行,或推波助澜,以事破坏,大者如国家政事,小者如社会习俗,绳愆纠谬,要不失之中庸。语云:"己欲立而立人,己欲达而达人。"故身为舆论领袖,社会向导者,非思想纯洁,祛其私心,除其偏见,则言论行为,难免不误入歧途。

五、勇毅之精神

见善不为为无勇,际此末俗,荆棘载途,特立独行,每为人所诽议,非有勇敢之精神以赴事功,必一事而莫举。然既有勇而不能持以坚毅,亦尠成达。先哲有云:"最后之成功。归于最后之努力者。"故必勇敢果毅二者兼备,虽泰山崩于前,麋鹿兴于左,而志不乱。笔可焚,而良心不能夺,身可杀,而事实不可改,方足以负领导舆论之重任。

凡斯数端,乃荦荦大者。他如敏锐之头脑,正确之判断,谦撝之态度,亦为习新闻学者,所应兼备。推之习其他各科者,亦莫不皆然。总之今日之大学教育,苟能养成健全之人才,凡百事业,均利赖之,而新闻事业尤其显著者也。申时电讯社,消息灵敏,宗旨纯正,十年奋斗,成绩斐然,社长米星如先生以"十年"特刊属题,爰本树木树人之义,述《大学教育与新闻人才》以祝之。

二三,三,十四,于麓山湖大

载《申时电讯社创立十周年纪念特刊》,1934年

张君良

新闻教育机关与报业协作

我们不能否认,新闻教育与新闻事业在中国,还远处于幼稚的时代,我们也不能否认,中国新闻事业与中国新闻教育至今是隔着一条鸿沟。但是,惟其是幼稚,惟其是隔着鸿沟,所以新闻教育机关才有急切和报业协作之必要。

新闻教育机关是培养新闻人才的,由于新闻人才而发生改善或促进报业的力量。同时,报业为要发展本身,亦需要新闻专门人才来协助,来工作。这样,不但新闻教育与报业协作是必要的,而且是必然的。

(一)新闻教育机关与报业协作之意义

新闻事业在我国历史上,不过数十年,在这数十年中,虽已由简陋的形式中蜕化出来,而具备了新世纪新闻事业的雏形,但因其发生与成功之迅速,已在国际间取得重要的地位,更因为我国与世界各国关系的日趋密切,接触日趋繁杂,所以中国的报业,也不仅是中国的报业,而成为整个世界报业的一部门。因此一切闭关自守独特发展的要求,不仅是不必要,而且是不可能的。目前世界各国,欲求新闻事业本身的繁荣,都不能在同地排演出联合经营的趋势,在这种时代主潮支配之下,作为世界报业之一支流的中国事业,当然不能独以个别经营的陈腐方式构成个例外,尤其在国难益深经济危机愈迫切的现阶段中,非联合协作,简直不能打出一条生路。故新闻协作的口号,在今日的局面下提供出来,并不能算是不合理的要求。

前面已经说过,报业为谋本身发展,需要有训练的人才来工作,而这种期望却只有新闻教育机关可以完成,过去曾听人说过,新闻事业犹如一种改造社会的武器,新闻记者如一个造武器的技师。技师的技巧足以影响武器的钝利,这话是不错的,工欲善其事,必先利其器,我们欲求新闻事业的发展,必将以新闻教育机关的发展为其前提,两者的关系最为密切,而其共同提携共同合作也成为必需。过去的历史教训我们,新闻事业苟无受过训练的人才来推动,来工作,其结果非但不能向理想的境域前进,而且有逐渐腐化逐渐退后之虞。过去新闻界中,充斥着舞文弄墨的名士者流,或醉心利禄的不得志的官僚。他们不仅对社会问题完全懵懂,而且对于新闻的意义与目标也没有比较明晰的认识,要求其发展事业改进社会,岂不是等于梦呓?我们虽不是说受过特殊新闻教育的人才就具有什么伟大的力量,不过就其常识的丰富,思想之纯洁,意志之坚定而论,实较过去许多骚人墨客强胜多多。近年以来,由于报界本身的觉悟,进步点的机关中,尽力地在罗致健全的新闻人才,差不多成了供不应求的趋势。新闻事业要求发展及扫荡廓清其陈腐的遗留,非与新闻教育机关进行协作不可,而新闻教育机关亦需新闻事业为其培养人才实施训练的标的与尾闾,其本身才有价值。一方面直接地供应发展新闻事业的人才,一方面间接地充实国本改造社会,新闻教育机关之存在,是具有这双重意义的。

根据上面所述,我们知道单纯的活动须有理论为其领导,报业如无良好的目标,其本身的进展亦无一定轨道,不过太重视了理论而不顾实践,充其义也只是不着边际的空谈,理论与实践其实是不可分离的。报纸需要大量的人才替社会做有意识的活动,而在新闻教育机关中受过训练的人,亦须以其在授课室中积年累月所得来的知识与由此知识而巩固了的自己的高远理想,搬到报馆与通讯社的编辑室里,搬到排字房里,搬到十字街头,以求把这知识应用,并把这理想实现出来。如果一个新闻记者有着像这样一般的努力过程,他会较之其他的人更明晰地体认出新闻事业与新闻教育之不可分的联系,从而进一步谋两者协作之完成。中国需要这样的记者,在人才的积极训练之中,新闻事业会在一种新陈代谢的情势下充实本身的力量。那时候,事实会纠正以往的社会上的谬见,对社会大声地说明了新闻与新闻教育究竟是怎样一种东西,而且正在向什么方向进展着。美国密苏里大学新闻学教授威廉博士(Dr. Walter Williams)说过:"新闻人才非由普通学校或职业学校所能培养,必须由大学培养,以高深学识去造就。故中国与全世界所需要之舆论家,是有智识有志愿并曾受高等教育者。"这话,以今日的眼光量衡起来,是没什么毛病的。

(二)我国新闻教育之史的考察

我国自有新闻事业,不过是六十几年的事情,而与新闻事业息息相关的新闻教育,却是最近几年来才有的事。一九〇八年美国普利色(Pulitzer)教授在哥伦比亚大学创设新闻学科。这是世界研究新闻学的嚆矢,至于我国则自民国革命以后,全国报界俱进会筹组报业学堂,新闻教育才为人所注意,他们宣言中说:"吾国报纸之不发达,岂无故耶?其最大原因,则在无专门人才。夫一国之中,所赖灌输文化,启牖知识,陶铸人才,其功不在教育下者,厥推报业。乃不先养专才,欲起而与世界报业相权衡,乌乎得?……吾国报业,方诸先进国,其幼稚殊不可讳,一访事,一编辑,一广告之布置,一发行之方法,在先进国均有良法寓乎其间,以博社会之欢迎。以故有报业学堂之设。"后来卒未开成。到民国七年,国立北京大学设新闻学研究会,新闻教育开始萌芽。民国九年,上海圣约翰大学设立报学系,附于文科之下。民国十年,厦门大学成立时,也开有报学专科。民十一年,北京平民大学成立时,也设有新闻学系。从民国十三年到十五年中,可说是中国新闻事业抽华吐萼的时期。燕京大学、国际大学、南方大学、光华大学、国民大学、大夏大学都相继成立了报学专科,国人对新闻事业的重视,于此可见。

可是在近年以来,各校或因环境之不利,或因物质基础的薄弱,许多都将新闻专科取消,现在存在的,则有燕京大学新闻学系、沪江大学新闻学专科、复旦大学新闻学系、民治新闻学院、申报函授新闻学校等。

我们只要看看这不大十分清楚的统计,就可了然新闻教育之近来的趋势了,那就是:新闻教育机关在量的方面确较以前减少,而在质的一方面则充实了许多。在各校创办该科的开始,都不过是由几个先进者大声疾呼作为领导，相继地成立了许多粗具规模的机关，而近年以来，则新闻教育的机能已由许多分散点逐渐凑合起来，而集中于几个基础较稳固设备较完善的机关之中。这与报纸之由个别经营趋向企业化的组合，并无两样。新闻教育与新闻事业是分工合作而又殊途同归的。两者发展的途径中，都有相互影响的迹象可寻，近来各校新闻科毕业生，都派往各报各通讯社作实地的服务与学习，两者实已打成一片了。在这样密切的关系中，进行相互协作，岂非必然的合理的而又急不容缓的企图？

（三）新闻教育机关与报业协作的实施

关于新闻教育机关与报业协作的口号，本不必再在今日提出，因为最近数年来，新闻教育机关与报业的协作之实行得好久了。所以再拿出来讨论者，是想把这意义抉发出来，并拟定较健全周密的实施计划。换句话说，就是不苟安于二者协作形态之现阶段以为满足，更进一步谋更高度的迈进。据我的意见，新闻教育机关与新闻事业之协作，应从技术的与经济的两方面来探讨。虽然这不是互相游离而是同一事实之两面，不过为行文便利起见，特予以个别的论述以归纳于整个结论。

关于两者技术方面的合作，是要求双方在同一目标下，谋训练人才之有效果的实施。这在消极地铲除过去病毒之外，还负有更重大的推进新闻事业之重大使命。过去许多新闻学科毕业的学生，因为没有实习机会，故其能力往往还不及没受过训练的老资格的记者，这在新闻教育机关的本身是一种难辞其咎的失败。考诸美国以及日本新闻学校发达的国家，他们的新闻事业与新闻教育事业早已打成一片，在新闻教育的机关里，负责教授的都是富有实际经验的新闻专家，教育方法不专重书本的阅读，所以有的很有名的大学里，已经自办报纸自办通讯社而与外界构成直接关系的，这样的训练过相当时期之后，毕业的学生当然能胜任愉快地从事新闻工作，服务社会。这往大里说，是在学校里已经培养好了对社会及事业本身的认识；往小的里说，是获得了自己的职业技能，不必再浪费时间，即已达到社会实践之力量的准备。新闻专业欲与新闻教育机关技术合作，其主要的有效果的方式，应从发达学校新闻入手，教授只处于领导地位，一切由学生自行组织进行。我国复旦大学，在过去已有此类似的通讯社的组织，可惜不能十分发达，因为技术合作的开始，须以经济合作为其前提。在这里，我们愿再考量一下两者经济合作问题。

在目前大多数的学校，除燕京大学的新闻学系，领有美国报界的津贴以外，大都经费由学校当局自筹自办。这虽然是不健全的状态，然而在中国报业物质基础不十分稳固的今日，除此也别无良策。因中国新闻记者待遇的菲薄，故除对此特具兴趣的人外，很少有人加入研究。不过这总可与新闻事业之发展而相对并进的。为报业发展计，新闻事业必须出其余力，协助新闻教育机关之维持与进展。燕京大学近年新闻教育较发达，每年暑期中有几家中国报纸皆予贡献一二新闻学系学生实验之机会，并按其能力给以薪金。该系并与报馆订定一永久资助办法，每报每年有该系学生一名，实验六个月，照常付给薪金。在上海，较完善的新闻教育机关也有类似此项的办法。在报业还未十分发达的今日，这种方法未始不能作为过渡期中双方经济提携的先声。

根据上面所述，我们知道新闻事业与新闻教育的协作是必要的，而此理想则须随同最主要的经济协作之完成而完成。无疑地，我们报业应追随先进各国报业之后，以集中资本繁殖资本为手段，以推动时代推动社会为目标，大规模地推进其企业化的进程。在物质条件具备之后，新闻事业与新闻教育机关才能做有效果的协作与提携，只有从此入手，才能胜任愉快地培养出优越的新闻人才，以共同建设未来的理想王国！

载《报学季刊》第 1 卷第 1 期，1934 年 10 月

君 良

发展边区及内地新闻教育

从帝国主义者侵略我边疆的日益露骨,从都市经济的日益贫乏,最近"开发边疆"、"到内地去"是一般人所认为挽救国运的一条路,但是我们在未开发之前,未到内地去之前,我们需要先发展边区及内地的新闻事业,在发展新闻事业之前,要先发展边疆与内地的新闻教育,这由于事实上的需要,并不是我们故意来炫奇的唱高调。近代文化的尖端,已渐由各种学术而转移到新闻纸上,不但一切政治、经济、社会的智识全由新闻纸供给我们,而我们所需要的实[际]生活的体验,统统可由新闻纸获得。

在边区先创设了这文化的中心物,我们才可建设其他的一切,在内地发展这文化的水准,我们才可以繁荣内地的一切,而在未创立未发展边区及内地新闻事业之前,首先应该建立新闻教育的基础。在我国教育贫乏得可怜的今日,新闻教育几乎是等于零,然而就因为新闻教育的幼稚,我们更需要发展边区及内地新闻教育。

我国新闻事业进展的迟缓,是不可否认的事实。这一方面自然是由于客观环境的种种阻遏,然而最大的原因,我们敢断定是新闻教育太不普遍,因此我们在发展边区及内地新闻事业之前,必须举办边区及内地新闻教育,否则一定会陷于过去的错误或失败。

边区内地的教育的不发达,也是目前最严重的问题,尤其是边区,一般帝国主义者除了军事政治的侵略外,还用最恶毒的文化侵略来消灭边区我固有的文化。所以新闻教育的建立,不但扶助了边区教育的发展,同时还可以抵制外来的文化侵略,因此我们感觉到发展边区及内地新闻教育不仅是开发边区民众的智识,抑且另外含有更重大的意义。

如何实施边区及内地新闻教育,我们不妨把它分别的予以检讨。

(一)边区新闻教育

前面说过,边区新闻教育的不发达和外来的文化侵略,已使我们深深感到积极的要举办新闻教育,从新闻教育去补足教育的不足,去抵抗文化侵略,因为边区民众文化比较的低落,我国不妨先创设比较低级的新闻教育机关,慢慢建立新闻教育的基础,以后逐步的发展新闻事业,使边区和国内各省市从隔离中集中起来,使边区民众明了帝国主义者的凶恶而觉悟过来,这样来开发边疆,来建设边疆,小有希望。自然,发展边疆的职责,应该我们新闻圈内及从事于新闻教育的同志来共同负责。

(二)内地新闻教育

内地新闻教育和内地新闻事业遭受着同样的命运,新闻教育根本没有存在自然不必说,而新闻事业的浅薄和没落,更是可怜。我们在内地需要建设起健全的新闻组织,我们必须创立新闻教育。内地新闻事业,由于广告、发行、读者等等的环境关系,不能使其自由发展是事实,而缺乏经营人才,或者经营人才缺乏新闻智识,也是最大的因素。我们在内地的教育机关中,应尽快使其成立新闻科,培养新闻人才,经营和改善内地的新闻事业。其次,我们在乡村里,应设立新闻讲习所,逐渐使农民的智识增多,由报纸上获得国内以至于世界的智识。农村经济加速度的崩溃,破产,整千万的农民,盲目地跑到贫乏的都市里来,结果,不仅加深了都市的不景气,而这许多亡命的农民,只有饿死在都市里。因此,我们一方面对农村予以根本救济,一方面我们必须发展乡村的新闻事业、新闻教育,使这农民对现社会有认识,至少,他们不会盲目地跑到都市里送死。

最后,我们归纳上面所述的几点,我们觉得要发展边区及内地的新闻教育,实在有极充足的理由和极大的效能。第一,边区风云日紧,外来侵略加强的今天,我们必须在边疆建立起新闻教育,抵抗文化侵略;第二,由新闻教育为中心,建立或发扬我们的民族精神,把边区的民志统一起来;第三,边区与国内由新闻事业的发达才发生极密切或极连带的关系;第四,创设乡村教育,由新闻教育辅助使其发展;第五,由新闻教育机关产生新闻人才,经营内地新闻事业;第六,农村破产声中,唯有新闻教育足以唤醒农民的迷梦。总之,在边区内地的社会情形如此严重局面之下,发展边区及内地的新闻教育是最急迫需要而值得鼓吹的。末了,希望新闻界新闻教育界或是热心新闻的人,来负起这重大的使命。

一九三四年冬

载《报学季刊》第 1 卷第 2 期,1935 年 1 月

窦 定

中国新闻教育方针的商榷
——为报学季刊特撰

窦定(J. F. Durind) 邓树勋译

近年新闻事业突飞猛进在社会上已占重要地位,各方面亦渐注意于新闻事业。同时中国青年也都认新闻事业之重要,不在机械,商业,政治和法律之下,最近已有不少的莘莘学子,从事研究新闻学术,把新闻工作当做终身事业。

的确,这些都可以显出中国新闻事业未来的发展。欧美各国,尤其是英国和美国新闻事业的发展,已臻成熟时期,所谓"新闻职业化"的趋势,早已显然明白,近更有极大的进展。在英国,"学徒"制度最盛行,报馆中无论是高级或低级的职员,一律须受相当的实习。在美国有专门新闻学校的设置,为新闻事业制造专门人才。英国的新闻从业员多数以服务年数及经验作擢升和加薪的标准。美国的制度恰巧相反,美国青年比较有容易的机会,美国一个报社人员之是否能擢升及加薪,全视他是否有新闻天才,而不在服务年数及经验的多少。现在美国主持新闻的当局,都在注意每年各学校新闻系毕业生,凡有可造之材,都被罗致,予以测验,天才超越的学生,都有占报社中重要位置的希望,而墨守绳法服务多年的"老手"反将退居其后。总之,目下美国一般人的观察,认为将来新闻界的人才都将自各新闻学系选出,报社中最重要的位置,都在期待着这辈天才超越的学子来担任。但是现在美国新闻系学

窦定 中国新闻教育方针的商榷

校对训练方法,仍有不少缺点。关于这一点,是美国新闻界主持人物所公认,也是我现在所要说明的。现在美国新闻界主要人物,仍属非新闻系毕业生,这并非是对新闻系学生有什么歧视,实因新闻系学校现尚在幼稚时期,所造就的人才,其经验尚不足居新闻社的主要地位。

近来中国的新闻教育,在仿效美国制度下已渐趋职业化,各大学差不多都有新闻系之设,所造就的人才也已有不少在新闻界中占着重要地位。将来中国新闻系学生在报界中势力之雄厚,定可预卜,并且可以说是改进中国报业的先锋。

不过我想中国新闻界主要人物和学校当局,应注意到现在各新闻系学校所采取的新闻教育方针是否确能造就良好的新闻专家,对美国新闻教育的弱点是否已有明切的认识。

美国新闻学校最大的弱点,是在于各新闻系学校仅仅注意学术,而忽略实际经验的训练。

记者在中国新闻学校中发现同样的错误,他们专门注意报纸的制作,以及营业的方法,而很少注意关于一般远大的文化常识,更少研究国际间一切重大事件的动静。

在现在中国及美国新闻系学校中,我们总可以发现那些教师们训练学生对新闻的写法,以及如何装配标题,如何组成一张完备的报纸等等,对于报纸的组织,亦不惜费许多精神去详细研究;此外,如广告发行等等也是费了很多宝贵的时间去教授。他们每年在这些学校中造就许多青年男女的新闻从业者,但是他们大都在整个的修养方面是尚未十分成熟的生手,对于软性新闻及摘要等含义,类多是一知半解,而对于国际大势民族关系等那种比较复杂的知识,都未能有更深刻的认识。老实地说,在那些学校里学生们所需要的一切材料,学校当局一些都没有供给他们。教师们所引导他们去学习的,仅仅是些极机械而刻板的理论和局部的见解,结果便得学生们仅具一个狭窄单纯的脑子,而不易造就一个极健全的新闻从业者。

新闻学校里现所学习的课程,诸如编辑技术一类的"玩意",只要在报馆实习了二三个星期后,便可熟习的,现在费许多时间去学习这类工作,宁非是种浪费。但是我们所不易学习的部分是什么呢?就是一般普通的常识,这种常识一个学生步出学校跑进报馆的时候是常会感觉非常缺乏的。一个新闻家要是缺乏各种常识,他的新闻事业决不能有什么发展,在个人方面或是对国家社会也决不会有什么贡献。

新闻学校应设置的课程是:(一)新闻伦理学,(二)新闻学史,(三)各国新闻事业现状及国际情势等,不过对于标题编辑方面,也不能完全忽略放弃。

我上面已经谈过,现在中国和美国对于新闻教育的设施,都有愈趋专门化的趋势,虽然他们知道这种教育方法是错误的,但是他们仍是向错误的路走去。他们为什么要这样做呢?因为他们以为经过大学教育训练的学生,一定能充分应付新闻工作。

我的结论是很明显的,假使一个青年平素很留心时事,而肯常读报纸,那么他一定能做一个很好的新闻记者,除此以外,尚须常常刻苦去体验一切记者生活的经验和技术。

总之,一个新闻学校如果单注意刻板理论的灌注,而不顾普通常识的训练,那么我敢说这新闻学校的效果,是极为微薄的。因为国际局势以及各项常识,并非是在短期中所能获得,必需经过长时期的修养方能得到的。

载《报学季刊》第 1 卷第 2 期,1935 年 1 月

郭步陶

造就新闻人才和办理新闻事业有彻底合作的必要

新闻事业,须要有新闻人才,才能有向上的希望。新闻人才,也须要有新闻机关,为之作育,为之培养,为之支配到适当用处,才不至于辜负了他们的美质。中国新闻事业的开始,并不在日本后,拿日本东京和大阪的著名报纸,如朝日新闻每日新闻等的历史,和中国的申报新闻报的历史,一相比较,便可知道。但是申新两报现在的销数,要和东京大阪的日报相比,却又相差得非常之多。这是什么原故?我敢斗胆说一句,人才的不如人,恐怕是最大因素。

中国初有报纸的时候,社会中对于办理新闻事业的人们,并不重视。那时的报界重要人物,固然多有相当历史。可是寻常做记者的人,大半是科举不得志,或官场失意,或斗方名士。一时没有去处,才来弄弄笔头,发发牢骚,对于新闻,并不一定有多大认识。革命成功,民国成立,报纸宣传,自然有些功劳。不过那是主义的战胜,有革命历史的人物,在那里主持新闻事业,所以能够收得那样效果,并不是纯粹地新闻事业的发展。我们看民元以后,革命有功的新闻记者,都去做了官,报纸的精神便一天不如一天,岂不是一个显然的证据?这就和中国政局的"人存政举,人已政息",犯了同一的毛病。要对症发药,先须注意真正地新闻人才。蔡元培长北大的时候,邵飘萍徐宝璜一班人组织新闻学会,开班讲习,新闻学三字才渐渐为中国人所认识。南北各大学,随着开办新闻学科的,在最近十余年中,颇有几处。所造就出来的人才,大半多有相当地位,但闲散没有去处的,也大有人在。以中国现有报馆的数目,和各校所新造成的新闻人才,两相对照,只有嫌人才不敷分配,怎样这时候就嫌人才过剩?这是什么缘故?

当然,在今日的中国,新闻学一科,还幼稚得很。毕业出去的,少不了有些是粗制滥造。可是比那完全没有学过的人们,总好一些。少年人往往自负甚高,薪水少些,位置低些,便不肯就,这也是大学毕业生的通病。但是我所知道的,青年中尽有欲望并不奢,欲觅一实习新闻的机会,而许久不能得到的。这个病根,不知又在什么地方?在报馆一方面,也常常听得说人才太少,想要改革,都因为人才难得,无从下手。一方是学了新闻学,找不到出路;一方是办着新闻事业,需要适当的人才,没有方法可以罗致。这样矛盾的现象,究竟是怎么造成的?他的责任,是在学新闻学的人?还是在办新闻事业的人?这问题很值得从细研究。

新闻学本是外国人先着手,关于这一科的书籍,多有从外国文翻译,或取材于外国书籍之处,造诣深一些的学人,总要到外国去镀一镀金。因此,在外国学新闻学的人,往往偏重外国,难于尽合本国办报的实用。而一从外国回来,自己身价就高了,几乎非社长或总主笔之类不就。归根结果,多是走入外国报馆里去办事。这是造了高等新闻人才,反为在华的外国报馆添些帮手,而中国报馆仍是得不到什么好处。现在办新闻事业的人们,也常有到外国去考察或参考的,但只是一个空名,能实在有心得,回来依据着来改良自己报纸的,很不多见,又有些报馆把自己的馆员派出去专门学新闻学,当然这也是养成新闻人才的一法。然而有这样能力的报馆很不多,况且报馆全部,要是没有整个的改进规划,就是有一两个镀过金的学人来服务,也是不能有多大益处。所以要根本改良本国新闻事业,非全数的新闻人才,和全数的新闻事业机关,彻底合作不可。

现在中国的报馆,还在过渡时期。老班的编辑员,还占着重要的位置。老枪的新闻记者,还散布在国内各要地。但是馆内外各部分,已渐渐参了一些分子,好像倾于新的门径,不久就要打开。各家报馆,自有各家的情态,大抵报馆开办的年龄愈老的,旧的成分愈多,开办的年龄愈近的,新的成分亦愈多。然而有一共通的短处,就是用人还大半注重情面,办事还没有尽依科学方法,对于学校所造成的新闻人才,还持怀疑态度,而目光所笼罩的总逃不出一个钱字的范围,这是中国新闻事业所以进步濡滞的一大原因。

学校所造的新闻人才,浅深不一,所注重的,或为中,或为西,也不一致。大家似乎都还在试验,教育当局也不曾对于新闻学,定有若何标准。好像新闻学是否成为科学?尚是问题。在学校所得的,不过是些书本上的理论,就是小小作些试验,也不过是些学校式的新闻编辑,学校式的新闻采访,和实际的新闻工作,相去尚不可以道里计。毕了业,没有去处的,这样浅薄的课程,不消一年半岁,便可一一都归还先生。报馆或通信社等有机缘的,拿了这闭门所造的车,想要合乎适用的轨道,也是很不容易的。我们不要怪老派的排斥我们,须要知道新闻事业,是要脚踏实地,一步一步地苦做,才能有成功的希望。断断乎,不是记几个公式,晓得一些名词和理论,便能有用的。

总之,学校的新闻课程和报馆的新闻工作,须要冶成一炉,才能"相得而益彰"。要是像现在这样,各不相谋的长远做下去,新闻人才和新闻事业,将永久不能得到相互的利便。我很希望办理新闻教育的学校,和办理新闻事业的团体或机关,能够相聚一堂,把这个问题从细讨论。在没有议定妥善方法以前,学校课程,注重实习,报馆用人,采取考试制度,或者也是一种相当地两利办法。

载《新闻学期刊》第 1 期,1935 年 2 月

成舍我

我所理想的新闻教育

《报学季刊》的各位先生,因为本期要讨论普及新闻教育问题,叫我写一点对于新闻教育的意见。同时,并要我将正在尝试中的北平新闻专科学校概况介绍给大众。我对新闻教育,本没有深刻研究,至新闻专科学校,它创办仅仅两年,还正在幼稚时期,也实在没有向大众介绍的价值。不过,我欠《报学季刊》的文债,实在不好再赖,为还债并答谢各位先生的盛意起见,所以将这两个题目合并起来,勉强写出下面这篇卑不足道的《我所理想的新闻教育》。

所谓理想,或许会被人指为一种乌托邦,也未可知。但我的原意,要想替中国今后的新闻事业训练一些手脑并用的小朋友。假使这些小朋友真能完成他们的学业,那么,他们将来的技能是一方面穿上长衫,做经理,当编辑,一方面也可以换上短衣,到印刷工厂中,去排字铸版,管机器。当然这种理想,难免不失败,然而这确是我现在对于新闻教育所怀抱的意见,也就是我们创办新闻专科学校的唯一动机。

这种理想的试验,是从民国二十二年四月十二日新闻学校成立时开始,到现在已恰将两年了。我们抱这种试验,分作三个阶段:第一,初级职业班;第二,高级职业班;第三,本科。第一、第二两阶段,各为两年,第三阶段三年。换句话说,就是起码七年,才可以将这个理想,试验终了。不过一个学生,从初级到本科,虽然共需七年,但他若因为家庭经济,或个人兴趣的关系,不能一次继续度过如此长久的时间,那么,在每一个阶段终了,我们也已替他准备了相当工作的能力。所以三个阶段,也尽有分划的余地。第一阶段的初级班,它主要课程是属于印刷方面的排字,铸版,管机器。第二阶段的高级班,主要课程是属于事务方面的发行,广告,会计,簿记。至于第三阶段的本科,则当与法学院中各种分系相当。而在每一阶段中,都兼包有新闻学概论,采访,编辑和新闻事业中必须的技能,如摄影,速记,译电等。初高两级,并讲授社会科学大意,自然科学大意,以充实其常识。我们训练初级班,目的是造就印刷工人,高级班,造就发行,广告及事务上管理人员,本科则为造就一方既常识充足,一方且学有专长,而对新闻事业又已得到深刻了解的编辑采访和报业指导者。依据这样计划,可以一个真能经历三个阶段,修毕七年课程的学生,他一定对于新闻事业全部的必需技能和知识,都可以相当明了。那就是前面说过的,他穿上长衫,可以做经理,当编辑,换上短衫,也马上就可排字,铸版,管机器。这就是我们所提倡的手脑并用,即使仅仅经过第一阶段的学生,他在毕业后,除印刷以外,对于编辑采访,和其他报业技术,也不会和其他工人一样,完全不懂的。

从民国二十二年四月十二日起,新专成立,初级职业班开办,今已两年,快到毕业的时候,这一班初级学生共四十人。他们现在已能排字,制版,开机器。虽然编辑,采访不是他们的主要课程,但因为他们十分爱好的原故,经过这两年的附带训练,似乎也勉强可编可访。学校中有排制印的实习工厂,并举行过自编自印小型日刊的练习。在这个小型日刊上,从社论编访排印,以至用自行车将刊物送给读者,都是由学生担任,不许有半个外人参加工作。经过这样假"日刊"演习以后,到了第二学年开始,就更进一步,将北平世界日报的"北平增刊"和"世界画报"在教授指导之下,都划归他们去实地排版印刷,并将一部分编辑采访的职务,也交他们负担。而世界日报的社会、教育、妇女等版的新闻有时并指定他们出外采访。他们编访的能力,固然还谈不到十分满意,但就他们的学程说来,实已出乎我们预算之外。

过去两年中,他们对于实习,都很努力,尤其采访在被派出以后,除非得到结果,他们是不愿空手回来的。有一次,因为采访一条重要新闻,派两组学生,分别活动,甲组从早晨等到午夜,算是有了圆满结果,但已两顿饭都牺牲了。乙组不幸得很,虽然也是同样的时间回来,但终于没有结果,于是有一个学生,回到学校就抱头痛哭。这种精神,倘他们将来还能永远继续的保持,那么,新闻记者的第一个信条"忠于职守",或许会不致被他们遗弃。依据我过去办报的经验,新闻记者,尤其外勤,他们最容易也最危险的毛病,就是不能"忠于职守"。所以不"忠"的原故,第一,是缺乏忍耐性,有些外勤,往往因为急于销差的关系,消息竟任意捏造,骗自己,骗报馆,骗读者。我在北平记得有这样一个故事。好多年前,有一家现已停版的晚报,某次,派一外勤,到车站接晤与时局有重要关系之南来某君。适火车误点,这位外勤,不能久等,遂离开车站,杜撰了一段新闻说:"某要人某时抵站,询其任务,多不置答,惟言此次北来,沿途印象甚佳"云云。在这位外勤的用意,必以为早报上已有某要人昨夜过济南的电报,而一般要人又向来不愿对记者说真话,"印象甚佳"几乎是千篇一律的要人口吻,火车虽然误点,但总是要到的,等着了,也不过这几句话,到不如先造几句,省得在车站苦守。在他必以为聪明过人,万无一失,不料某要人的行止,却偏轶出这位外勤的意想。他中途从天津下车,当日并没有到平。于是这家晚报,大标其某要人今早到平谈印象甚佳的新闻,结果是竟被人笑为"白日见鬼"。这个故事,我常常挈求警告一般担任外勤的朋友,而我对于这些学生的训练,采访方面,总是叫他们守着"与其信用耳朵,不如信用眼睛"的原则,如果眼睛真没有法看见,也只好自认失败,终比捏造的好。就这过去两年的情形看,似乎他们还能够相当忍耐,而没有那些造谣捏报的恶习。

初级职业班,定今年四月十一日毕业,在他们四十人中,有三分之二已决定升入高级,有三分之一,则请求学校,送世界日报服务。世界日报也已决定将此三分之一的毕业生,尽数留用,打算每天以一半时间叫他们用手(印刷),再以一半时间,叫他们用脑(采访或报业管理),实行我们手脑并用的初步理想。

今年秋季始业,就开办高级职业班,试验我们第二阶段的理想。同时还再招一初级职业班,以补足本年毕业的班次。初高两级的学生是完全免费,不收分文。至于学校的经费,则过去均由北平世界日报及南京民生报担任,两年来,已经用去的大约在两万元左右,今后的扩充,则董事会正在设法筹划中。

除初级职业班以外,去年因受世界日报的委托,还先后办了一个报业管理特班和电讯特班,前者半年,后者三月毕业,都现在世界日报服务。报业管理班,是应当时世界日报改用复式簿记的需要,电讯班则为翻译电报,及收听国内外广播电报之用。服务成绩,均尚不恶,这是不能等到高级职业班毕业,所以才先开办两种特班的。

我所理想的新闻教育,及这两年来在新专试验的经过,其轮廓大致已如上述。至于我为什么要决心来作这种或者被人指为乌托邦的尝试?第一,我从未来新闻事业的组织上设想,觉得未来的新闻事业,它的内部组织,不但应消灭资本劳动两阶级的对立,并且连劳心劳力的界限,也应该一扫而空。因为新闻事业,是社会组织的中坚,是时代文化的先驱,我们固然不敢预想未来的中国,将有怎样方式的社会和文化,但无论如何,若将中国未来的报纸,也组成像资本主义化的美国黄色报纸一样,试问这种报纸,于未来的社会文化,有什么利益?民国二十一年,我在北平燕京大学,讲演"中国报纸的将来"。关于报纸的组织问题,我的意见是:"未来的中国报纸,它应该受民众和读者的控制,它的主权,应该为全体工作人员——无论知识劳动或筋肉劳动者所共有,它在营业方面,虽然还可与一般营业无异,但编辑方面,却应该绝对独立,不受商业化任何丝毫的影响。"这就是我不但想打消资劳对立,并且连劳心劳力的界限,也要打消的一种建议。但是我们既打算将一个报馆的主权,交给全体工作人员,那么就现一般报馆中的劳力者尤其印刷工人而论,他们知识和道德水准的低下,自然无可为讳,一旦叫他们接受并行使这种主权,当然非常困难,就是贸然接受,等到行使起来,其结果也会要有名无实,像辛亥革命后中华民国的老百姓一样。中国国民党有训政,我们想要改进未来新闻事业的组织,似乎也应该先有一个训政。这个训政工作,一方面设法就已有的劳力者,提高他们知识和道德的水准,一方面我们来从根本做起,彻底训练一般新的报业人员。这些新的报业人员,他们将没有劳心劳力的区别,他们一方面可以做劳力的工人,一方面也可以做劳心的经理或编辑。整个报馆,就是他们的所有,他们尽可各尽所能,各取所需,如此则不但整个报馆的组织,可以得到新的改革,而报馆内部,也一定容易协调,大家都感到共同团体努力奋斗的必要。像现在一般报馆中常易发生的劳资纠纷,及印刷工人与编辑间每每无谓的争执,冲突,总可以不致再有。我办新专的理想,就预备最后能将这些新的报业人员多应用到这种新的组织上去。第二,再就报馆的技术方面说，劳心劳力实在也有融会贯通的必要。固然学术愈进步，工作愈专门，一个人决难全知全能，报馆的技术当然也不能例外，专门的工作，自当让专门的人才去做。不过一个报馆的工作者，一方面应该有专门的技术，一方面对报馆全部工作，也应该普遍了解。正如一个专门医生，他尽管是喉科，或是眼科，而他对于人身整个生理的构造却不能不普遍了解一样。往往受过高等教育，甚至在大学新闻系毕业的人，当他开始走进报馆的编辑室时，他最易感到的麻烦，就是印刷工人不能指挥如意。有时编辑方面，要这样排，而印刷方面，偏说这样排是不可能。有时编辑方面，以为稿子还不够，而印刷方面却说已经发多了。如果发生争执，编辑方面，总大多不能说明技术上的理由。固然有时系印刷工人，故意偷懒捣乱，但当编辑的，假使他对于印刷，早就有过经验，最低限度，他已知道排版和计算的方法，那么这种麻烦，是很易解决的。如果照我们的计划，编辑就是工人，工人也就是编辑，那自然更不成问题了。无如直到现今，编辑和印刷还差不多是划成两个世界，许多初到报馆当编辑的，连字体大小，一行大题，应该用几个头号，几个二号，还弄不清，那里还能从技术上使印刷工人完全折服。所以遇到一个印刷技术的争执，尽管编辑方面的主张确当，也往往不能不为工人所屈服，反过来说，有时印刷方面的主张确当，但因为编辑地位较为优崇，在工人势力不很强大的地域，他们恐怕开罪编辑，也只好将错就错，敷衍编辑的面子。这种情形，当然从报馆立场说，都是于报馆不利。一个有印刷知识的编辑，不但他不会感受到印刷方面的麻烦，并且的确可以在技术上使报纸形式，比一个没有学过印刷的编辑，编得生动美观。至于在印刷方面工作的，假使他有编辑同样的学力，那么工作的迅速和错误的减少，甚至编辑发稿时，匆忙中没有注意到的疏忽，都可以代为纠正。这与普通工人的效率，当然是不可并论。而平常因为改正排字错误，以牺牲于初校二校大样等的巨量时间，也可以从此节省不少。这就是我主张劳心劳力不可分别的第二理由。并且这样的例子，不仅印刷与编辑为然，普通一个报馆中所谓阶级最低之报差信差，实在同时也可以兼做一种很重要的职务——外勤。比如世界日报，它平时有五十名以上骑自行车直接送报的报差，他们每日除送报的两三小时工作以外，其余都闲坐无所事事，如果这班人是受过新闻教育的，那么，他们于北平情形，甚至在他送报的区域以内，每条胡同中，每一重要住户的生活起居，他平时照例都十分清楚，因为他们天天送报的缘故，自然也就有了同邮差警察同样与住户熟习的机会。他们骑车技术很好很快，每天必须有几个小时，穿行全市，如果指定他们同时负起采访的责任，那些街上突发的事件，自一定很少逃过他们的眼睛。这比报馆专请几位无事不出门，出门必雇车的外勤记者，效力要如何来得伟大！诸如此类，不胜枚举。总之，报馆的工作，都应该由受过新闻教育的人担任，尤其今后的印刷技术，突飞猛进，中国的排字方法，也一定会要大大革命。这都绝非无知识的工人所能肩负得了。凡是同在报馆工作的人，没有什么上等下等的分别，换一句话说，就是没有什么劳心劳力的分别。第三，从未来报纸大众化的倾向着想，消弭劳资对立，并训练手脑并用的工作者，更有急切的必要。因为我们要报纸大众化，是要报纸真能走到民间去，如果大众化的结果，只是造成几个像美国一样的黄色报纸大王，他们只知道个人发财，不管社会遭殃，那么，这种大众化的报纸，试问于大众有何利益？综括以上所述，由报馆的组织、技术和大众化三方面来看，所以就形成了我对新闻教育的一种理想，更催促我下了开办新专，从事试验这种理想的决心。

本来新闻教育是一个新兴的部门，它是否有独立的价值，到现今还在许多人的争论中。虽然欧美各重要国家，他们的大学中，不少有新闻课程的设置，但十分之九，都不过聊备一格，就欧洲各国与美国比，美国的新闻教育，当然较欧洲发达。欧洲多偏重学理的探讨，而美国则偏重实用。美国最完备的新闻学校，当首推密苏里大学的新闻学院。据该大学发表的校务报告上说：自一九〇八年起修新闻学者，得授予学位，在全世界当以此校为最先。(It is the oldest School of Journalism in the World, Haring Begun instruction Leading to a degree in Journalism in the fall of 1908.) 它课程内容也以实用为主。学校内并有三种实习的刊物，它的日刊(Columbia Misouriun)简直和一个普通的地方报纸没有分别。它在当地销行很广，除印刷部分外，广告和编辑采访的人员都全由学生分任。他们当学生时，已有这样由实习得来的丰富经验，所以毕业以后到美国各地报馆去服务，都很有满意的成绩。我们随便到美国那个报馆中去，几乎总可以遇见这个学院出身的学生。中国的名记者，从这学校毕业的也不少。虽然这是美国人办的学校，是为美国报纸而训练的学生，里面所教授的不能尽如我们今日的愿望，然而就现在全世界已有的新闻学校看来，似乎能像它那样完备的，实已是不可多见了。

自来轻视新闻教育的人们，总以为新闻教育，其目的只是训练一些技术的人才，是职业教育的一种，没有什么高深学理的研究，不能成为一个学术上独立研究的部门。所以到现今中国的大学中还没有正式允许新闻学系的存在，更谈不到正式的新闻学院。其实新闻教育，一方面固然是职业教育的一种，一方面何尝不含有高深学理的研究，尤其号称民本主义的国家，新闻教育更有积极提倡的必要。韦尔斯著世界史纲，曾反复声述，民主政治之巩固与发展，惟视新闻事业之能否普及光大。至于新闻教育的学理方面，如新闻道德对于社会之影响，公共舆论之如何形成，群众心理之如何善导，及各国报纸与其国内政治文化演变关系之所在？何一不需要有系统的高深研究？岂可以职业教育而抹杀其学术地位？如果说，受新闻教育的人，将来不过想做一个新闻记者，没有什么高远的目的，就认为新闻教育，没有学术上独立的价值，那么学医的，百分之九十九做医生，学法律的，百分之九十九做法官，当律师，为什么国家不禁止办医科大学和法科大学，这真是有点奇怪。况且自民本主义的立场看来，职业教育与文化教育本没有什么分别。杜威民本主义的教育，就曾极力打破这种界限，彻底的说，无论哪一种教育，都包括着实用和研究。冠墨留氏（Comenius）尝谓：增进知识，须先教以实物，又谓：教育须能实际应用于日常生活。现在已有许多教育家，将法律、政治、经济，甚至陆海空军事学科，都认为职业教育，那么即使认定新闻教育只是职业教育的一种，也不应该有任何被人轻视的理由。

　　我的意思，新闻教育一方面是职业教育，一方面也是文化教育的一种。技术的训练和学理的研究，都应该同样重视。不过就学习的便利，可以有先后时间的分划。像我们这个小小的新闻学校，在第一、第二两阶段，比较的偏重技术，在第三阶段，则大多数课程，都以研究为主。当然我们的目的，是要他们将来能在新闻事业中，做一个真能手脑并用的工作员，但同时也盼望他们能对于新闻教育的学术方面，将来有相当的供献。不过我们现在所试验的，仅止是一种未成熟的雏形，成功与否，还要靠国内同业和新闻教育家先进的指导与援助。我生平最佩服斯宾塞两句话："不能遮雨，不是好雨伞，正因为雨伞的目的就是遮雨。"那么，我们要判断这个理想的前途是好是坏，只有看牠将来是否能达到我们改进中国新闻事业的目的。

　　因为对上面所说的话，想再给它一点补充意见，特再将民国二十二年四月十二日新专开学时,我所讲的一段话,附抄如下,以作此文的结束。

如何使报纸向民间去

今天是新闻专科学校开学的头一天,也就是我们试验我们的理想——改革中国新闻事业——的开始,假使我们的理想,幸而不十分错误,我们将来对于中国新闻事业或许有点贡献,那么,今天或许就是我们最可纪念的一天,也未可知。辱蒙教育界,新闻界的先进,和党部陈委员光临指导,觉得非常的感激,非常的荣幸。我们愿藉这个机会,将我们对于这个学校组织的动机,筹备经过和将来计划,向诸位作一个简单的报告:

我们组织这个学校的动机,是认为眼前的中国报纸,有两件急当注意的事:(一)现在国内的报纸,大半可以说,只是特殊阶级的读物,而不是社会大众的读物。我们可以从两方面来看:每一报纸,牠所记载的消息,大都偏于政治方面。把要人的来去,宦海的升沉,特别注意,都用很多的篇幅,很重要的地位去登载。至于社会上许多严重的事件,反而多被忽略。我深刻的记得,几年前在上海一家报纸的本埠新闻上,一天,将一个要人开的园游会,登了第一条,占去很大的地位,甚至来宾中一位太太的钻石项圈,也不惜用数百字来描写牠如何华贵,令人羡慕。但在同日同栏的末尾,有段大学毕业生投黄浦江自尽的消息。这个自杀者,从大学毕业以后,谋一点小事都得不到,后来作了一个小学教员,小学却因为经济困难不能发薪,他没法维持生活,就把自己的妻子和女儿都送入妓馆里去作妓女,后来他的妻子因羞愤自杀了,女儿也跟人跑掉了,小学到底因不能维持,至于关门,他完全失业,结果,只好带着一个三岁的小孩子同投黄浦江自杀。这是多么悲惨而复杂的社会问题?可是反而被列入在几个自杀消息的里面,标了一个《自杀消息一束》的题目,用六号字排在小角落里。试问这两条新闻,影响于社会生活的那个轻?那个重?而报纸的眼光,却将他这样的倒置起来,这种现象不仅一家报纸如此,一般报纸均很少避免。所以只有少数与政治有关系的人才去读报,大多数的农人,工人,商人则以为这种报纸,不过是些升官图,起居注,和特殊阶级的消遣品,与大众不发生关系,没有读的必要。再就报纸的定价来说:像北平、天津、上海的各大报,每月每份售价都在一元以上,而一般劳动阶级的收入,普通每月总只有十元上下。如果订一份报,就差不多要占去他生活费的十分之一。他们家里如果再有父母妻子,十元钱维持衣食住都不够,那里还有力量去买报看?不但劳苦的农工看不起报,就是收入稍丰普通的小学教员,也看不起。但在欧美看一份报不过占据每个人收入千分之一。譬如英国的一般日报,每天只卖一个便士,英国普通的工人收入,每天平均总有一百个便士(以每月收入十镑计),法国的报,每份只售二十五个生丁,而普通工人的收入,平均每天总有三千多生丁(以每月收入一千佛郎计),所以欧美的人都喜欢看报。在外国,早晨起来看见街上卖菜的主妇,袋子里除下小菜面包,总还有一份报纸。可见欧美的报纸,是人人可以看得起,那才是真正给大众看的报纸。中国的报纸定价为什么这样昂贵,一方面固然因为广告不发达,另一方面,也是因为报纸本身篇幅太多,不知道减轻成本,低价推销。报纸的内容,不是大众所需要读的,报纸的定价,又不是一般劳苦大众所读得起的。中国报纸不能发达,这两点实在是最主要的原因。所以中国办报数十年,到现在,他的读者,还只是限于极少数的政治人物和所谓知识份子,不能伸张到民间去。中国糟到现在这种地步,就是大多数国民,根本上不知道国家是个什么东西,国难这样的严重,国家快要亡了,他们还不知道。甚至他们将中国,"满洲国",日本看做没有什么分别,做那一个国家底下的国民,于他们本身,都没有什么了不起。他们所以愚昧,闭塞到如此田地,就多半是因为向来不去读报的缘故。就这一点说,我们新闻界实在应该负重大责任。因为我们的报纸,从来不注意向多数国民动员,使他们了解民族意义,个人和国家的关系,及中国现今的危迫。致使他们始终坐在漆黑的暗室,不知道屋外大势。自从九一八事变发生以来,我们更深切的感到,有急起直追转变我们目标的必要。内容应由政治转到广义的社会,读者应由少数特殊阶级转到全国劳动大众。就是要将向来被视为特殊阶级的读物,变成大众的读物,使全国士农工商,都能看报,用报纸来唤起全国民众,共赴国难,抵御外侮,这是中国报纸应该改革的第一点。

(二)中国报纸在商业不发达的地方,虽然还埋没在手工业时代的状况,而在通商大埠,则渐次已有资本化的倾向。办报的老板可以与报纸工作不发生关系,只要拿出了资本,终年不入报馆大门,也可以坐分红利几十万元。劳资的对立,日趋尖锐,就在同一的报馆里,脑力劳动者,与体力劳动中间,也很容易发生冲突。编辑部和印刷部,总难合作。凡是从事过新闻事业的人,恐怕都感到过这种痛苦。这是未来中国新闻事业的一大危机,我们要预防这种危机,就应该设法使一个报馆,成为一个合作的集团,由排字工人起至社长,都要忠诚合作,全成报纸的主人,不但要消灭资本劳动两阶级的对立,并且要融和劳心劳力,使他们同为一个报馆的生产者。只应就他们劳动的时间和效率,去区别他们的报酬,而不应该从劳心劳力上有所歧视。这是中国新闻事业应该注意改革的第二点。

我们怀抱这两种观念,就想来创办一个理想的报纸,来实现我们的理想。原来我们的计划是想就我们已有的报纸改良,照我们理想的办法去作,后来经过缜密的考虑,觉着要实验我们的理想,非有根本彻底的办法不可。而人才的准备,尤为必要。最好先办一新闻学校,一方面训练未来的人才,一方面在学校里可以创办一个民众化的报纸。从事这个报纸工作的人,像经理,编辑,外勤记者,印刷工人,会计,发行,广告等等,就均可由学生自己来充任。由一个学校,来实现我们上述两种改革的理想,这就是我们创办这个新闻专科学校的由来。

其实,这两种理想,我们怀抱已经很久。前几年,国立北平大学曾请我举办一个新闻专修科,后来又决在法学院内开办一个新闻学系。本来均可以试验我这种理想。但是我仔细考量结果,觉得就现在教育界情形,要想在一个国立大学里面,试验我们的理想,必然困难太多。当时又恰巧因事出国,平大这个委托,我只好中途辞谢没有进行。我后来更感觉到要根据我们的理想,训练完全手脑并用,吃苦耐劳的新闻人才,应当由下往上,逐步彻底的作去。办大学新闻系,招大学程度的学生来训练,不从根本着手,将来也恐怕难见成效。所以回国以后,决定以私人能力来创办一个以合乎实用,循序渐进为目的的新闻专科学校。经过相当期间的筹划到今年二月正式招生,我们将这个学校,分为初级职业,高级职业,本科三班。现在开办的是初级职业班,以后两班,当陆续开办。初级职业班,学额本只限四十名,当时应考的竟有四百多人,超过名额十倍以上,可见一班青年对于新闻事业大概很感兴趣。今天这初级职业班,已正式开学。初级职业班是打算造成一班新闻事业中的基本社员,就是一个报馆里最重要也最神圣的印刷工人。以一半时实地间练习排字,铸字,制版,机器等工作,以一半时间讲授中国文,外国文,自然科学大纲,社会科学大纲,新闻学等。务使在二年里,技术和知识同时并进,毕业后愿意做事的当然可以做事。其环境好，不愿即刻做事，还愿意深造的，则可以升入高级职业班，高级职业班是以训练外勤记者，助理编辑及事务方面，发行广告会计等职员为目的。一面有实习工作，一面也有学科讲授。毕业以后，愿作事的作事，愿再深造，可以入本科。本科的目的，则在造就主笔，总编辑及事业方面的指导人才。他的课程则专注意于法律，政治，经济和若干主要的社会科学，其程度将与一个完全的法科大学相当。这三班的毕业期限，总共七年，假使一个人，能从初级职业班，进到本科毕业。那么他的能力，一方面可以做社长，当主笔，一方面也可以排字管账，这样，才可以算一个完全的新闻记者，而脑力劳动和筋肉劳动也就可以合而为一了。

我们创办这个学校的计划，大略如上所说。我们将来还想在这个学校内，附办一个理想的报纸。一方面给未毕业的学生做实习，一方面就让毕业的学生去工作。报馆里全部的职务，都由本校未毕业或已毕业的学生去做，由印刷到编辑，都由学生担任。照着我们改良中国新闻事业的理想，这个报，一方面要注意到大众，同时要把这个报作为全体社员所公有。我们的学校，是一个工厂，同时又是一个报馆，希望将来凡在本校毕业的，能做一个用脑的新闻记者，同时也能做一个用手的排字工人。各位同学毕业以后，除由本校指派工作外，也可以自由分散到各报馆去服务。世界上任何事情，都是新陈代谢，在座的诸位同学，虽然都还很年轻，将来长大了都可以成一个完全手脑并用的新闻记者，或新闻事业的支配者。我们的事业将来就会要让给你们去作。所以各位的希望和责任都是重大而无穷的。不过现今我们办学的能力有限，设备也很简单，好在无论何事，只要努力作，一定总会有相当成功。虽然我们的设备很简陋，基础可以说一点没有，房子是租的，经费差不多全由我个人和北平世界日报南京民生报捐助，工厂里的东西也是世界日报捐来的。但是实际上，我们还是有很伟大的基础，在那里等着，这个伟大基础就是我们全体努力的精神。只有同学和各位教职员，都来共同努力，将来新闻专科学校一定可以做成一个完全的学校，一天天的发展起来，或者能造一个十层楼八层楼的工厂化的学校也未可知。不然大家因循敷衍，办事的混饭吃，当学生混文凭——其实这个学校毕业的文凭，并不能当衣食饭碗——那么，马上就有八层十层的洋房，也一点没有用处。再就我们以往的经验，觉得一种事业，起初都应从小处作起。从小处作起一天一天进步，根基才能稳固。刚才管翼贤先生进来,问在座的一位小同学,进这个学校,希望将来做什么,他说想做世界日报的社长。世界日报的社长,并没有什么可羡慕,但是,你们的心目中,一定觉得这个报馆,现已有相当基础,不过你若在十年以前,世界日报刚刚创办,房子还没有这个学校好,最初的资本才几百块钱。在那时,你一定不会说,想做这个报馆的社长。现在的基础,是许多同事,用十年的脑汁和血汗换来的,不仅一个小小的世界日报如此,世界知名的泰晤士报,牠在一七八五年出版时,不过是一张八开大小的小报和现在世界晚报一样大小,经过了约翰·霍特(John Walter)几代的努力,才得到现今地位。可见大的成就,必先从小的基础,一点一点的做起。我生平做事,始终抱此方针,我所以不去办一个大学中的新闻学系,而愿意先来训练你们几十个小朋友,也就是这个意思。若拿现在的新闻专科学校和十年前世界日报来比,新闻专科学校,可以说现在的规模还比世界日报好得多。所以新闻专科学校将来的发展,实是不可限量,希望各位同学和我们同人都要互相努力,共同发展。将来学校一天一天扩大,毕业的人一天一天加多,那么,我们改革中国新闻事业的理想,"报纸向民间去"和"工作者有其报"就自然可以慢慢的实现起来。我们的实习工厂,张贴了一块横楣和两句对联,那横楣说"手脑并用",对联说"莫刮他人脂膏,要滴白身血汗"。这几句话,虽是偶然凑成,但各位若仔细体会,也就是本校真正的精神所在。

今天承各位来宾,教育界新闻界先进和党部陈委员光临指导,不胜感激,惟仓促成立,设备简陋,将来尚赖各方面多加援助。至招待未周的地方,更要请各位多原谅。我昨天才由南京赶回,这里一切都由吴范寰先生和虞建中先生主持筹备,我对他们两位的帮助,应特别表示感谢。现在我们准备敬聆各位新闻界教育界先进和党部陈委员的教训,请各位不要嫌弃我们是小学生,而有所吝教!

载《报学季刊》第 1 卷第 3 期,1935 年 3 月

凌鸿基

我所受的新闻教育

在现在政治没有完全上轨道的中国,新闻事业的幼稚是无可讳言的。但是改革社会,领导舆论,监督政府自然还有待于我国新闻界的努力。所以在积极方面来说,为了中国现在尚没有走上光辉的前途,从事新闻事业的人,不单不应瞻仰前途而悲观。而且应当本着新闻界的天职,积极的勇敢的,与恶社会奋斗,与环境挣扎,尽力的负起我们为民喉舌的使命,向着未可逆料的前途前进。

为了自身的志愿和兴趣的关系,在三年以前,我便考入复旦新闻学系,决定研究新闻学。虽然我自知我的能力与学识是异常的薄弱,一个精明强干学识渊博的各方面具有修养的新闻记者决不是我所能期望而做得到的。但是人生成功贵尝试,自古以来,何不皆然。抱了这样热忱的我,终于是毅然决然在复旦学我所不能学的学问。

刚进去的时候,功课都是普通必修的居多。如本国文学,英文,自然科学,社会科学,军事训练等课程。是异样的麻烦而令感到厌倦,但是为了过好的兴趣的关系,我的精神是异样的愉快,因为我选了一样专门新闻学的课程——新闻学概论。这一种课程是系主任谢六逸教的。谢先生他是有着诙谐的口吻,愉快的性情的一位和蔼的先生。教课时严肃的态度当中夹上几句有趣的笑料,自然我对这门课程比较地说是有一点心得,因此这时我对于新闻学算是略窥端倪。

课余的时候,谢先生命我帮办着复旦校刊,每天往学校办公外,各系友会及各学生团体去采访消息,同学的鼓励和源源惠赐消息的盛意,使我更加像服了兴奋剂一样,成天的除开上课外便在学校新闻来源区域以内很有兴味的去找消息,因此刚进去的第一个学期我是更加坚定了我学新闻的原意。

到了二三年级的时候,所学的渐渐近于新闻学专门知识。一方面如通讯练习,评论练习,新闻编辑,新闻采访,报馆管理,速记学等课程,此外兼及于辅导知识,即是新闻记者应有的知识,如政治,社会,法律,经济,历史,地理,外交,国际等常识仍是有加无减。

在这个时候,我的兴趣因为实习的关系,所以我是有机会在编着复旦校刊,自己既时常有发表言论的机会,而且因为编这个小小的学校新闻纸的原因,使我对于编辑的经验,比较是有一点进步。

到了最后一年,实习的机会更多了。编辑实习和采访实习两种课程,也是非常有趣味的。编辑实习课程是每星期往上海民报馆实习一次,看看他们编排的工作,并且有时候到新闻报馆去看印刷的程序,印报机器的构造。采访实习是和民报馆的记者同乘该馆的汽车去往本埠各处采访,航空协会外交办事处等处,我是跑了有好几次。我也并不曾感觉厌倦。

在我末了的一个学期,我因为感到正式到上海新闻社里作实际的实习,实是一个学新闻学的学生快要毕业时期的一件重要的工作,经过了学校教授的介绍,我是很感谢,同时也引为非常愉快的,蒙本埠申报电讯社社长米星如先生的许可,能够有机会在没有毕业前实习了三个月。在这个短时期的当中,我的采访的经验,的确是增加了不少。

毕业以后,到申时社来担任采访的工作,又已经有月余了,因为我是刚从学校门里跑出来的一个学生,学识与经验自然是非常的缺乏,做一个记者所以是感觉到很多地方是不胜任的。不过因为本社采访部主持人的孜孜不倦的指导,及诸先进记者同人的鼓励帮助,我的精神上是感觉到非常的痛快,虽然做记者的生活,是非常刻苦的。

上面是把我在学校学新闻学及到社会里来做记者两个阶段的实在情形,

提纲挈领,赤裸裸的记述了一个大概。今后我个人事业的前途,成功与失败,固未可预料,但是我如果有机会永远在这一个很难得的良好的研究新闻学的环境当中,我将决定为新闻事业而继续努力,以期不忘我的研究新闻学的初衷。

载《报学季刊》第 1 卷第 3 期,1935 年 3 月

潘 觉

怎样普及新闻教育

所谓"新闻教育"的意义,包含有两种:一种是在大学校里设新闻学系或办新闻专科学校的专门教育;一种是在中等学校添设新闻学科或向民众讲授新闻学知识的普通教育。前者的目的,是在养成新闻的专门人才;后者的目标,是在培植能阅读报纸,写作和鉴别新闻的普通国民。这两种工作,在新闻教育的范畴内,是同样重要的。

中国新闻事业不发达的原因固然很多,但新闻界缺少专门人才和社会上缺乏大量能看报的读者,想亦是个中的一大主因。这两种现象的造成,亦就是因为没有普及新闻教育。我们看到全国几千家的报馆和通讯社里的从业人员,其中除了极少数曾经受过新闻教育或有新闻学素养的,此外大都是靠着个人的文才和经验而从业的了。这般经验宏富的"老手",在工作上是的确要比那般刚从新闻学校里出来的学生们熟练得多。但是新闻事业究竟不能永远单靠这般只有新闻经验而少新闻学识的"老手"去推进和发展的,因为新闻工作并不是像工厂里的机械工作那样呆板和简单,只要工人每天能跟着机械的旋转而劳动就够了,是确实需要新闻从业员能循着新闻学的原则而因时制宜随机应变地去应付和活动的。如果单靠那一些技术上的经验,是只够维持现状而不够创造将来的。因为世界上的事物,不但是变化迅速,而且愈趋复杂,过去一些的经验,未必就够应付未来。所以新闻事业的推进和发展,还是非有受过新闻教育或有新闻学素养的专门人才来努力不可。

至于我国的国民,除掉几万万的文盲不能读报之外,就是一部分略识之无的知识分子,亦少真能阅读报纸,他们读报的时候,只是把副刊上有恶劣趣味的文字和社会版上奸淫盗窃等的黄色新闻,消遣似底翻阅一回而已。对于国际新闻和国内要闻等等,大都是不会读和不喜看的。至于能够读经济新闻的,那就更如凤毛麟角了。所以各地的小报和专载黄色新闻的报纸能够畅销和立足,亦就是因为那般所谓知识分子没有鉴别新闻和阅读新闻的能力。

我国新闻教育的发轫,是在民国元年,当时有全国报界俱进会发起组织报业学堂,后因种种关系,未克实现。到民国七年,国立北京大学设立新闻学研究会,我国才算开始正式有新闻教育。到民国九年,上海圣约翰大学设立新闻学系。民国十年,厦门大常设立报学专科。民国十一年,北京平民大学设立新闻学系。民国十三年,北平燕京大学,国际大学。十四年上海南方大学,均先后设立新闻学系。十五年,上海光华大学,国民大学,大夏大学亦设立新闻学专科。十七年,广州中国新闻专门学校成立。十八年,沪江大学设新闻学课程,复旦大学正式成立新闻学系。尚有上海民治新闻学院,新闻大学函授科,香港新闻学函授学校等,亦先后相继设立。但后来各校因为经济人才关系,逐渐把新闻学系或新闻学科取消及停办。到现在,国内的新闻教育机关,只剩着北平燕京大学新闻学系,民国学院新闻学系,北平新闻专科学科,平民学院新闻学系,上海沪江大学新闻学科,复旦大学新闻学系,申报新闻函授学校,广州中国新闻专门学校,开封建国中学新闻记者训练班等寥寥几个了。至于全国新闻纸的数目,据中央宣传委员会二十二年的调查,全国的报馆,计有八百六十五家,通讯社计有五百十四家,而定期刊物,据二十三年申时电讯社的调查,约有三百数十种,合计有一千七百数十家之多。如果把全国的报馆通讯社和定期刊物所需要的人才来估计,恐这区区几个新闻教育机关,实才是供不应求呢。如果再把全国缺乏新闻学知识的人和普及新闻学知识的教育设施来比较,其间的差数想更不堪言了。因为我国四万万五千万的人口之中而能略识之无的,恐不到百分之二十。这几千万能识字的民众之中而能读报的,又恐不到百分之五十。至于普及新闻学知识的设施,那更一无所有了。所以我国的新闻教育,无论在造就专门人才方面,或在培植普通国民方面,都有极普遍极急切的需要。

新闻教育的意义，和我国对于新闻教育的需要，已如前述。那么今后我们应当怎样去普及新闻教育，这是一个急待研讨的实际问题。过去我国的新闻教育，好像是专注于造就新闻专门人才而办理新闻教育的，又只是几个私立大学和几个报。今后，我国新闻教育馆的动向，我想是应当向着这造就专门人才和培植普通国民的两个目标进行，而政府、新闻界、教育界和人民团体，都应该负起这个责任。然后我国的新闻事业，才可由新闻教育的普及而得着极显著极迅速的进步。现在把个人对于普及新闻教育的意见，贡献如左：

（甲）关于培植新闻专门人才者

（一）国立及省立大学中添设新闻学系。现在我国的新闻学系，都是附设在几个私立大学里面，而国立和省立大学，几乎没有一个设新闻学系的，这也许是一般教育家认为新闻教育在现在尚不重要。其实新闻教育与新闻事业的发达有密切的联系，如果教育家忽视新闻教育，无宁是否认新闻事业在文化上的价值。所以政府和教育家倘认为新闻纸是教育社会的工具，新闻事业是启迪民智的文化事业。那么，就应该尽力提倡新闻教育，在国立省立大学里尽量设法添设新闻学系或新闻学科，为新闻界造就大量的专门人才，为学生们找寻一种新的出路。

（二）各大报馆附设新闻函授学校。现在社会上有很多只有从事新闻事业的兴趣，而无受新闻教育机会的人，且因境遇和生活关系，颇多是不能投入新闻学校。在这样情形之下，我想最好由各大报馆附设新闻函授学校，如果因为人力或财力不够，不妨就由几家报馆合办，这种新闻函授学校的开办经费，既较节省，而受新闻教育的人，却可得着不少的便利和实惠。

（三）新闻团体附设新闻学讲座及编行研究新闻学刊物。各地报馆或通讯社的从业人员，现在大半还是一般未受新闻教育而有新闻经验的"老手"，而这般经验宏富的"老手"因为每日工作甚忙，很少有剩余时间可以从事修养。但社会的进步很快，不容许有思想落伍和知识空虚的人长久立足的，所以我们应为这般经验宏富的"老手"想法，使他们的思想和学识能跟上时代，不致为时代所淘汰。最好的补救办法，便是由各地的新闻团体主办新闻学术讲座，在每周或每月敦请中外新闻学家举行公开演讲，介绍些新闻学的知识，报告些从事新闻事业的经验。此外,再编行几种专门研讨新闻学术的刊物,以供同业互相切磋。

(乙) 关于普及新闻学知识者

(一) 师范学校中添列新闻课程。师范学校的目的是造就小学师资,而小学教师是负教导小学学生的责任,如果要使受过国民教育的学生能够有读报和写作新闻的能力,就得先要使这般教导小学生的教师能有新闻学的知识,然后才可在教授公民课程的时候,或在课外作业中间去指导学生读报和办理学校新闻。要使小学教师能有新闻学的常识,那么就该在师范学校课程中添列新闻学科,并给予编辑学校新闻的训练,以养成一个有新闻学知识和有编辑学校新闻经验的小学教师,俾将来可以去训练小学生阅报和写作新闻。

(二) 普通中学及职业学校中添授新闻学科。无论是普通中学或职业学校肄业或毕业的学生,而真能鉴别新闻写作新闻和阅读报纸的,实才很少。这就是因为他们缺乏新闻学的知识,所以要使中学生和职业学校学生能有写作和鉴别新闻的能力,就得在中学校和职业学里添授新闻学科。

(三) 商人团体应于补习学校中添授经济新闻读法科目。因为世界交通的发达,商业上的竞争亦就日益剧烈,因为商业竞争的厉害,商人的知识就需要格外丰富。没有商业知识的商人,在商战时代,是难获胜的。报纸是传布商业知识的刊物,举凡世界经济的大势和本国各地商场的情形,商人们都可从报纸上获得正确的消息。但因为我国商人缺乏阅读这种经济新闻的能力,因此商人们对于世界经济变化的趋势和本国商场活动的情形,亦就很少能够明了。这也许是我国商业竞争失败的一个原因。所以希望各地的商人团体能够多办商业补习学校,并在补习学校中添授这种经济新闻读法等的科目,或常时聘请专家作系统的学术演讲。

(四) 利用无线电播音灌输新闻学知识。无线电播音机是一种实施社会教育的良好工具,新闻界应该利用这种工具来普及新闻学知识。据个人调查所得,全国各大都市都有这种播音台的设置,统计上海有播音台三十九家,南京一家,青岛一家,天津二家,北平四家,广州二家,汉口一家,香港一家,江苏十三家,安徽一家,浙江八家,江西一家,山东二家,河南一家,河北二家,山西一家,云南一家,广西一家,福建一家,合计有八十三家之多。如果南京中央广播电台于每周能够敦请国内有名的新闻学家来作有系统的新闻学演讲,我想一定可以博得各地社会和新闻界欢迎的。如果平津沪汉苏浙等省市的新闻团体,亦能举办这种新闻学知识的播音,那么于社会教育上,当更能有良好广大的收获。

（五）民众教育馆应设法指导民众读报。近几年来政府对于民众教育的推行,极为努力,因此民众教育馆的设立,亦极普遍。民教馆原是教育民众的机关,平时与乡农市民接近的机会亦较多。我想在民教馆举行公开演讲的时候,应当把这种新闻学的常识向民众尽力灌输,使一般的民众都能知道报纸是如何发生？如何成立？有什么条件才能存在？报纸的界限是什么？读的方法是如何？

总而言之,报纸是一国总括的文化现象,不论政治经济社会都会受到他的暗示。而办理报纸的人,固然需要有新闻学的素养和受新闻教育的训练。而社会上的国民,亦应有普通新闻学的常识,所以造就新闻专门人才和培植普通国民都是我国新闻教育的目标。二者且应该兼筹并顾,而不可偏废。至新闻教育的推进,是应由政府教育界新闻界共同努力,而后我国的新闻事业,方可因新闻教育的普及而获得长足的进展。

载《报学季刊》第 1 卷第 3 期,1935 年 3 月

惜　莹

新闻教育问题

　　一个翻砂厂里的艺徒，他日常的工作，无非是些递茶烟，抹桌椅一类的琐屑事情，过了三年的观摩，他居然也能打块铁投入红炉里镕化，也能把铁液铸成种种的模型；可是如果问他："块铁在多少热度的火候里才会熔化？"或是要他设计把铸铁的模型改良一下，他就要瞠目结舌，手足无措了。这是表明他在三年中体验到的只是"怎样做"的经验，而从没有研究过"为什么这样做"的学问。

　　一位刚从大学修业期满的女学士，她对家政学和烹饪法，也许是选习过了，关于家庭管理经济化以及食科制作科学化的原理和计划，她都能解说得非常透彻明了。但是请她去实地工作起来，对于一些家具的布置，即使经过多次的搬移，只怕仍难称心如意，再要请她去烹茶做菜，不要说见了这繁重工作有些不愿干的观念，就是干了的结果，也未必会像理想上那样精美。这是表明她虽已有了"为什么这样做"的智识，还缺乏"怎样做"的相当时期的训练。

　　因为这，可知：无论做什么事，要想做到尽善尽美的境域，"理论"和"实验"是要并重的。

　　"新闻"是一切人的父母，学校，大学，讲坛，剧场，模范，顾问。所以"报纸"是儿童教育，家庭教育，学校教育，社会教育的利器，是社会上各阶级——

儿童，青年，成人以及从事凡百业的人——所需要的精神上的食粮。报纸在社会上既占有这样重要地位，那么采集新闻，做成报纸，推销到社会上去的一般报纸从业员，同样的占有极重要的地位。这是毫无疑义的了。唯其是报纸从业员的地位重要，所以他们职业上的准备问题，是不可以忽视的，在准备的过程中，学理的探讨和实际的做作自然又是不可以偏废的。

在以前，报业还在萌芽时代，报人也不为人所重视。尤其是在中国办报认为是文人的末路，访员更有"老枪"的雅号。因为那时候的报纸，只可作为茶余酒后的谈助，还未完成为社会公共教育的工具，更谈不到代表国民的舆论机关了。所以只要能掉几句文，写些三家村的陋闻，就可荣膺访事员的头衔了。最近五十年来，世界报业逐渐发达，对于造报的目的以及做报的方法，企图有一种整个的和有系统的研究。同时报人的地位增高，报人的职业上的准备问题——职业教育，也成为一般人研究学术的对象。"新闻教育"于是风行一时了。

有人主张：新闻记者是和艺术家一样，要具有天才。就是说：从事报业的，应有敏捷的能力，迅速而正确的判断力，能够得到要点的观察力，有强烈的活动性，有普遍的适应性，有文学的嗜好，有写作的技能，此外还要有公正而清廉的品性，有负责的毅力，有饱满的精神，有克己的功夫，有表现的才能，有健强的记忆力，有进取的欲望，至于如何去获取相当的知识，还是次要的问题。报人要有天才，自然是很重要的条件，但是是否具有天才的人，就可以不必授受良好的科学的训练，而能任重致远呢？美国著名记者列特氏说："许多记者因缺乏必要的教育与组织的训练而失败。"可见只有天才而没有受过必要的教育与训练的记者，要想完成他的伟大的使命是不可能的。

又有人主张：报人固然需要一种预备教育，不过这种教育应特别注重与新闻学有密切关系的各种普通科学，不必太偏重新闻学本身的理论和实习，因为新闻的采访，编辑，报纸的经营，管理，只是些技术问题，经过若干时期的练习，就能了解而可以实施工作了。这种主张虽也有相当的理由，不过如果照这主张去做，只能解决报人的职业准备问题，对于报纸本质和他存在价值的一种应有的认识，却给忽略了这个缺陷，显然的要使新闻教育的原来旨趣发生动摇了。

新闻教育在美国，是以记者实用方面为前提，注重职业上的训练。在德国,是以普通教育为前提,注重职业上的教育。在英国,对普通各科,固然注意,在实习方面,亦不轻视,是要把"理论的"与"实用的"冶于一炉。期在职业上的训练和职业上的教育,都能顾到。这三种制度的成立,自然各有其不同的客观的条件和主观的需求。以最近中国报业状况而言,确是需要实用人才。另一方面,欲图报业向前推进,亦需理论为之先容,所以我国的新闻教育,大都是取法于英国。

新闻教育在中国,仅有极短时期的历史,当然不能过于奢望,要他有如何伟大的成功。不过依笔者个人浅见所及,对于学校,报业以及学生三方面有一些极平凡的建议。

现在我国新闻教育机关为数不多,在这寥若晨星的几个新闻教育机关中,设备完全的更若凤毛麟角之不易获得。为求完成新闻教育的使命起见,新闻教育机关亟应提高学生程度,延长训练的时间,增加必要的课目,充实各种的设备,俾学生有更多的研究机会。至于完备的新闻学图书室之筹设,国内外著名书报之购置,尤为重要。此外,更须辅助学生创办学校报纸和通讯社,使学生随时随地可以实习理论的研究和实用的训练才可互相为用。

据复旦大学新闻学系主任谢六逸君云:"办理新闻教育对外之困难,则为未能获得各报馆之了解,未能得其援助。在报馆主持人之心理,似觉服务人员越久越好,尤觉新闻学校毕业之学生,希望过奢,志气太高,患其调动不易,或且恐其滥作高论,提倡改良,影响营业。其实新闻学系毕业生,并非人人如此,大都系能苦能干之青年,并无普通大学生之习气,今后希望报界能予援助。"现在的报业对于新闻教育机关的态度,确有如谢主任所说的那样不良的现象,这种现象如不速即设法消除,那末非但新闻教育难期发展,新闻事业也不易改进了。所以此后各地报馆和通讯社与新闻教育机关应切实合作,互相协助。一面欢迎新闻教育机关派学生到报馆实习,尽力指导他们;一面尽量录用新闻教育机关出身的人员,充分地补以发挥能力的机会。似此通力协作,才好共同来发展新闻事业。

从新闻教育机关出身的人,确有希望过奢的通病,他们憧憬着报人的生活是神秘而又舒适的,及至身历其境,稍受磨折,便又感到失望而灰心了。至其所得之学识和修养,又往往有不足以供其职业上所需要的,却又不愿担任那比较简易的初步工作。其实无论做什么事,最好是由轻便的从下面做起,按步就班,逐渐做上去。倘使从事新闻事业者,能从排字工人做起,依次递升,以至总主笔时,对于各部分的事工,都已明了,自可运用裕如,而做出好的成绩来了。所以新闻学科学生在校时要孜孜不倦地去研究学问,到报界里服务时,更应埋头苦干去尽他的天职。

还有,所谓新闻教育,不只是训练做报的人才而已,从广义的说,更应普遍地养成许多看报的人。就我国情形而论,销路最多的报纸,在十几年前是十余万,直到现在也还是十余万,从看报的人的数量上来计算,始终是没有进步。又有力图改进的报纸,在言论新闻的内容和编排上都能办得现代化,而始终得不到看报人的同情,毫无感应的作用。他们——看报人——在十几年前看的是什么报,直到现在也还是看那个报。他们不问时代的变迁以及那个报纸有什么改进,只是机械地看,看,看。这个问题好像是不值得怎么注意,其实他是新闻事业上进的最大阻力,新闻教育机关和报界所不容忽视的。

在最近的将来,盼望新闻教育机关和报界有一种读报运动的联合举行。这种读报运动的目的,首先的自然是企图读报人数的增加,而最重要的还是养成看报人有鉴别报纸好坏的能力。因为看报人有了鉴别报纸的能力以后,报纸的销路当然要和报纸改进与否而成为正比例。报纸要求销路增加,一定要设法改进他的阵容和实质,而需要对于新闻学识素有研究和经验的人才来参加工作。新闻教育机关为应报业的需要,自然也要改进他的办学方针。新闻教育机关设备愈形进化,研究新闻学术者也必愈多。新闻教育更加发达,看报人的程度也跟着提高。于是新闻教育和新闻事业在连环的体系上同向前进了。

载《报学季刊》第 1 卷第 3 期,1935 年 3 月

胡汉君

新闻教育与教育新闻

　　新闻事业在中国它正是一枝在春风里刚萌芽的花苗,是十分幼稚的,也是十分脆弱的;然而在春风里的小草会一天天发旺滋长着,会一天天的长大起来。那么,一枝嫩芽似的中国新闻事业,无疑的总会有那么一天,开花结果啦。

　　新闻事业在中国的历史既是那么的短促;而它的祖国的政治,经济,文化……等等又是那么的落后复杂。小芽是应该在春天里生长的,可那是暴风雨的季节,于是嫩芽似的中国新闻事业在这样一个恶劣的气候里,营养又是一向缺乏着的,自然难于长大,自然在群众中所占的地盘非常的狭小。以四万万五千万的人口来分享不到百万份的报纸,新闻事业的从业者用什么来安慰自己!

　　我们不论如何为新闻事业隐讳,但新闻事业至今还大部分被社会鄙弃,被民众漠视,被现实分离是十分确实的。这些,新闻事业从业者诚然应该责备自身的不健全,自身的未能努力去适应,去推行,去引导,但是我们知道最大的原因,还在于中国本身的缺乏新闻教育。

　　谈到新闻教育,我们都会叹一口气,纵使不会绝望,至少失望是真的。谈到新闻教育,这自然是一个怎样使新闻事业推展开来,怎样使新闻事业成为每个人所自己切身需要的东西,怎样使新闻事业成为民族底文化的,政治的,经济的,社会的,推进与解剖,分晰与介绍,领导与评判的工具底严重的问题。于是我们便不得不先注意到现阶[段]的教育的物质与现阶段的社会经济情形。

任何一个民族的文化,它的基础重要的一层总是建筑在教育上的。新闻教育也是教育的一环,当然它不能离开了它的基础,单独的生长发展。然而,你问吧,教育在中国是怎样呢?

得到的是那么冷的回答——文盲占百分之八十以上。

过去有很多人主张新闻纸应该改用浅显的白话。为现今的新闻纸上那样古典与深奥的文字,除了供给智识阶级在茶余烟后摇头搔腮的吟哦欣赏之外,对于中国人口最多数的农村,对于劳苦的农工大众是毫不发生什么影响。当然,这种见解自有其 部分的理由。可是,使报纸究竟改为白话了,而识字的人即使完全可以懂得新闻纸了。而那么仅在百分之二十的识字群里面,它所收得的效果也还是有限得很。而且,在这百分之二十的识字群里面,容许竟有一半以上是仅乎识得很简单的几个字,没有多受到一些教育的人,不论如何,大多对于一切事物的理解力无疑是十分薄弱的。随便你用的文字是怎样的浅显,随便你用的白话是怎样的通俗,即使他们竟有兴趣了,然而那种兴趣又是多么的浅薄,多么的低级,多少的不长进呢。可是,即使他们竟有兴趣了,可是他们对于想多了解一些个人以外的事情的兴趣,又那里抵得上一支"十八摸",一出滩簧,一册连环图画来得更有兴趣些呢!

而且,我们抛开了交通、邮电……种种新闻事业底发展所必备的物质的落后不说,我们丢了政治,经济……种种新闻事[业]底发展所必备的条件不说,光说一张报纸的代价罢。一张都市报纸,从报馆经贩报的手里拿到手,它总是要费去铜元五枚左右的。五枚铜元,这在都市里上中层阶级里生活着的少数的哥儿姐儿们是不值得提到的。可是在内地,在占全国人口最多数量的,农村里,无数的民众大多一天到晚在蹙着眉头设想怎样获得 碗稀粥来安慰自己饿着的肚子。这样,即使新闻事业无论在文字上,物质上都能适合于一般人了,然而几个铜子呢?

谈到那些,话太多了,似乎超出了所要谈的新闻教育以外,为了节省篇幅和时间,我想还是集中到题目上去吧!

根据前面来说,我们不能否认,新闻事业之生长更有其客观条件之存在。

因此,我们怎样在这样一个时代与环境里培植好新闻事业的基础,这是本文唯一要谈到的问题。

那么,便该谈到"新闻教育"了。

先从新闻事业的"自家人"堆里面说起吧。

新闻教育在中国,不久以前还是一个十分生疏,十分新颖的名词。自从有一些大学添设了新闻学系以后,有不少青年是朝夕被新闻学术陶冶训练着。每一期,每一年,总有一群青年人怀着美丽的憧憬踏进它的门限,总有一群青年怀着美丽的抱负戴着学士帽,披了黑的纱衣走出校门,走出校门,接着是现实来一个迎头痛击:

"到哪里去呢?"

整足的四年,平常从教授的嘴里,从一些外国的书报上,听来的读来的一些新闻学术的名词,这时候开始感到和找寻一个工作是没有什么大关系的,那么到哪里去呢?

终于做小政客去做教员去……纷纷然,纷纷然。

终于即使有一部分幸运的居然冲进了圈子里,浴在无冕帝王的尊荣里。那么,时间飞也似地去。一些人走进了新闻界中不久,便耐受不住苦辛悄然离开了。一些人走进了新闻界中不久,便被环境陶镕成一个自私自利的小商人。丢开了新闻事业,利用了它的地位来解决个人的生活去了。一些人便根本还不曾认清新闻事业的意义,暂时的用来做过渡生活的桥梁,一旦功成名就,桥梁便也撤除了。总之,如果平心静气地把现时新闻事业圈里站立着的从业人员检点一下,真需要一把铁帚来大大地清除整理一下。

其次,谈到报纸的本身,如果我们翻遍了中国的新闻纸,把我们的理想在一一衡量一下,有几份可以适合它的尺寸!看啦!一般巨商大贾之经营报纸,自有其以个人为单位的立场,他们的立场,又大半是很单纯地站在为自己贸利打算的地位上。他们的干新闻事业,正如他们干标金一样,目的是在生利。因为要赚钱,自然办报像做笔买卖一样了。一般政客官僚之经营报纸,其立场与前者当然相同,新闻纸的效用在他们双目中自然是一副最好的斗争工具。凡此,新闻界本身之不健全,本身之无教养,便造成了新闻事业有退无进的主因。

新闻教育在新闻事业的从业者堆里,还这样的不景气,那么在新闻事业圈以外生活的人民之缺乏新闻教育,也无须我再说。

在中国,一般而论,新闻究竟是一件什么东西的概念大多是非常模糊的,他们非但对于新闻事业模糊。甚于他们对于个人以外的事情也是非常模糊的。有许多报纸的读者,是为了读它的副刊?有许多报纸的读者,为了检查每天电影院游艺场的广告,有许多报纸的读者,为了从有一些报纸的社会版里可以读到些描写得十分香艳肉感的记载,有许多报纸的读者为了从报纸里可以看到一些××明星与什么花之类的起居注。他们需要的是那些,而报纸便也尽量用那些去迎合他们,这样的新闻界那么的不长进,而读者更是那么的不长进。在寒冬里的新闻事业的嫩芽啊!

因此,我们要在现时这样一个时代与环境里培植好新闻基础,唯一的方法是先"普及新闻教育"。

但是,用怎样的方法来普及新闻教育呢?

当然,普及新闻教育,诚如前面所说,应该先解决教育问题。所以普及教育运动之为当务之急已无疑义,而新闻界应该一致起来帮助促成教育之普及更为义不容辞的责任。新闻和教育,它们是相互为生,相互为用,两者无从分离起的。

近来各地每一个社会教育机关,每日或间日张贴壁报已成为法令所规定的工作。每一个学校在纪念周与朝会的时事报告,日记的记载刊物的发行,每一个学术文化团体的政治,历史,国防,经济等等的文物展览与专家的政治,军事,历史,经济等等的演说;他们都间接直接地灌输新闻教育于社会大众。因此,新闻界应该切实整顿自己,努力和他们合作,使呆板的进展为跳跃的,使死去的变化为活动的,使古旧的改变为新颖的。……这样,新闻教育随着识字教育普及的结果,新闻事业不单会逐渐被每个个人所了解与认识,而且更计他们进步到自身,对于新闻事业感到亲切的需要,不单需要,更能对于新闻事业有特异的意见发表,对于新闻事业有实力的援助。那时候,新闻事业自然被广大的群众爱护,自然在春风里一天天发扬滋长,开花结果啦!

那么,又谈到教育新闻了!

教育新闻被报纸与社会略重视还是最近的事情。除了一些特殊原因的报纸,大概都辟有教育新闻一栏。这自然是极好的现象,极正确的一条路线。

可是，虽则近来教育逐渐被重视是一个好现象。可是把各报的教育新闻检点一下，究竟自己走的路线是不是最正确的一条？

就我个人感觉所及，那么现今的教育新闻虽然有时有些微的进步，但是那种进步实在太缓太迟了，很多是到今日为止，还仅于做了，它应做的工作的一小部分而已，很多是仅于供给为某一个团体，组合，学校，甚至是私人的宣传工具而已。

举一点例子来说吧，我们不时在报章上见到刊载一些或是某某赴英及留美的文字，说上了一大套天才与博学，前途不可限量之类的话，同时更附着一张西装笔挺，风度翩翩的照片，仿佛出洋真是了不起的事情，因此应该预先来个预约的订单似的。或是刊载一些某某学校校舍如何堂皇，设备如何完美，教授如何博学，学生怎样发达（有时真会叫人肉麻），而这一双学校的内容究竟怎样是不问的。如果那一个说得十分美好的学校实际却是十分恶劣腐败的呢？新闻纸本身的损失真是无限止的。而且，就教育新闻的立场来说，它的价值本也就微之又微了。或是刊载一些某学术家到某处，去某处的行踪，而对于他的讲演或是谈话之类的比行踪更重要的东西，却老是忽略着，对于他的所以成为学术家的思想技能种种都老是被遗弃着，诸如此类，那么举一反三，对于过去和现在的教育新闻，确乎难于使每个读者满意。

上海是国际资本主义角逐的场合，也是所谓中国的经济与商业的中心，因此它到处全是充满了商业意味的，不独新闻纸这样。我总觉得把上海报纸和北方报纸比较一下，在文化学术上的价值是后者较胜于前者。北方报纸它非但努力于一般消息的发表，而且它更能注意教育新闻的思想的，智识的方面。它非但可以使读者获得各种新闻的消息，它更能让每个读者获得参考，研究与进修的机会。当然，它也有其缺点的，那便是有些地方太琐碎，太枝枝节节了。

而且，教育新闻的时间性也时常被有意或无意的忽略着，时常有很重要的新闻，因为别的稿件多的关系，被编辑者轻轻搁置，以致事件早已过去了，才从纸面上发现到。

那许多十足表现了今日教育新闻之幼稚与脆弱，它距离我们理想的完美之境还远得很哩。

诚然，理想加在每个人心爱的人或是物件上去，它总会过奢的。过奢的希望,有时会像揠苗助长似的,对于事实的本身弄到有害无益。于是,我终于诚挚地把我理想的教育新闻至少限度所必备的条件提了出来。

A　多注意边疆的教育新闻

边疆之在今日,一面是被大部分的中国人遗弃着,一面却正被帝国主义者日夜强烈地侵略着。边疆之在今日,它正处在十分危难急迫的局面下,它时时刻刻有被暴徒从慈母怀里劫夺去的可能,中国具有广大的领土,但因为它本身科学与文化的落后,因此极端复杂与差异的语言与文字,风俗与习惯,血统与生活等等,再不会调剂溶和。边疆如蒙古,新疆,西藏,青海,西康,云南各省本部各省几乎像是对立着的国家似的。我们要边疆不成为帝国主义者的殖民地。我们要边疆的同胞永远是中国的人民,新闻界应该起来严重的注意,介绍,推动,发扬边疆的教育新闻。

B　多注意华侨的教育新闻

华侨离开了他们的故国,投奔到另一个国家去,在无祖国的保护,在帝国主义的压榨,胁逼他们咬着牙齿挥着铁的胳膊和死与生活争斗着。他们的艰苦奋斗的精神,把事业的基础一天天确立起来,每一年从国外把血与汗掉换来的金钱汇回祖国去,去弥补一部分祖国被帝国主义所侵略去的亏空,他们是祖国的肖子,然而却是帝国主义的敌人,不但他们生活的幸福被剥夺,甚至于他们相信祖国,爱护祖国,做一个中国的公民的权利也被剥夺。帝国主义者每个时辰在设想怎样把我国侨胞劫掠去他们的殖民地奴隶同化,帝国主义者每个时辰在设想怎样把我们侨胞的民族意识消灭。过去马来群岛的荷兰殖民地总督取缔华侨设立的学校与课程。最近暹罗政府的勒令华侨所设的学校与一切文化机关自本年四月一日起一律停闭的命令,其目的是相同的,手腕是一贯的。我们要侨胞不忘记他的祖国是中国,我们要让全国的人民时时记念着被千山万水阻隔着的辽远辽无的侨胞,新闻界应该起来严重的注意,介绍,推动,发扬华侨的教育新闻。

C　多注意东北的教育新闻

东北四省被日本帝国主义一手造成了它的傀儡国之后,它对于东北的教育所施用的方法便是麻醉与"奴化"。也不单要东北四省的同胞遗忘他们是中国的人民,而且他更在积极地消灭他们的文化,把他们改变为划一不二的大日本的奴隶。"收复失地"的口号是一天天低落了,也许不久会绝响罢?东北几时可以再挂起中华民国的国旗来呢？天哪！

D　多注意教育的新设施

中国的教育诚如前面所说，是非常的幼稚与落后，近年来，全世界因为资本主义发达底结果的生产过剩的深刻化，近年来中国因外来的侵略使本身的矛盾格化的深刻化，在地球上普遍的状态底联系之下，农村的加紧破坏，手工业的日趋没落，社会之急激变化，中国是陷在一个危急万分的时期里。因此有不少的学者与政治当局，共同努力于乡村建设和普及教育运动。但是因为环境和需要的不同，因此所走的路线也是不同。而这些新兴的教育事业，却是我们所应该而且必要知道的。当然，这里所提到的教育的新设施仅是举出较具体的一部分例子而已。

E　应注意体育新闻的改进

我们承认体育是应该提倡的，但是体育的目的在全民的健康，并不是在捧出几个体育明星，并不是在争取锦标，即使有十个运动员竟去夺了亚林匹克的锦标回来，然而如果这种体育并不能普及一般民众，那么这种体育对于中国的民族有什么用呢？我们要提倡的决不是哥儿姐儿少数人独占的体育，而是大众的体育。我们要的体育新闻不是捧角的，锦标的体育新闻，而是技术的指导的体育新闻。

F　多介绍世界教育的新动向

关于世界各国的教育潮流，它们是时常向多面不停的进展着，它们是处处可以供给我们研究与参考的。诸如最近日本采取无线电台播音教学法，它把统一的教材利用无线电来教学，使学校教师多一个研究进修的机会。而在中国呢？无线电的效用却是播送滩簧与小调，人家已在利用天空了，而中国的教育家却还在断断争执着教室的大小论哩。

G　应多注意教材的教育新闻

教育新闻的对象，它不仅是成人，它更需要孩子们。它不仅于供给一般教员们，它更需要供给无数的小学，中学以至大学的学生，因此教育新闻应该尽量刊载满含教材性质的新闻，把重要的有价值的时事编成有系统的有趣味的新闻。这样，教育新闻它更将发挥它的"教育"的权能；它更会进一步的利用报纸来灌输教员与学生世界的，无论历史与地理，无论政治与经济，无论科学与文化的多方面的知识，使新闻纸成为一个普通的研究院。

H　应多介绍教育或儿童杂志内的新闻

杂志与报纸担负的使命是相同的,目的也是合一的。现在的杂志,大多有新闻性质一类的文字。但因为杂志是须半月或　月出版一次,因此当那些新闻和我们接触,它的时间性早已失去了。而且编杂志的人,不一定会利用新闻的方法来收取它的广大的读者的效果,我们总觉一般杂志上的新闻,它们的标题是笨拙的,新闻的本身是呆滞的。同时杂志的销行数,也决不会及上新闻纸,那么普遍杂志的读者,它终于只是少数而已。那么教育新闻应该尽量介绍教育或儿童杂志内的新闻的责任,当然是毅然挺起胸膛来承受啦!

I　其他如教育新闻应多注意各地各项教育的统计材料;学术文化的消息应力求迅速;各地教育人员的生活状况多加介绍……等等,凡此,都是教育新闻所应做的工作,与教育新闻所最好的材料。

我总觉得在教育新闻的地位上,各新闻通讯社是具有极大的力量与最多的便利的。用一张报纸来推动其他的报纸。它的效能是薄弱与迟缓的,只有通讯社一致起来努力的力量,它是比较有力与迅速得多。为此,通讯社的同志们奋斗吧!

最后,便要归结到使新闻事业之进展,究竟是先新闻教育呢? 先教育新闻呢? 抑或是二者并行呢? 这是一个异常严重的问题,需要各专家共同来研究进行的了,那么让我暂时搁起笔来吧!

载《报学季刊》第 1 卷第 3 期,1935 年 3 月

新闻教育机关概况

沪江大学商学院新闻学科

一、创办历史　近世文明有三大势力：一曰科学，二曰商业，三曰报业；报业者，对于社会国家主持舆论，处于匡扶地位，并能介绍各种学说以潜移默化人类之思想道德于无形，致社会国家于光明灿烂之域之事业也。本院鉴于培植报业人才之需要，于十八年曾设新闻学课程。二十年秋本院复与时事新报合办"新闻学训练班"，以张竹平、汪英宾两先生主持有方，成绩斐然。兹乃扩充范围，特办新闻学科，仍与报界相约合作，携手迈进，组织新闻学科指导委员会。敦请张竹平（时事新报）、汪伯奇（新闻报）、潘公展（晨报）、史量才（申报）、董显光（大陆报）、米星如（申时电讯社）、潘公弼（时事新报）诸先生担任委员，共策进行。此乃创办之概略耳。

二、现任教职员

姓　名	职务或课目	略　历
刘湛恩	校长	哥伦比亚哲学博士，登礼胜大学法学博士
朱博泉	院长	沪江大学文学士，纽约大学研究员
慎微之	秘书长	沪江大学硕士

(续　表)

姓　名	职务或课目	略　历
毕义思	事务主任	支加哥大学硕士
张竹平	主任	时事新报大晚报总经理
张素民	经济学	宁绍人寿保险公司研究部主任
宋哲夫	采访	申时电讯社记者
汪倜然	编辑	大晚报编辑
俞颂华	近百年史	申报月刊主笔
孙恩霖	报业概论	申报编辑
陆梅僧	广告学	联合广告公司总经理

三、在校学生　三十人

四、毕业学生　十八人

五、课程

甲(必修科)：经济学　广告学　中国近百年史　欧洲近百年史　社会问题　政治学　报学概论　采访　编辑　报馆经营与管理　通讯　评论　编辑行政　中国报业史　国际问题　时事研究　新闻文艺　翻译　杂志文　新闻心理学　报学问题

乙(选修科)：新闻国文　新闻英文　新闻学与社会　新闻学与法律　中国政治史　中古史　上古史　社会学原理　应用心理学　市场学　国际公法　公司理财　英文作文　英文会话　商业道德　出版法　日文　统计学　商法　上海金融市场　国际贸易原理　国际商业政策　关税问题　商业险象　经济史　经济地理　法学通论

(新闻学科学生得与本院其他各科互相课目)

六、毕业年限　两年

七、学分　四十八

八、缴费　每学期学杂费四十八元。(设有贷减办法及各报馆捐赠奖学金)

九、毕业届数　两届

十、主办事业　本院学生日间均有工作,夜间读书,与职业无妨碍,主办事业有学生课外活动组织之新闻学会、研究会周刊社等,由院方辅导进行。本院设有新商业杂志社,该科学生得有实习机会。

十一、实习情形　毕业生由校方介绍派赴本市各报馆及通讯社等处作二月实习,事毕作一报告详述经过,呈缴院方备案。

十二、毕业生出路　凡本科毕业学生有原服务于新闻界者,有属于院方介绍在报界通讯社服务者。

十三、今后改进计划　本科自开办以来,承社会人士之赞助,一切顺手。兹拟改进课程,扩充班次,发行刊物及通讯社,以期理论实际打成一片,学做合一,体用兼备。

十四、其他　本科设有奖学金贷金办法,俾清寒学子弟得有进修机会。该科承新闻报捐赠奖学金两名,时事新报大晚报各捐赠一名,每名每年洋八十元,学期终了,择优奖给,欢迎随时捐赠。

上海复旦大学新闻学系

一、创办历史　复旦新闻系之正式成立,时在民国十八年秋。但在十五年度已有新闻学组附设中国文学科下。其旨乃在养成从事新闻事业之人才。主其事者为谢六逸,经惨淡经营,今已规模粗具。

二、现任教职员

李登辉　校长　　美国耶鲁大学学士文学博士

谢六逸　主任　　日本早稻田大学学士,东京新闻研究所学员

郭步陶　教授　　新闻报馆编辑

章先梅　教授　　新闻报馆印刷部主任

陈万里　教授　　民报编辑,中央通讯社记者

(上列诸教授为专授新闻学课程者)

三、在校学生　五十人

四、毕业同学　四十人(内中留学外国三人,服务报馆与通讯社者三十三人,服务出版事业者四人。)

五、本系课程　理论与实验并重,就其性质别为五类。

a. 基本工具:如本国文学,英文,第二外国语,心理学,统计学及其他自然科学,社会科学等,均必修课程。

b. 专门知识:包括理论与实际两方面,举如:报学概论,编辑,采访,报馆

组织,管理,广告,发行,照相绘画,印刷等。

c. 辅导知识:此项包括新闻记者应有的政治,社会,法律,经济,历史,地理,外交等知识。

d. 评论练习通讯写作,新闻写作,速记术,校对术等。

(说明)凡一二年级学生,以攻读基本知识与辅导知识为主。第三年级注重专门知识与写作技能。第四年级则课堂总讲时间减少,侧重实习与考察,使学生多与社会接触。

六、毕业学分　修满一百四十八学分毕业。

七、肄业年级　肆年授学士位。

八、缴纳费用　学费六十元,体育费三元,建筑费十元,宿费十七元,医药费三元,入学费五元,水费二元,义小经费一元,预存赔偿费五元,图书费三元,出版费五角。校徽校服十五元七角。系会一元,图书费一元,本系出版费二元,新生共缴一百三十元七角。

九、主办事业

a. 校刊:由新闻系高年级同学轮流试编,分采访,编辑两部,由教授指导之。每星期出版一次,盖所以沟通校内消息者也。其内容颇充实,编排亦新颖悦目,固俨然一小范围报纸也。

b. 通信社:分设计,编辑,采访,交际,印刷,校对等部,每日发稿两次,均见载于各大报纸。

c. 新闻学研究室:研究室在校内简公堂上,室内收藏国内外报纸图书杂报,并有教授上所需要的模型。

d. 印刷所:印刷所之设立,系学校与学生投资,为股份有限公司性质。

十、实习考察

a. 实习:除校内之小规模实习外,并介绍学生至设备完全之报馆及通讯社实习,由教授当场解说,学生笔录,收效颇宏,本系与民报及中央通讯社有相当联络,故实习机会甚多。

b. 考察:介绍学生至各报馆及通讯社实习,率领学生考察国外新闻事业。

十一、学生出路　自开办迄今,毕业同学已有八届,毕业同学皆有相当职业,兹将各毕业同学服务所在探录如下:

(第一届)　张吾素　留学法国巴黎大学

	项富春	留学日本
	马世淦	本校新闻学系助教，上海市民报主笔
（第二届）	杜绍文	前苏报编辑，现任职杭州国立浙江大学出版部
	陈锡良	上海时事新报记者
	邓友德	北平益世报记者
	王兆元	交通部职工委员会
	陶松琴	东南通信社记者
	陈 鹏	上海民报记者
	黄超辕	广西政治军官学校编辑
	沈焕宗	前中央日报记者，现任本校印刷所经理
	杨建成	南京邮政储金局
	王德亮	中央日报记者
（第三届）	郭贞一	上海市政府情报处
（第四届）	魏蕴轩	前杭州民国日报记者
（第五届）	黄兔若	上海时事新报记者
	张文杰	广西民国日报记者
	杨寿昌	上海国华银行
	吴 庭	留学法国
	徐叔明	中国通信社记者
	曾贯元	汕头日报记者
	曾繁歧	汕头日报记者
	徐公远	广西桂林日报记者
	陆奇峰	广西梧州日报记者
	薛 琪	陕西中学
	王伊蔚	上海女声杂志总编辑
	冯志翔	南京中央通信社记者
	李 兴	广西省立高级中学
（第六届）	冯培澜	留学日本
	梁惟抗	广州日报记者
	林熙灏	厦门日报记者

	吴钟岑	中国通信社记者
	伍应衡	香港日报记者
	宋崇实	水利委员会
（第七届）	张葆奎	上海申时电讯社记者
	何名忠	中央通信社记者,现留学日本
	陈藻华	山西盐务稽核所
	彭昌荣	广州民国日报记者
（第八届）	徐敬常	上海晨报记者
	刘厥咸	四川二十五军秘书处
	邵鸿达	杭州省党部新闻检查员

十二、活动情形　本系有系友会之组织,盖所以联络情谊,探讨学艺者也。每学期开大会两次,日常事务由执委会处理之,工作颇形紧张,如运动之提倡,写作之鼓励等等,同学之服务精神与自治能力均充分表现。

十三、未来计划

a. 新闻学系专用之建筑物。

建造铁筋混凝土之四楼专用教室,底层为印刷所,照相制版间,二、三层为校刊社,通信社,编辑室,储藏室,教室,办公室,图书馆等。

b. 卷筒机照相制版机之购置。

c. 应用于报纸之科学设置。例如无线电,电报,电话等。

d. 设立新闻研究所,使有志深造者,得相当生活费,潜心研究。

e. 国内外著名报馆,通信社,各大学同系之联络。

f. 永久基金之募集。

复旦新闻学系之概况,已略举如上,新闻教育为发展新闻事业之基础。欧美报界,多委托学校代办斯科,故人才辈出,报业日兴,今后欲图发展我国新闻事业,必培植专门人才。而我国地方报纸,尤腐败不堪,需人改良,其愿报馆当局与举办新闻系之学校能携手合作,以收实效。

北平燕京大学新闻学系

北平燕京大学新闻学系为应中华基督教高等教育会之委托,创设于民国十三年,由美国人白瑞登及聂士芬两教授主持之。迨民国十六年因缺乏经济援助,复因白瑞登君患病返美不得已顿然停办。聂士芬君锐志不妥,乃奔走美邦,力求恢复,卒得美国密苏里大学新闻学院之助,与燕京大学联同向美国新闻界及其他热心人士募得美金五万元,作为试办五年之经费,是以十八年夏,该系乃复重兴。五年于兹,设施日新,生徒日众,复有国内中西新闻学家如黄宪昭,梁士纯(现任主任),陈博生,管翼贤,张友渔,许兴凯,田不烈(Mr. H. J. Timperley),斯乐[斯诺](Mr. Edgar Snow),罗文涛(Dr. Rudolf Lowonthal)等君加入教授指导,于是系务益进,为中国各大学中之唯一有正式训练专门人才办理之新闻学系。兹将该新闻学系设施情形简述于后:

(一)课程

1. 新闻学导言——该课程乃使学生对于报业之变迁,现今出版之情形,及新闻事业与社会之密切关系,得正确简明之观念。

2. 报章文字——该课程研究中英报章文字作法之原理,并常令学生练习写作。

3. 新闻之采访与编辑——该课程研究编辑新闻工作,编辑方针,新闻价值,编辑部之组织及排版之艺术等。

4. 比较新闻学——用批评态度,比较国内国外各报纸之优劣点,以为采舍准衡。

5. 特载文字——专研究兼习非新闻非社论之文章。

6. 社论——该课程乃研究与练习社论及社论版之制作。

7. 出版须知——专研究出版之各种问题。

8. 通信练习——研究兼习报纸与杂志之专任或特派通信员之工作。

9. 报纸参考材料——该课程教授学生用敏捷方法搜集,分类收藏,检寻报纸种种参考材料。

10. 报纸图画——研究报纸之插图在现代报纸上之地位及功用。

11. 广告原理——由经济立场研究现代广告之功用与重要,此外关于广告制作,广告推销等均有实地之练习。

12. 营业印刷法——专为研究报纸与杂志之营业及印刷问题。

13. 新闻学史——注重个人研究与调查,尤以研究调查中国或远东新闻学史为宜。

14. 实用宣传学——研究报章文字之宣传政策。

（二）主要规程

1. 主修学生必须至少读毕新闻学课程三十二学分，其副修科亦须至少选读二十学分。

2. 修满四十四学分新闻学课程，且其成绩点不下 1.3 者，毕业时可得新闻专门职业证书。

3. 有大学一年级以上程度，而经本大学承认为正式生，然不需要燕大毕业证书者，如得注册，可为本系特别生，修满本系规定主修生之规程后，得由本系发给新闻职业证书。

（三）毕业生

该系自民国十八年重办，十九年有正式毕业生一人。迄今五年共有毕业生十九人，均在本国重要新闻机关服务。如上海大陆报，天津大公报，北平实报，北平英文时事日报，汉口公论日报等。此外曾在该系肄业而未毕业之服务于天津庸报，商报，中央通讯社，上海之民族周刊，大陆报等更有数人。

（四）主修生

该系现在主修生男女五十余人，来自国中各省，更有南洋及檀香山等处华侨数人及美籍学生一人，此外选修该系课程者，约在数十人之谱。

（五）出版物

该系以学理与实验并重为宗旨，故刊行出版物数种，以为学生练习之助。

1. 燕京新闻（中英文各一张，每周三次，三，四，六出版）

2. 新闻学研究（不定期刊）

3. 新中国英文月刊（新闻学会出版）

4. 中英文燕大报务之声

5. 中国报界交通录

（六）新闻学讨论会

该系每年举行讨论会一次，遍请国内报界名人莅会演讲讨论与新闻学有关之问题。前四次成绩甚有可观。中外记者参加极盛，演讲稿一部现已汇集成册矣。

（七）实习参观与旅行

该系为知行并进之教育机关，学生一方面广求知识，同时兼事实习，如剪报,校对,采访,写作,编辑,拼版以及广告,发行,记账等项,均须自理。假期内三年级以上之主修生并须到平津各报馆实习,以求联络并增识见。

又该系为增广见闻起见,时有到外地参观与旅行之举,计一九三一年夏有西北之行,一九三二年春有河南之行,是年夏毕业生则漫游山西山东及大连等地,年终又参观津沽各处,去年有华北战地各口视察之举,此后闻该系有拟指导北方学生南游华东华南,南来学生旅行西北等地之计划。

(八)新闻学系教职员(一九三三——一九三四)

燕大新闻学系前主任为美人聂士芬先生。聂君一九一三年毕业于密苏里大学新闻学院,得新闻学学士学位,复于一九二九年,继续研究,获密苏里大学硕士学位。一九一六年,曾被密苏里大学选送英国牛津大学研究,一九一九年至一九二四年历任美国干萨斯城及印度青年会干事,燕京大学新闻学系副教授兼主任。一九三一年受上海中央赈灾会电聘去沪,协助赈灾宣传工作,于是年十一月二十七日返美,与密苏里大学马丁教授交换,任教于密苏里大学新闻学院。去年夏,彼重返燕京大学,任新闻学系副教授兼主任。

前新闻学系前主任黄宪昭先生,美国密苏里大学新闻学院毕业,得新闻学士学位,归国后曾在广州香港主办中英文报纸,于民国十八年来平,任燕京大学新闻学教授,民二十年继聂士芬先生任主任二年。

教授兼主任梁士纯先生,美国芝加哥大学硕士,曾任上海青年会协会干事,沪江大学新闻学兼任讲师,及美国特罗易新闻社驻华记者。现除在新闻学系授课外,兼任该校百万基金运动委员会执行干事。

荣誉兼任讲师罗文涛先生(Rudolf Lowenthal),德国人,德国柏林大学博士,现在华研究中国文化,在该系讲授比较新闻学。

荣誉兼任讲师斯乐先生(Edgar Snow),美国人,现任美国纽约日报驻华记者。

荣誉兼任讲师田丕烈先生(H. J. Timperley),英国人,英国满吉斯导报记者,兼路透社北平记者。

兼任讲师陈博生先生,福建人,北平晨报社长。

兼任讲师许兴凯先生,河北人,毕业于国立北平师范大学,获得文学士学位,历任师范大学,民国学院,天津法商学院等校讲师,并主编北平晨报家庭乐园。

助理苏良克先生,一九三二年毕业于燕大新闻学系,得文学士学位。

兼任助理谢友兰,河北人,天津商报记者。

密苏里燕京交换研究员白雅格先生,美国人,一九三二年毕业于密苏里大学新闻学院,前年八月来华,入燕大新闻学系研究院,继续研究,同时兼授广告学等课。

此外,曾在该系服务而现因时间关系暂时休假者,有兼任讲师管翼贤先生,孙瑞芹先生,张象鼎先生,卢祺新先生,张继英女士,助理黄丽菁女士,徐兆镛先生,王家松先生。而世界闻名之马丁教授亦曾于一九三三年来华,在该系讲学一年。

北平新闻专科学校

一、缘起与筹备

北平新闻专科学校,系北平世界日报,及南京民生报合力所创办。其目的在造就"手脑并用"的新闻技术人才。其计划,系分为三个阶段:第一阶段,为初期职业班,两年卒业,注重印刷工作与一般的常识;第二阶段,为高明职业班,两年卒业,注重管理与营业之训练;第三阶段,为本科,三年卒业,注重新闻记者最重要的基本知识——法律政治经济等社会科学,及编辑,采访等技术实习。

创办北平新闻专科的拟议,发动甚早。至民国二十一年十二月,实行着手筹备。初赁定北平西城成方街三号为学舍,旋即积极进行,制订预算,规章,课程计划聘请教职员。于民国二十二年一月十一日,呈准北平市社会局备案。二月招考初级职业班新生四十名,三月六日,考试完竣。四月八日举行开学式,四月十日开课。七月二十三日,第一学期休业。放暑假四十日。

民国二十二年五月二日,呈北平市社会局,请转呈教育部,核准设立校董会。六月十七日,奉社会局批,转教育部指令,准予设立。九月十九日函聘李煜瀛,蒋梦麟,李书华,李麟玉,管翼贤,吴前模,成平为本校校董。九月二十日呈市社会局,请转呈教育部,准校董会立案。十月十九日,举行第一次校董会,推选成平为本校校长。

民国二十二年九月二日,第二学期始业,同年十月,受北平世界日报及南京民生报委托,添办报业管理夜班,招考新生十五名,六个月卒业,十一月十日考试完竣,十一月二十日开始授课。

民国二十三年一月,添办无线电管理特班,毕业期限三个月。

二、重要学则

(一)本校设本科,高级职业班,初级职业班,并得酌量情形,开办各种技术特班。

(二)本科每班以三十人为定额,高级职业班以四十人为定额,初级职业班四十人为定额。

(三)本科修业年限为三年,高级职业班二年,初级职业班二年。

(四)本科入学资格,须曾在高级中学毕业。

(五)高级职业班入学资格,须曾在初级中学毕业。

(六)初级职业班入学资格,须曾在高级小学毕业,或有相当学力,经考试合格者。

(七)本科每学期收学费十二元,高级职业班及初班职业班不收学费。

(八)本校暂不寄宿,膳宿自理,书籍及课业用品,概归自备。

(九)制服,制帽,运动衣,概归自备,惟须遵照本校规定形式。

(十)学生毕业成绩特优者,除自愿另觅工作外,概由本校指派至已有特约及捐助本校经费报馆服务。

三、教职员一览

姓名	别号	籍贯	年龄	职务
成平	舍我	湖南湘乡	三十六岁	校长兼新闻学教员
吴前模	范寰	安徽怀宁	三十七岁	教务主任兼英文自然科学大意报业管理教员
张孟吟	梦吟	四川成都	二十七岁	工场主任实习教员
金秉英		江苏江宁	二十六岁	国文教员
左啸红	笑鸿	安徽泾县	二十九岁	新闻学实习教员
张象鼎	友彝	山西灵石	三十五岁	社会科学大意教员
赵家骅		四川南溪	二十八岁	簿记会计统计教员
萨空了		四川成都	二十八岁	商业通论教员
黄金鳌		安徽合肥	二十八岁	体育教员
葛昌仪	孚青	安徽怀宁	四十七岁	事务员
叶静忱		北平市	二十九岁	事务员

四、各班课程

初级职业班

学　　科	每周时数	教授者
新闻学	二	成舍我
新闻学实习	二	左啸红
印刷实习	十八	张孟吟
国文	六	金秉英
英文	四	吴前模
社会科学大意	二	张友彝
自然科学大意	二	吴前模
体育	三	黄金鳌

报业管理夜班

学　　科	每周时数	教授者
簿记	五	赵家骅
会计	五	赵家骅
统计	二	赵家骅
报业管理	二	吴前模
商业通论	四	萨空了

五、学生姓名

（初级职业班）卓琦、赵英贤、万启盈、樊宝贤、金泳、赵汝同、裴荫桢、周希铮、朱良贵、陈寿儒、李耀先、金钰、廖锡恩、乌荣泽、巴恩湛、赵富林、周公惠、蒋维摩、白桂春、吴达、林含英、杨乃刚、白广系、郭思勤、赵静贞、张莲贵、夏志娴、王自励、夏诚、高文彩、葛瑞彪、关容、李慕文、汪希贤、朱传曾、朱莲溪、常袭六、章颐、聂世琦、傅增彤

（报业管理夜班）王家振、阎奉璋、刘乃诚、吴伯鑫、宋奋学、刘恩保、杨永崧、赵吉桢、钱清洲、哈守仁、张家瑞、张一朴、马五江

中国新闻学专门学校

（一）创办历史

民国十七年秋，本校校长谢英伯因念新闻事业之亟应拓展报务，人才之亟待培养，遂呈请广东政治分会设立"中国新闻学院"以陶养新闻人才，宣扬

党义。旋以政府财政支绌,无款兴办,于是乃由谢校长向各校董捐款设立,定名为"中国新闻学专门学校"。校址在广州惠福东路一六八号。

（二）现任教职员姓名略历

（甲）教员

姓名	职别	性别	年龄	籍贯	学历
谢英伯	教员	男	五十一	梅县	美国哥伦比亚大学毕业
谢哲邦	教员	男	三十二	梅县	美国芝加哥大学文学硕士
黄世清	教员	男	二十八	南海	国立中山大学法科肄业
李爵元	教员	男	二十八	梅县	上海复旦大学肄业
骆鸿年	教员	男	五十	花县	日本法政大学毕业
杨卓谦	教员	男	二十八	梅县	上海国立暨南大学毕业
张磐	教员	男	三十五	上海	前国立南京高师文史科毕业
史哲龄	教员	女	二十七	上海	美国时美夫大学文学士
冯苍我	教员	男	三十	南海	上海东吴大学毕业
区声白	教员	男	四十一	顺德	国立北京大学肄业,法国里昂大学毕业
胡伯孝	教员	男	五十	顺德	广东高师毕业
陈恩成	教员	男	二十九	梅县	美国时登福大学法学博士
邬振森	教员	男	二十五	番禹	私立岭南大学毕业
谢志伍	教员	男	二十三	梅县	东吴大学学士
黄幼吾	教员	男	三十二	新会	日本广告艺术协会名誉会员

（乙）职员

姓名	职别	性别	年龄	籍贯	经历
谢英伯	校长	男	五十一	梅县	美国哥伦比亚大学毕业历任报社社长总编辑现充本市律师
谢哲邦	教务主任兼训育主任	男	三十二	梅县	美国芝加哥大学文学硕士,国立中山大学教授
黄世清	事务主任兼会计	男	二十八	南县	国立中山大学法科肄业,广州青年会中学教员
李爵元	教务处处员兼实习部主任	男	二十八	梅县	上海复旦大学肄业,广州互助通讯社社长
李梦生	图书管理员	女	三十一	南海	南海县立中学毕业
余健行	事务员	男	四十七	台山	香港皇仁书院毕业
王南	书记	男	三十二	番禹	南海县立中学毕业
梁曼琼	书记	女	十九	梅县	广州市市立第一女子职业学校毕业

（三）在校学生数目

本校自将附属中学取消后，现仅存一二三年级三班，共有学生一百十二人。

（四）毕业学生数目

本校自创办迄今，毕业学生计共一百三十二人。

（五）课程

一年级上下学期所授科目如下：

新闻学通论　中国新闻事业史　社会进化史　新闻学各论　世界新闻事业史　社会学概论　新闻学文学　中国文学流变史　政治学概论　经济学概论　新闻制稿法　中国近代史　法学通论　应用文　中国人文地理　心埋学概论　英文　广告学　文学概论　党义　速记术　民俗学　体育　近卅年中国外交　世界语

二年级上下学期所授科目如下：

采访学概论　应用文　世界语　速记术　英文　各地新闻通讯法　采访实习　党义　育体　近代文学思潮　社会问题　中国社会组织　中国文学流变史　法学通论　经济学原理　政治思想史　近代世界史　民法及民诉法纲要　中国外交问题　国家经济政策　世界人文地理　近三十年中国教育　广告学　中国经济思想史

三年级上下学期所授科目如下：

新闻编辑法　现代国际政治　世界语　小品文作法　社会心理　英文报馆设计　演说学　社会调查及方法　新闻事业讨论　中国文学流变史　文化史纲　论文实习　世界经济思想史　社会心理学　新闻时事评论　市政要论　新闻应用美术　宪法要论　党义　速记术　国际法　体育　文字学　新闻剪稿法　政治经济问题讨论　修辞学

（六）肄业年限

三年毕业

（七）缴费

每学期每生须缴学什费四十八元

（八）毕业届数

由开办迄今计共四届

（九）主办事业

本校出版刊物有新闻周报，并设立"新专通讯社"，为供学生实习之机会。

（十）实习情形

本校学生除在本校"新专通讯社"实习外，并分班派出各报馆各通讯社实习。

（十一）毕业生出路

本校毕业生多数在报馆或通讯社服务。

（十二）已否在教育行政机关立案

本校校董会于民国二十年十月已经广东教育厅批准立案。

（十三）今后改进计划

本校最近在沙河购旷地一块，拟建筑新校舍，以便扩充，一面积极筹办南中国新闻日报，为南中国新闻事业吐气扬眉。

北平民国大学新闻专修科

北平民国大学新闻专修科，创设于民国二十二年春，由该校经济系主任曾铁忱氏主持之。曾氏曾历任各报社社长及编辑等职，对于新闻事业，素具热心，因感于中国新闻事业之窳败，专门人才之缺乏，遂毅然以推行新闻教育为己任，经长时间之惨淡经营，该专修科于焉成立。该科教授方针，理论与实践并重，惟以养成各项基本学识为主体，而以采访及编辑等技术为副从。二十二年夏，曾铁忱氏因事东渡，一切事宜，改由该科教授吴秋尘氏负责，继而吴氏就职于天津益世报，道路辽远，势难兼顾，遂改由教授张友渔氏主持一切。历任主任，皆能以其经验所得，予该科以不少之改善与建设。兹将该科情形，略述于下：

（一）修业年限　两年毕业

（二）学分　六十分

（三）学费　每学期四十五元

（四）导师姓名　萧恩承、张季鸾、成舍我、陈博生、沈紫曒、王一凡、季乃时、潘劾昂

（五）教职员姓名　管翼贤、林仲易、吴秋尘、萨空了、谢石麟、胡子、曾铁

忱、杨汉辉、刘伯安、方秋苇、高滔、袁佐时、汪怡、张友渔、王文彬、卢爱知、卜俊卿、温健公、施冰厚、张希之、焦实斋、高纯斋、刘彦、李弈

（六）课程

政治学　经济学　社会学　军事学　现代思潮　国民外交常识　西洋近百年史　文学概论　国民概论　国际政治　时事研究　英文　日文　中国财政史　新闻学概论　新闻学史　采访学　新闻编述　社论作法　广告学　文艺版论　经济新闻　新闻文艺　速记学　书报及摄影　西报选读　比较新闻学　报馆图书馆学　报业管理　出版法规　实习指导

（七）课外演讲

于每周课外，敦请新闻界名流，作学术演讲。又于每学期举行茶话会一次，集报界闻人十一堂，演讲或讨论与新闻学有关系之问题。

（八）主办事业

由该科组织一新闻学会，专以研究新闻学术为目的，为便于实习起见，又创办民国新闻，新周刊，壁报，前者每学期出一册，专载关于新闻学一类之论文，后二者每周出一张，其内容则以新闻及文艺为主。又创设民国通讯社，每晚发稿一次，俾全体同学，均能得到实习采访之机会。

（九）校外实习

该科学生，除自己主办各种刊物以资实习外，并在肄业最后一学期中，由校方分组派往各报馆各通讯社实习。

（十）毕业学生

第一届毕业生，共四十六人，兹将姓名分述于下：

任永馥　殷惟聪　陈绍钧　米鸿进　刘师莲　邓新民　汤炳正　王承伯　姜厚璋　王晓慈　江肇基　郑兆庆　张志忠　赵景贤　杨凌云　李剑峰　壬春普　宋永璧　刘清树　李华屏　阎树吾　张宗瀛　宋殿辅　周仲平　李长庚　郝汝黔　颜缃　焦财韫　裴志超　李子贞　律宗儒　陈延才　单秀霞　刘寅初　马亮　孙元培　于敦友　陈天玉　赵静芬　高世久　魏学征　赵克庸　王弘载　杨培华　杨兆荣　冯德先

（十一）毕业生出路

本届毕业生四十六人中，除留学者三人外，余多服务于国内各新闻机关，如天津益世报，北平华北日报，实报，北辰报，中国通讯社，山东新亚日

报,山东日报等。此外,如在北平创办新建设日报,星期日报及通讯社者亦不乏人。

申报新闻函授学校

一、创办经过

民国二十一年为申报六十周年纪念,该报为纪念此六十周年,除改革编辑方针,充实报纸内容,发刊申报月刊,申报年鉴,申报丛书,全国分省地图,添设申报服务部,开办申报流通图书馆,申报业余补习学校,申报妇女补习学校,以努力于社会服务为文化而尽力外,更于二十二年一月开始创办新闻函授学校,以养成国内新闻人才。三月,招收第一届新生,五月,招收第二届新生,七月,招收第[三]届新生,前后共达数百人。嗣后复以社会需求之殷,更于十月继招第三届新生,以完成去年度招生程序。二十三年一月,复开始招收第四届新生,九月,招收第五届新生,报名入学者,益见踊跃。

二、教授姓名略历

谢六逸　上海复旦大学新闻学系主任

章先梅　上海新闻报印刷部主任复旦大学教授

钱伯涵　留学美国历任各大学教授

赵君豪　申报记者历任各大学广告学教授

徐渊若　留学日本研究经济

罗又玄　中山文化教育馆编辑申报时评记者

凌其翰　留比法学博士驻比公使馆秘书

汪馥泉　复旦大学教授

伍蠡甫　黎明书局编辑复旦大学教授

孙怀仁　上海法学院教授

郭步陶　新闻报时评记者复旦大学教授

蒋寿同　复旦大学教授

三、学科

该校学科分必修选修两门,必修课十种,选修课八种,兹录如下:

(1)国文　(2)实用新闻学　(3)报纸印刷术　(4)报馆管理与组织

(5)广告学 (6)新闻发行学 (7)时事问题研究 (8)通讯练习 (9)出版法 (10)记者常识 (11)选读英文报纸 (12)新闻学概论 (13)国外新闻事业 (14)本国新闻事业 (15)评论作法 (16)新闻储藏法 (17)散文研究 (18)摄影术

以上十八种讲义,前十种为必修课,后八种为选修课。

济南新闻函授学社

一、创办经过

本社于民国十九年底向济南教育局呈准立案。二十年二月开学。

二、职教员姓名略历

社长　王笑凡　北平民国学院法学科毕业

教员　杨觉民　北平民国学院法科毕业现任济南新闻通讯社长兼本社教员

　　　钟季翔　山东高等师范毕业济南新民日报总编辑天津大中时报编辑

　　　事务员　王咸平　惠民中学毕业济南新民日报发行员

三、在校学生人数　本期未开学

四、毕业学生人数　三百余人

五、课程　(1)新闻学 (2)广告学 (3)中国及欧美日本报略史 (4)通讯社概述

六、毕业年限　五个月

七、规程　(1)资格:本社学员以高中初中师范毕业肄业学生或有同等学力而有志于新闻事业者均为合格(不分性别)。(2)手续:学员入社手续将报名单填就连同学费邮费寄到本社即寄发讲义,并将姓名登入学员簿。(3)考试:本社每月月考一次,限题到一星期内作就寄社,由本社教授修改后发还,择成绩优良者免缴学费一月。

八、缴费　本社学费暂定每人每月缴纳国币一元,学员入社先缴邮费一元,学费一元,其余学费于每月二日前缴到,一次缴足学费者收四元五角,不按时缴费者除名。

九、毕业届数　毕业者已有六期

十、实习情形　本市学生派至新民日报实习编稿校对采访发行广告等事。

十一、毕业生出路　由本社介绍各报社录用。

十二、今后改进计划　拟办一中级新闻学校,现正募集基金。

《报学季刊》第 1 卷第 2、3 期,1934 年 10 月与 1935 年 3 月

谢六逸

复旦大学新闻学系概况

上海复旦大学新闻学系,成立于民国十八年。我国南方各大学之设有新闻学系者,当以复旦为嚆矢。复旦校址位于沪北江湾,接近市中心区,故环境极佳。将来江湾区域发达以后,市中心一带的居民,是很需要一种报纸的。复旦新闻学系的学生,就可以办一种报纸来供给他们。正如美国的密苏里大学的新闻学系办报供给密苏里地方的人阅读一样。所以复旦新闻学系的目的,不外培植一种富有新闻学知识与技能的新闻记者,以备将来发展各地的"地方报纸"之用。

复旦新闻学系的设施,可以分做三方面来介绍:一是课程,二是设备,三是已经拟定的计划。

甲、课程方面

课程的编排,理论与实验并重,就其性质,可别为五项。

(一)基础知识

此项包括教育部所规定的大学必修课程,如本国文学,英文,自然科学,社会科学,体育,以及本系学生必须修读之第二外国语(法文,德文,日文各择一种),心理学,论理学,广告学,统计学,工场管理等课程。

（二）专门知识

此项包括新闻学理论与实际两方面课程,如新闻学概论,新闻编辑,新闻采访,报馆组织,报馆管理,新闻广告,新闻发行,照片制版,印刷研究等。

（三）辅导知识

此项包括新闻记者应有的政治,社会,法律,经济,历史,地理,外交,国际等常识,讲授方法,与普通社会科学不同,纯以新闻记者的立场,使学生知道观察批判的方法。

（四）写作技能

此项包括评论文写作,通信文写作,新闻记事写作,速记术,校对术等课程。

（五）实习与考察

1. 实习

（a）介绍学生至设备完全之报馆与通信社实习编辑,采访,发行,广告等。由教授及特约讲师指导。现与上海南京各报馆通信社均已切实联络指导并定妥具体办法。

（b）学校自办印刷所,校刊,通信社,使学生服务。现有中文复旦大学校刊,英文复旦校刊,复新通信社。今年印刷所亦已举办。故学生（包括新闻学系及其他各系有志此道的同学）均有实习的机会。

2. 考察及参观

（a）学生组织"新闻学会",由教授指导,每学期至著名报馆及通信社参观。

（b）率领学生赴国外考察新闻事业。

凡新闻学系学生,在一二年级时,必须将大学一二年级课程读完,即以攻读前面的"基础知识","辅导知识"为主,但亦得兼读选修课程（如新闻学概论）。第三年级学生,课程加重,专攻本系特设的各学科（即专门知识）,并注重写作技能。至第四年级,课程听讲时间减少,以深入社会,实习考察为重。

主要课程之名称及说明列左：

1. 新闻学概论

讲授新闻学（Jounalism）的意义与类别。报纸的发生进化,生产,编辑,采访,经营。灌输最近的新闻学理论。每周讲授两小时,实习一小时。一年修完,共六学分。

2. 新闻编辑讲演与实习

本课分为"演讲"与"实习"两部,均由专家指导。讲演部分,授以编辑工作,编辑方法等知识。实习部分由教授率领至报馆,学生自己动手,学习编辑的实际工作,例如看稿,点题,发稿,大样,校稿各种技能。讲演及实习各二学分,一年修完,共四学分。

3. 新闻采访讲演与实习

本课分为"讲演"与"实习"两部,均由专家指导。讲演部分,授以采访方法,访员的职责,采访新闻的标准,记述方法,采访部的组织,国际新闻的采访等。实习部分由教授率领学生赴本地各行政,司法机关,社会团体练习访问,制稿等工作。讲演及实习各二学分,一年修完,共四学分。

4. 报馆组织与管理

讲授本国各著名报馆的组织及管理方法,并介绍欧美日本各著名报馆的组织及管理方法。一学期修完共二学分。

5. 评论练习

注重评论的写作练习,讲授评论在报纸中的地位,评论文的基础条件,评论的种类,评论记者应有的条件,评论作法。选用著名的评论文字,以备学生观摩。并随时灌输国内外的时事,提出问题讨论,作为评论文的资料。一年修完,共六学分。

6. 通信练习

注重通信文字的写作练习,讲授世界各国通信事业的现状,世界通信网,国际通信员,特派员,特约通信员应有的修养。指导通信写作的技巧。凡选修此课者,必须先修完"新闻采访",否则不能选读。一年修完,共六学分。

7. 本国新闻事业

讲授现在国内著名报纸的沿革与概况,本国报纸发达的经过,本国报纸所受外国报纸的影响等,并注重参考及观察。一学期修完,共二学分。

8. 欧美新闻事业

讲授(1)欧洲各国新闻事业的概况,特别注重英、法、德、俄、意各国的著名报纸与代表各阶级的报纸。研究其组织,编辑方针,言论倾向,在国际间的作用,以及经营,推销的方法。(2)讲授美国各系报纸的渊源组织,特性,编辑上的特点,以及现在各著名报纸的近状。并将美国新闻与欧洲各国新闻作比较的研究。一学期修完,共二学分。

9. 日本新闻事业

讲授日本新闻发达的路径,大阪东京两地各大报馆的编辑,组织,业务,特质。注重各种报纸的阅览一学期修完,共一学分。

10. 比较新闻学

研究国内各报纸的缺点及优点,并与国外报纸作比较的研究,促进本国报纸的改善。一学期修完,共一学分。

11. 新闻纸法与出版法

讲授各种与出版物有关系的法规,研究出版法与新闻条例的优劣,新闻记事的束缚,军事检阅问题,并讲授新闻记者应守的法律与道德。一学期修完,共一学分。

12. 新闻发行学

讲授新闻发行的各种方法,注重推广的研究,介绍国外各报推广的方法。一学期修完,共二学分。

13. 新闻学讲演

敦请国内外新闻学者来校讲演:(1)新闻学的理论,(2)批评国内各报纸的得失,发抒改良本国报纸的意见,(3)关于技术方面的知识(例如有排版,制版,印刷,发行,广告各种经验的职工,均请来校和学生谈话),(4)与新闻学有关的一切学识。此项讲演每学期举行,由新闻学会主持之。学生记录笔记交本系主任审查。

14. 新闻学讲座

本讲座与前项不同,包含两种性质:(1)国内外学者不能长期来本校授课者,请他们作短期的讲演。(2)凡讲座的内容特殊,可不需要长时间者,请其作短时期的演讲。由讲者指定参考书或研究资料,令学生自动研究,将研究所得作成报告,交本系主任审查。

15. 舆论研究

讲授舆论的性质,舆论与新闻的关系。研究近代国家与言论自由的理论。一学期修完,共一学分。

16. 印刷研究

讲授印刷的知识,注意实地练习。一学期修完,共二学分。

17. 新闻广告研究

讲授广告学的原理,作用,新闻杂志广告的图案,编作,注重广告经营。一学期修完,共二学分。

18. 商业新闻研究

讲授"商业新闻"栏中的商业知识,注意商业新闻的编辑方法,注重采访的方法。一学期修完,共二学分。

19. 社会新闻研究

讲授社会与新闻关系,研究社会新闻的伦理问题;国内社会新闻写作的优劣,国外各报纸社会新闻的得失,注重比较与写作。一学期修完,共一学分。

20. 新闻绘画研究

研究新闻的插图,漫画,意匠,特别注重画报的编辑方法以及家庭,儿童阅读的绘画。一学期修完,共一学分。

21. 照相制版研究

讲授照相与制版的原理及应用,照相与文字的关系,新闻照相的重要,照相通信的应用。各种制版的技术,注重实地练习。一学期修完,共一学分。

22. 新闻储藏法

指导剪报工作,储藏的方法。一学期修完,共一学分。

23. 杂志经营与编辑

讲授杂志的编辑与经营。一学期修完,共一学分。

24. 速记术

练习中文速记。一学期修完,共二学分。

25. 校对术

练习校对符号的应用,校对员应有的修养。一学期修完,共一学分。

26. 新闻记者常识

新闻记者除应用的专门知识而外,又须博学,必力求常识丰富,本课包括地理,历史,政治,法律,外交,科学等课程。指导学生观察政治现象,经济大势……等等,非仅以了解"概论""大纲"为能事。本课由学生在大学各系课程中选修之。

27. 时事问题研究

时事问题常是突然发生的,报纸有解说其起因,现状,结果的职责。本课讲授观察时事的方法,并随时对学生讲述最近国内外发生的时事问题,使学生能理解各种时事的全部,获得 Up-to-date 的知识。

28. 报馆实习

四年级学生由学校介绍至各报馆实习编辑,采访,营业,广告,发行各部分的工作。同时并在通信社实习采访与制稿。

乙、设备方面

(一)复旦大学校刊

由高年级生组织编辑,采访两部主持之,教授负指导之责。凡送稿校对均由学生办理。

(二)通信社

组织分设计,编辑,采访,交际,总务,印刷,校对等部。本社职务在传达学校消息于社会,并对外发稿供给各报馆与杂志社的采用。

(三)新闻学研究室

本研究室设在校内随公堂楼上。室内收藏国内外报纸杂志及图书,凡有历史价值的报纸或资料均已保存,并备有教授上所需要的模型。

(四)印刷所

复旦大学印刷所系由学校与学生投资举办,为股份公司性质,为全校设备之一,可供新闻学系学生实习。

丙、计划

(一)新闻学系专用的建筑物

建筑铁筋混凝土的四层楼专用教室,底层为印刷机器间,照相制版间,二三层为校刊社,通信社,编辑室,储藏室,教室,办事室,图书室。

(二)轮转印刷机,照片制版机的购置。

(三)应用于报纸的科学上的设置。例如无线电,电报,电话线等。

(四)成立"新闻学研究所",容纳有志深造的本系毕业生,资助相当的生活费,使能安心研究。

（五）世界各报馆,通信社,各大学新闻学系的联络。

（六）国内著名报馆,通信社的合作,使学生增多服务社会的机会。

（七）永久资金的募集。

（八）增加图书,报纸,杂志与模型的设备。

复旦新闻学系的概况,略举如上。新闻教育为发展新闻事业的基础。我国报纸,年来虽有进步,但一般人对于新闻教育尚不知注重。美国各大学的新闻学系多由报馆出资委托学校办理,故新闻教育能与新闻事业相辅而行。反观我国,则情形迥异。今后欲图我国新闻事业的发展,必须培养新闻人才。我国各地的地方报纸,多腐败不堪,亟待改良,不患将来学生无用武之地。此点甚望政府当局与报馆企业家提倡,并与目前办有新闻学系的大学合作,以收实效。

载《新闻学期刊》第 1 期,1935 年

马星野

新闻职业与大学教育

中国的大学中设有新闻系,乃是最近十年来的事,便是就全世界而论,新闻学成为大学中一个独立学院,至今不过二十多年。在二十七年以前,美国中部哥伦比亚城的州立密苏里大学,才有所谓新闻学院,主持的人是三个月前逝世的威廉博士。这真是一件动人听闻的事,因为一般人的偏见,以为新闻这个职业,决不是大学中所能教的,那主张报学设教的人,受尽了新闻界及教育界之嘲笑。然到了现在,谁都承认新闻事业同法律,工程,医学一样的可教,而且必须在大学中,专门设教。我们回溯过去几十年间"新闻事业可教"与"新闻事业不可教"两派意见之冲突,及最后新闻教育赞成派之胜利,可以看出人类之成见,不是不能打破的。大学中应否设新闻学系呢?这个问题,在美国辩论得最利害,现在略略介绍美国大学教授新闻学的简单经过。这段历史,虽然不一定会在中国重演,照时间之长短不同,趋势是十分一致的。

注意新闻教育的人,都知道美国新闻教育集中于两个学校,中部的密苏里大学同东部的哥伦比亚大学。然而在威廉博士与潘立存[普利策]Joseph Pulitzer 开始他们的冒险以前,曾经有一些无名的冒险家,做过未成功的试探。南北战争的南方军队总司令李将军,便是第一位先锋。在南北战争南部失败以后,他从事于教育事业,于 1869 年在华盛顿及李氏大学的董事会中,提出设五十名新闻专修免费生之案。他主张这五十名学生,要以报业为终身职业,并以当地一个报纸,为学生实习之所。当时大家对此事深抱不满,该大学因恐被人耻笑,不敢把新闻学课程印在大学课程一览上面。一位当时的大新闻家说,世界上最好的新闻学校,便是报馆本身,断无在报馆以外可以学新闻事业之理。六年以后,康南耳大学,也感到报学设教之必要,然而屡试而屡失败。美国巴帝慕城太阳报批评着说:报业这个职业,乃是一个特殊的职业。理论方面,毫不重要,而所重者,为经验阅历。新闻学校,只有把学生弄坏的,因为学校中教他们一些似是而非的东西,他毕业以后,干实际之报业,要费许多时间,把这些似是而非的观念去掉。

他们反对新闻教育,一方面以为新闻事业人才,乃是天生的,不是可教的;又说要教新闻学,只有在报馆里面。这两个说法,是矛盾的。如果新闻人才是天生的,则报馆亦无从训练他们,如果新闻人才是教得出来的,那么,报馆决不是教的地方,因为在报馆中,那老编辑老访员,都是十分忙碌,紧张的,谁都没有时间及精神再来教育徒弟学生们,而且他们工作弄熟了,知其然不知其所以然。报馆的内部,决不是实施教育的适宜地方。美国新闻教育,先盛起于中部,而后及于东部。也因为在东部较有历史的报界中,偏见深些。西部报业,历史很短,对于新人才,要人就多些。那新闻教育发源地的密苏里省,在1879年,省立大学中便有新闻事业史的功课了。四十年前,省议会中有人提出于省立大学中设新闻学院,为省议会多数所否决。该省的新闻记者联合会,便积极主张办新闻学院,省立大学虽接受了记者联合会之请求,在课程一览中添些新闻学功课,然而有科目而未曾实在开班讲授。老威廉是提倡新闻教育最力的,又是该省记者联合会的有力分子,每年记者联合会开会,必有他的提案通过。然而许多人并不重视,他们为博得威廉欢喜,会场上举手赞成,会场后拍手大笑。

威廉努力不懈,在三十年前,他请了不少的名记者,到省立大学去演说。到了1908年的4月2日,新闻学院,由理想而成为事实。省议会正式通过了开办费,而任威廉为新闻学院院长。他到逝世为止,都是该学院的院长。他说,新闻职业也同律师,医生,工程师等职业一样,从前大家对于律师、医生、工程师等,也抱神秘的观念,以为只是天生,不可以教的,而现在,这个迷信打破了。自密苏里大学有新闻学院后,中部诸省,均竞起仿效。而到了纽约的哥伦比亚大学创办了潘立存氏[普利策]新闻学院,新闻教育,遂有强固之基础。潘立存是纽约的世界报的老板,他是竭力主张把报纸标准提高的人。他的报纸,既然赚了不少的钱,在1892年,他下决心来办一个新闻大学。他先和哥伦比亚大学校长楼氏Low相商,楼氏马上拒绝,说我们哥伦比亚大学决不愿办这样滑稽的东西。潘立存没有办法,计划搁置了十年。在1902年,现在哥伦比亚大学校长布脱拉Butler对于潘立存提出的计划,也不同情。哈佛大学校长爱立亚,亦不表示欢迎。爱立亚虽然曾拟定了一个新闻学院课程计划,然而不感兴趣。如果当时他稍稍热心一点,则潘立存新闻学院,牠不设纽约而设于布尔顿的。

世界报与哥伦比亚大学,订定创办新闻学院之契约,乃是1903年6月23日的事。潘立存以一百万奖金,捐于哥伦比亚大学,以其中之五十万,造一座新闻学院校舍,其他五十万,存着生利息,而以利息为学校之经常费。三年以后,如果潘立存认为这个学校是可满意的话,再捐五十万金。而其中二十五万为潘立存奖学金。关于开办计划,潘立存主张组织一个顾问委员会来筹办一切,且要哈佛大学及康南耳大学的校长,均为委员。那哥伦比亚大学校长便反对,以为如果请这样崇高的学者来参加这个委员会,必引起学术界之不满,于是潘立存大怒,请哥伦比亚大学尊重契约,并以收回捐金为威吓,结果,两造各事执不让步,而这个委员会根本延搁下去,不曾成立。潘立存设新闻学院的消息传出,反对者纷起。而1904年1月份的北美评论报上,便有芝加哥论坛报主笔一篇文章,攻击新闻教育之荒谬。在该刊的五月份中,潘立存有一篇强有力的答辩。他说在20世纪以内,新闻教育与法律,医学教育会享受同等的学术地位。他说普通人以为新闻记者只有在报馆中可以养成,然而在报馆中不能作有目的之训练,所有的只是偶然练习罢了。而这不是在学习,乃是在工作。所谓工作,是要先知道怎样去工作,而在报馆中,谁也没有时间,给新进的一一指导。训练是必要的,便是最不重要的工作,也要事先经过一番训练,何况报业工作呢!

潘立存是忠于新闻教育的人,他的理想很高,他的眼光很远。他说:"我办这个学校,目的是把新闻职业之标准提高,使新闻记者,同律师工程师等同样的受人尊敬。报业在社会上之重要,比之于其他职业者,远过而无不及。新闻学院设立,许多决心从事报业的青年,其生命得到很好的开始,我深觉愉快。然而这还不是我最后之目的,我的最后目的,在于国家之利益。新闻学院造出了更好的新闻记者,使他们办更好的报纸,为大众作更好的服务。"潘立存这篇文章,大引起社会之注意,各大学纷纷有建立新闻学院之议。在1912年,潘立存新闻学院行奠基礼,至1913年9月13日,正式开学,比之于美苏里大学新闻学院,迟了五年。自此以后,威斯康辛,伊里诺等大学,新闻学院亦相继成立。降至今日,美国有十八个新闻学院,有四十九个新闻学系,有五十五个大学其英文系中设有新闻学科;计有新闻教育之大学,约百余处,现在受新闻教育之男女学生,达一万二千人。而谁也不再敢说新闻教育是滑稽的荒谬的,谁也相信新闻教育在大学教育中占着重要的地位。

  上面叙述美国新闻教育发展的一段历史,乃是为说明新闻教育虽是幼稚,而已经过了孩提期试验期而入于成长期及自立期了。中国新闻教育,历史虽较短,而所遇困难,不及美国之甚,因为美国试验之成功,可以减少国内反对新闻教育之力量了。何况自十余年以来,主持中国新闻教育的,泰半为美国日本成功的新闻教育机关出身的人,他们已经目击邻国试验之成绩,而不必再作"试验与差误"而使成功之希望化远。民国元年,全国报界促进会,即有设立新闻学校之议,当时密苏里新闻学院,成立才三年,而潘立存新闻学院,还未曾开学哩。民国七年北京之燕京大学,民国十四年之上海南方大学,均设新闻科。目前报业教育,正式大学有新闻专系者,为燕京大学、复旦大学及本年才设立新闻系之中央政治学校。而沪江大学商学院之夜校中,亦有新闻一科。复旦大学已有八个毕业生,更为中国新闻教育机关之老前辈。此外成平君所办之北平新闻专科学校,申报馆所办之新闻函授学校,虽非大学性质,亦可以予新闻职业以有益之贡献。中国需要有知识有道德有能力的新闻人才,比任何国家为急迫,而尤其是在目前的环境里。我们第一要打破新闻人才不能由大学训练之谬误观念;第二,要由全国新闻界及新闻教育界积极合作,以达到报业之职业标准。邻国试验之成功,或许是给我们最好的鼓励吧。

  十月三十日,写于中央政治学校新闻研究室

载《报展纪念刊》(上海复旦大学30周年纪念·世界报纸展览会纪念刊),1936年1月

梁士纯

中国新闻教育之现在与将来

整整的二十五年前,全国报业促进会曾提议设立新闻学校,实可谓中国知有新闻教育之始。七年以后,这点[自]觉才变成事实,因为在那年——民国七年,国立北京大学的学生会同教员组织了一个新闻学研究会,这可以说是中国新闻教育的开端。两年后——民国九年,上海圣约翰大学设有新闻学科。嗣后南北各大学设有新闻学系或新闻学科的不下二三十处。在这二三十学校中设有新闻学系者,现在仅有燕京、复旦及中央政治学校。这些学系的课程,若是仔细的分析一下,就可以发现美国新闻教育对于中国新闻教育的影响,是如何的大如何的深。这种现象,并不是没有理由的。第一,因为大多数的在中国的新闻学的教授都是属于美国国籍,或是留学于美国的中国人。再者所谓之现代的新闻教育,在美国算是最为发达。在民国十八年时,美国密苏里大学新闻学院与燕京大学新闻学系有了正式合作的办法,这办法对于近年来中国新闻教育的发展是有相当的影响的。新闻教育界的巨子威廉博士关于密苏里大学新闻学院说过一句这样的话:"密苏里大学新闻学院的目标,不是制造新闻记者,乃是为新闻事业预备健全的人才。"这也可以说是燕京大学新闻学系的目标。

新闻学乃多方面之科学,与人生任何部分皆有关系。因此新闻人才不但应具有专门的学识与训练,对于各种学识,咸宜有清晰之概念。是以本学系一方面对于新闻的专门学识极为注重,而同时对于其他与新闻学有特殊关系之学科亦为重视。简而言之,本系科程可分为四类:曰,专修——新闻学科;曰,必修——文字学科(国文与英文);曰,副修——一切与新闻学有特殊关系之科学,如政治,经济,社会等;曰,选修——其他科学。在专修科程之中,最近又添设《实用宣传学》一门,以应中国现在切实之需要。

本学系科程,理论与实习并重。实习共有三方面:计(一)本学系之刊物,(二)报纸及杂志之投稿,(三)假期间及毕业后在报馆之实习。关于本系学生种种实习工作之机会,已得各大城市,尤其是平津间,重要报馆之协助与合作。

以上所引的是燕京大学新闻学系学则开始的两段,由这里我们也可以得着该系课程的鸟瞰,而同时亦可知该系前途的动向。至于其他的新闻学系,如上海的复旦大学,南京的中央政治学校,他们的课程都是与上所述大同小异。这几个新闻学系的共同目的,不只是供给学新闻者一种专门的知识与技能,而对于种种普遍的学识亦极其注重。除了以上所提及的几个大学里的新闻学系之外,尚有三四个所谓之新闻专科学校。在这些学校里所设的课程,大部分是侧重实际工作的,如同排版,排字,管账及初步的采访等等。而这些学校之设立,大致是为报馆自己的人员之准备。由广义的新闻教育的立场而言,这种办法当然不能认为健全,然而这些学校之设立,很可以证明现在中国报业一种有意义的趋向。从前一般人总以为投身于新闻事业是一件最容易是不需要什么特殊训练的事情。只要是能写几篇文章,就很有作新闻记者的资格。从前的情形或许是如此,不过现在确是大不相同了。在国内几家颇有地位的报馆的编辑部内,在最近四五年来所加入他们工作的人员,大多数是受过大学教育,而且有许多是在外国留学回来的。同时中国报界自身也感觉到新闻记者不但是只有一种普通的知识就够了,在普通知识之外必须具有相当的专门的学识与技能;同时他们也感觉到这类的人才培植,非报馆自己所容易办得到的,而必须依赖高等新闻教育机关来供给。因此近年来他们的"新军",大部分还是从新闻学校或学系所招来的。在这一点上,中国报界恐怕比美国某一部分的报界还要看得准确,看得远一些。新闻教育在美国有悠久的历史而最为发达,然而在美国还有少数报界的人士,仍相信最好的新闻人才的训练,还是在报馆而不是在学校里。

　　中国的新闻教育,不得不承认还在幼稚时代。因为是幼稚,所以它是一个新的事业,它就有它的机会,也有它的问题。在没有阐述它的机会以前,且把它的问题略加讨论一下。它的当前的最重要而最紧急的问题还是经费。在这十几年来有过新闻学系或新闻学科的大学,如前所说不下二三十,然而大多数的学系或学科都因为经费的原故而结束而停办。长此以往,新闻教育在中国的前途,当然是黯淡的。不过社会上一般人对于报纸的价值和其重要的感觉,深于从前,而对于新闻教育的前途,亦颇关心。在政府方面更是如此。民国二十三年,中央曾通过一个议案,准备在各大都市里设立新闻学系或新闻学校,为报界培植人才。此项建议虽因种种原因至今未能充分实现,不过在民国二十四年,中央政治学校新闻学系之设立,也很可表证政府对于新闻教育的重视。至于报界本身方面,他们也诚然感觉到就是为他们事业的本身计,新闻教育颇有充实及发展之必要。民国二十四年,燕大新闻学系协助委员会正式成立,此会的委员皆为报界领袖。它的宗旨纯为辅助燕大新闻学系一切事务之进行,如(一)该系方针之决定,(二)该系与报界之合作,(三)该系经费之维持,(四)该系毕业生职业之介绍,(五)该系与密苏里大学新闻学院之合作等是。燕大新闻学系之经费,自开办以来,皆由美国新闻界人士所捐赠,直至民国二十三年,一半因为美国经济萧条,而一半也因为感觉到中国人应当在经济上有维持此系之必要,所以改变方针,转向国内报界及热心人士求助了,在过去两年,该系之维持,多赖报界之协助。由此亦可知中国报界对于中国新闻教育的前途是如何的关切。

　　新闻教育当前的第二个重要问题,即教授人才之缺乏。因为他是一件新的事业,此问题的重要性更为增加。当新闻学教授的人,不但只是有专门的学识,而亦应有相当的实际经验,并深知中国报业及报界的情形及需要。往往一个富有实际经验,并深知中国报业及报界的情形及需要。往往一个富有实际经验的报人,不肯,不愿,或不能教书,也是常有的事。而同时若只有理论上的学识,而无实际的经验,亦不能成为尽善尽美的新闻学教授。虽然现在或不久的将来,尚可借重外国的教授人才以补其不足,不过中国新闻教育教授的人才,从量及质的两方面看来,都确是一个极待解决的问题。再有一个问题,就是中文教材的缺乏。现在各学校所用的新闻学课本,差不多皆为英文,或少数由英文翻译成中文的书籍。在最近几年来,关于新闻学或新闻事业的著作,也可算不少,不过这些书籍大致都是属于普通介绍的性质,不能作班上的课本之用。现在所极需的是中文的教科书,以中国的情形及需要为背景,而根据实地的经验,研究,所写出来的教科书。这并不是说外国文的书籍绝对的不合用,不过在这些外国文书籍外,还应有以中国报业为对象的中文书籍来补充。最后一个很值得注意的问题,即是由新闻学系或新闻学校所造就出来的人才是否真正能切实的应付报业的需要。"所学非所用"是今日中国教育的一个通病,新闻教育正因为他是一种新的事业,能不能以其他方面的情形来作参考,而免蹈覆辙。因为有报界的密切合作与赞助,以新闻教育机关所造□出来的人才,去供给报界的需要,或者能有美满的融洽。

至于新闻教育在中国的机会如何?那可以说是无限量的,正如同中国报业的机会是无限量的。除非中国的政治不去改良,社会不去改革,实业不去发展,教育不去普及;如果这些事情都必需要作的话,报纸一定有它的特殊的使命。如以上所说,现在的新闻事业已感觉到人才的缺乏——现代化而有专门技能及训练并具有普通学识的人才。当那百业俱兴的时候,这种人才的需要,比现在还要大还要急迫,是不言而论的。就是救亡图存,报纸亦有其重大的责任。所以无论由哪一方面来看,无论中国当前的发展是走哪一个途径,报业的地位是将一天重要一天,因为人民的知识是一天增高一天。一个现代化,确实能应付国家,社会要求的报纸,一定是需要现代化,而有特殊训练,专门技能的人才;而此种人才,舍去健全的新闻教育机关,又从何处可得呢?是与一个现代化的报业与新闻教育不可分离的,是两相互助的。

中国的新闻教育在未来的几年内,它的趋势将如何?虽然不能十分断定,但依作者看来,中国的新闻教育,欲求其能应付当前的切实的需要,应注意以下的几点:(一)用种种方法得着报人的指导与协助,以期为新闻机关所造就出来的人才能够应付中国报业的需要。(二)除开最适用,最实际,专门新闻课程之外,应设有关于宣传课程,一方面以应付现时之亟需;而另一方面又可为所造就的人才,扩大他们的出路。(三)各新闻教育机关应有切实的联络与合作,他们所订的课程应尽量的标准化以期新闻教育达到最高点的效率。(四)新闻教育的最大的命使,当然是为报业培植专门的人才,不过在训练人才之外,一个健全的新闻教育机关,对于报业应有其他应尽之义务,如同研究,调查,试验及组织等。(五)新闻教育机关是义不容辞的要来协助报业为报业的自由与独立而奋斗。除非报业能够切实的得着一种最低限度的自由与独立,中国的新闻事业的前途是不可乐观的。总之,一个新闻教育机关有没有存在的价值,完全看他能不能应付报界及社会的需要。而最重要的一点就是一个健全的新闻教育机关最高的目的,不仅要为报业来训练专门的技术的人才,而更要培养有眼光,有干才,有勇敢,有牺牲精神的领袖。

载《大公报》,1936年5月9日

Frank I. Martin

新闻教育之价值

美国密苏里大学新闻学院院长马丁富氏,曾任燕京大学新闻学系客座教授,对于新闻教育,素具经验。最近在美国干色斯报业联合会大会中,作新闻教育之演讲。对于新闻教育之功效,多所阐明。兹特节录其文,以贡吾国报界之参考。

社会一般人士,多视报纸之编辑、印刷、发行等工作为神秘事业。其对于新闻教育之观感亦然。依余所知,即一部分报纸负责人员,亦对新闻教育抱有怀疑及神秘之观念。实则新闻教育固无丝毫神秘之可言也。

新闻教育,为近代教育中最合实用,最脚踏实地之一种教育。凡对教育有信仰,或深明高等教育之功能者,对于新闻事业特种教育之价值,自亦不能有所怀疑也。

新闻教育之提倡推行,亦历有年所。德国新闻事业之成绩,既高且深。其施教新闻学,亦还在三百余年前。事实上当日此种教育虽系教授德意志帝国之青年,能善读并深知其报纸,并明了其对社会之贡献及使命,然当时选读新闻学科者,事后多从事于新闻事业,而形成德国报界之干部。

六十五年前,美国李将军(Robert E. Lee)谋设置新闻学院于华盛顿及李氏大学。其时反对者雷德(Whitelaw Reid)讽之曰:"军官学校不能造就军人,大学校亦不能造就记者。"惟此种埋由,殊难成立。盖军官学校能对军人生活,给以确实之信念,并授以各种重要军事技术。苟无此种教育,则虽具有军事天才者,亦不能充分发挥其能力;其非天生军事良才者,更不能执干戈以卫社稷矣。

今日而论新闻教育及新闻学院,则前述关于军事学校之各种理由,亦可引用而彰明之。

新闻教育已不复为一种试验。其教育之方式与政策,虽将因新闻事业本身之需要而变迁。然其效能与原理,则将迄然不变。盖今日之新闻教育,已完全脱离其试验时期,卓然独立为近代教育之一部。昔日列新闻学课程于英文课程之一部,或列于其他学系课程表中之方式,至今已不复采用。今日之新闻教育,在各校中多独立而自成一科。其教法及原则,亦皆趋于固定实用之途。今日学生之所得者,多为有关实用之知识。更由各新闻事业家之扶助,得备具伦理及实际之知识,以及一般常识所需之自由教育。

现代新闻学院之第一个目的,即为如他种高等学校之所希望者,供学生以高级的一般知识。吾人之一切政治社会机构,正在不断变迁中。此后亦必继续转变,无时或已。是以新闻教育机关必供给其学生以学习一切普通学识之机会,例如对政治、历史、经济等科目之研究。以便将来任职报界时,能深知明晰社会之各种事态,以报告读者,并解释指示其重要性。

此外,今日之新闻教育并注重职业技术之训练。报社社长,固望其雇员能有高深之普通知识,而各版负责编辑则颇愿其下属能备具其专门的职业技术。新闻教育之责任,即为兼顾两者。一方给以普通知识,一方并给以专门技能。两者之间,又互相融和,使学生能以其丰富之普通知识,善用于新闻事业中。

今日之新闻教育机关与新闻事业界中,已有极密切之关系。对于新闻学院毕业学生之需求,日见增加。此盖为新闻界中对新闻教育成绩之信赖之明证。亦足见于从事新闻事业之先,在新闻学院中领受事实与伦理兼顾之教育,实有极大之助力也。

(译自 The National Publisher, March, 1936)

载《报人世界》,第 4 期,燕京大学新闻学系刊印,1936 年 5 月

钱　震

战时报人的进修问题

　　抗战中全国报人所负的使命,当然是报道并解释各种新闻,诱导社会对战争的正确舆论;从而鼓吹和加强全国同胞的抗战情绪。一言以蔽之,是在宣传方面,为抗战建国出力,为神圣的中华民族复兴运动效忠。宣传工作的成功与否,于抗战的前途,有着极重大的关系。欧战时德意志帝国之所以终致败溃,史家多以为那是德国战时外交的失策。但是威廉第二自己却很忠实的告诉了我们:"德国的失败,是因为德国没有泰晤士报。"此语或许是这位失势枭雄悲哀时的一偏之见,但是战时报人使命的重大,于此确已可见一斑。战时报人的使命是重大的,他的工作效率,直接影响着全国上下的思想和观念,抗战前途有利与否,报人占着很重要的岗位。但是报人究竟应该如何完成他的使命呢?这却是值得研究的问题。许多人对此发表了不少的意见,在作者愚见看来,除了一般在信念上、思想上和人格上等等所应有的条件外,在"知识"和"技能"方面,也同样的不可忽略。一般人多半会太高看了新闻记者,以为新闻记者是一个"百事通",但事实上是否如此,却是一个疑问。即使退一步讲,这个疑问的答复是肯定的,但是平时的知识重点,与战时的是否相同?战前和战后的准备是否够用?也还是一个疑问。在另一方面看,报纸是每日发行的定期刊物,他的对象,虽各有不同,但总括一句话,报纸的对象是全国自元首至庶民,自大学教授至小学生,自总司令至小兵的一般群众。报纸每日发行,即每日一次呈现在这些人的面前,也就是每日一次对这些人做着近乎教育的工作。假如报人自己对某项问题尚不能彻底了解,那末如何能够担任起这样伟大的工作,尤其在这一刻万变的大时代当中。所以战时报人除掉应具的条件外,在知识技能上,势非力求充实,积极进修不可。第二届国民参政会所通过的"拥护抗战建国纲领确立战时新闻政策发展新闻事业案"的第三项中,也曾提出为提高新闻记者的工作效能,应从速举办新闻记者训练班的主张。

不过在这兵荒马乱的时代下,政府日理万端,兼之各地交通间阻,举办训练班固非易事,新闻记者前往参加训练亦复困难万分。至于自习式的进修,在目前敌人气焰高涨,敌机到处滥炸,连报纸都要准备作"游击战"的今日,自习,谈何容易?又从战时的日常生活上看,报人不容易从事进修,殆亦事实。原来大多数的报人,是反常的在夜间工作,白天睡觉,在平时各地电讯较早,抗战后每日电讯,平均都要延迟两三小时,遇有纪念节日,电讯延至晨间六时左右,也是常有的。这样,工作加长,睡眠延迟,日间除睡眠吃饭外,实在很少有空余的时间,有时遇到空袭紧张的时期,连睡眠也都想不出妥善的办法,读书,当然更不容易,这不能不说是一个严重的问题!

报人在战时生活坏极,以致于无法读书,即使没有"学似逆水行舟"的事实,至少亦必造成知识的停顿。仿佛记得英国新闻大王北岩爵士有言,"报人应站在时代潮流的前端",目前我国报人竟至无法精进,不特是报人个人的损失,也是报馆的损失,更是抗战建国的损失。为加大工作效果,加强宣传工作的成功可能,报人在战时的进修问题,确应赶速予以解决。

作者以为欲增进报人进修的可能,国家,报馆,乃至于报人自己,都应该负一部分的责任。就国家言,政府应该多注意到报人在战时从事进修的困难,从而设法自百难中成立若干训练班式的新闻学校(闻中央现已作此准备),同时并打破交通上的难关,轮流的招徕这些因长期战斗而要充实弹药的新闻战士,使他们有一个休养的机会。一方面政府也可以借此机会传达抗战国策。不过有几点却要注意的是:(一)新闻学校的教员,要慎重其选,就是说起码要有超过受训者的造就或声望才行。(二)训练科目应采自由主义,军事训练和刻板的上课,实属不必。大抵施以精神讲话,或学术演讲等便够。(三)训练期间,不宜过短,亦不需过长,短则不易收效,长则贻误工作,概以两月为宜。

在报馆方面,欲使其从业者勇于精进,努力修习,除掉鼓励或协助报人加入训练班作学校式的修习外,欲使自习式的进修,易于推动,首先便要改善报人的生活。如提高待遇,设置比较安全的市外宿舍,酌增人员,使每一个分子的工作分量减少,多有自习时间等等。其次便是尽可能的多购置各种书籍,以备阅读。这些,当然不是每一个报馆所能办到的,但尽力为之,却是应该,而且也是必要的。

至于就报人本身而言,能够参加政府举办的短期训练班,当然很好,否则应该突破一切困难,从事自习的功夫。即使是从训练班回来的,仍然要继续精进,自修的要领:(一)不特要"惜阴"如"金",而且要"惜阴"如"命",一两分钟的阅读,在"开卷有益"的名训下,应该不辞厌烦的好学不倦。(二)减少对空袭的畏惧心,在馆方不能另设市外宿所,而其所在屋并非在绝对危险区时,仍以多睡眠,少惊动为宜,多睡眠始能有精神读书和工作。(三)少发表。发表本来也是一种自习,不过喜欢多发表的人,往往流于断章取义,对于一本书根本无暇细阅,这是危险的。唯在读过若干本有关同样问题的书之后,为增强记忆,也不妨加上自己的意见,缀之成篇,公之于世。

报人在战时自行修习的要领,当然不止于此,此处作者不过是略举紧要的几点,以与诸同业商讨而已。至就整篇文字而言,虽非高深之见,但作者自信未拾人牙慧,且为目前最严重问题之一,亦望海内同业加以注意,并予以善意的指正!

载《战时记者》第 1 卷第 5 期,1939 年 1 月

裴 克

培养战时新闻人才

大家都知道,我们要获得神圣的伟大的民族解放战争的最后胜利,第一要紧的条件,便是动员民众,组织民众,训练民众,使每个民众都能够参加这个战争。

新闻纸是负有动员、组织、训练民众的潜在的基本任务的,它实在是这方面一个良好的有力的工具。我们假使能够好好地利用这个工具,那么民众一定能够动员起来,组织起来,训练起来;一定能够坚决地,勇敢地参加这个神圣而伟大的民族解放战争,争取最后的胜利。

但是,很显然地,现在我国的新闻纸,除掉极少数以外,大多数都还没有能够担负起这个任务来。

为什么到了第二期抗战的今日,整个民族为了争取解放,更艰难更困苦的现在,被称为社会的指导者的新闻纸,还没有负起这个基本的任务来呢?这虽然有着客观的原因,像民众文盲的众多,知识水准的低落;但是主要的原因,却是主观的,就是制作新闻纸的新闻记者,还没有把握住这个神圣而伟大的民族解决战争的中心,对于这个战争的现象和本质,也认识得了解得不够。所以,它不但不能够积极担负起并且完成动员组织、训练民众的基本任务,甚至相反地,不自觉地散播着有毒的新闻和言论,动摇民众抗战到底的决心,摧毁民众的"最后胜利是我们的"信念,使民众对于抗战前途,发生了莫大的疑惧。

譬如,在我所收集的这些地方新闻纸上,便可以看到这些现象。有几个新闻纸的记者,到现在还把日本的残酷的疯狂的侵略战争,单纯地解释为日本是因为人口众多,国土太小,为解决过剩的人口,才进行这个战争的;而没有了解日本是一个帝国主义的国家,它的进行侵略战争,是她的殖民地政策一贯的继续,其目的在把中国由半殖民地半独立的国家变成她的殖民地,把中国的人民变为它的亡国奴。其次,一个城市的得失,对于抗战前途的影响,有许许多多的记者,竟估计得惊人地严重。譬如广州的沦陷,汉口的撤退,有不少的记者,竟认为我们没有了这些重要的城市,是我们的致命的打击,从而动摇了"最后胜利是我们的"信念,对于抗战前途,发生了莫大疑虑,坐到失败主义者的椅子上去。他们没有了解我们是持久的消耗战,一时一地的进退,对于抗战前途,并没有什么影响,最后的胜利依旧是我们的。因为我们能够得到最后的胜利的各种基本因素,仍继续存在着,并且发展着。另外,有许多新闻记者,对于国际现势,一点也不了解,老是那么幻想着:苏联会出兵来帮助我们打日本,或者英美法联合起来制裁日本。并且宣称:只有这样,我们抗战才有光明前途,否则,很难得到预期的胜利。无疑的,这是含有浓厚的依赖性的。他们没有了解,在抗战期中,我们固然要争取国际对我国的同情和援助,增加我们抗战的力量。但是我们绝对不能依赖他们,我们是要自力更生,是要以自己的最大的努力去争取我们最后胜利,且国际的援助,往往决定在自己努力的程度上的。还有,许多新闻记者,他们的新闻纸上,过分强调了某一个政党某一个阶级的利益,而忽视了共同的民族利益,这亦是很谬误的。

够了,从这里,我们已经可以看出现在的许多新闻记者,对于这个神圣而伟大的民族解放战争的核心,是还没有把握住。同时,对于这个战争的现象和本质,是认识得多么不够!这样的新闻记者制作出来的新闻纸,自不能够担负起动员、组织、训练民众这个任务,这是抗战期中一个严重的损失。

这种现象的继续存在,不但是一个严重的损失而已,且对于抗战前途是有大害的。为彻底消灭这种现象,适应抗战的需要,政府应该迅速地举办"战时新闻记者训练班",培养大批在纵的方面有高度的政治水准和知识水平,在横的方面有丰富的新闻学修养的健全的新闻人才,对敌人作有力的新闻战。这样,才能争取抗战最后的胜利。

载《战时记者》第 1 卷第 5 期,1939 年 1 月

杜绍文

建设中国本位的新闻教育

每逢献岁,万象更新,我以为展开于眼前的新局面,应该有新动力与其作有效的新配合,这样才能日新又新,朝气益然。新闻教育关系新闻从业员的技能与修养,亦为"十年树木百年树人"的至计与良模,我们不能一刹那予以忽略,它好像"种子"似的,我们要期其茂盛,就该慎审选种,殷勤灌溉,努力培植,珍重耕耘。如果不能孕育新的干部,则我国的新闻事业永远没有发扬光大的一天。国民参政会二次大会,所决定的战时新闻政策,亦郑重以"提高新闻记者技能与学术"为言,依照所定办法,区为政府主办或职业合办两种:"由政府设立战时新闻记者训练班,分别定期召集全国记者,实施军事政治等各种训练";"在政府当局辅助之下,由新闻界组合或由新闻学术团体,举办战时新闻记者训练班"。服务新闻界的人,对于各方关注之意,当不禁感愧交集!第二次全国教育会议,对新闻教育亦有语及。我们很愿抒发所见,提出新闻教育诸问题,吁请当局的设法推进和致力改善。

新闻教育在我国,其历史至为简短,过去的新闻教育,无庸讳言的是宣告失败。我国之有新闻教育的雏形,始于民国十三年秋的上海南方大学,距今不过仅有十五年功夫,南大的新闻系,只办一载,即告夭折;此后北平的燕京大学与上海的复旦大学,先后有新闻系的设立;而上海民治新闻专修学校和沪江大学新闻科,亦相继出现;中央政治学校,且创办新闻系,以造就党报人才；上海申报馆，有一个时候亦附设新闻函授班。从量的方面讲，近十年来新闻教育，不能说太少，惟自质的方面论，则其对国家的贡献实在不够，这林林总总的一群，抵不过美国一个密苏里新闻学院。我们试放眼一观，出身于这些新闻教育者，有多少人用其所学？又有多少人确能献替？掌教新闻教育者，有多少学有专长？又有多少人滥竽充数？各校所列的新闻课程，有多少能适用能应世？又有多少闭门造车不符实情？这十年来的造就，对于新闻界的旧风气，能有多少的改弦更张？又能有多少的示范作用？我想新闻教育的教者、习者、期望者、赞助者，抚膺自问，当有怆慨万千之感了！

已往新闻教育失败的症结，主要的为教育与社会不贯通，理论与实践不贯通，驯致学校自学校，报馆自报馆，学理自学理，事实自事实，格格不入，到处龃龉，互相排斥，互肆诋评。根本的原因，就在于学校所习的，不是社会所要的，理论所发挥，又不是容易实践的。我国社会机构的窳陋，新闻园地的荆棘，固使优秀的新闻人才，无法学以致用，但新闻教育者和被教育者，缺乏决心以创造新风气，没有能力以开辟新环境，要为其中的主因。

新闻教育究竟应该怎么办？这，所提的方案几人人殊。英国北岩爵士，主张选择大为一二年级生，然后使其作世界的漫游，缓缓地从活的教材，练成完善的报人；美国的威廉博士，则和北岩主张相反，他认为必须在学校打定报人的基础，以之应世，方可裕如；黄色新闻大王的赫斯特，则以为报人的养成所，不在课室而在社会，注入式的新闻教育是多余的，报人需要社会各方面的启发，唯启发所得的学问，始为真正有价值的学问。上述三种说法，均为其国情所囿，不能适应于今日的我国。我国是一个教育不普及的国家，报人尤被社会各阶层所不重视的一群，遴选大学生既属不能，使其熏陶优良的特种教育又办不到，而掷入社会洪炉令其自学自练，且殊属未当。一国有一国的国情，我们需要以中国为本位的新闻教育。

我反对漫无标准的粗制滥造，因为"窳"和"滥"的结果，往往没有各科的基本知识，一旦执役斯业，就感到处碰壁；然我又反对把一群有光有热的有志青年，关在"象牙塔里"，灌输不适国情的高深理论，而不让他们走到"十字街头"来，开一开眼界；因为这样不合现实不能实践的教育，他们总有一天会大失所望，于是使其事业心由鼎沸而微温，复自微温而冰冷。我国现时固然需要大量的报人，但胡乱造就的"速成科"，究与实际没有多大的裨益。

一个健全的报人,不是咄嗟之间可用人工制成的,他既须较常人有深一层的观察力鉴别力,又须较常人有进一步的活动力坚韧力,劳倍于人,乐薄于众,事居人前,功在众后。我常听到"新闻圈"内外的人说:"新闻记者不是人做的",这句话的正确解释,不是厌恶记者的生活,亦不是鄙夷记者的为人,而是说明新闻记者非一般"人"所能胜任愉快去"做"的。记得八年前,我最后一次访戈公振先生于申报馆内的尊闻阁,面聆其关于我国新闻教育的意见,他恳挚的说:"中国报业环境太复杂,守旧与营利的观念太厉害,唯其因为如此,所以需求新报人益形迫切,姑自观感所得,就学新闻教育,应以兴趣为前提,追献身于新闻事业,尤应以人格为要件。"戈先生这一席话,在此时此地的我国,是有深长的意义的。

　　抗战用以建国,建国必须抗战,我们处此一面抗战一面建国的大时代里,新闻教育尤不容其长此泄沓下去;应即取人之长,补己之短,弃其糟粕,采其精华,顾全事实,适应需求。我们希望中央各有关系的机关,能够认识报纸是社会教育的利器,而报人则为制造报纸的动力,对此"教育的教育"之新闻教育,能有中国本位化的一番新型建设。中国本位之新闻教育的重要原则,简言之,就是如何使教育与社会相贯通,如何令理论与实践相贯通而已。

　　　　　　　　　　载《中国报人之路》,浙江省战时新闻学会出版,1939年

新闻学院存在的问题

关于新闻学院有无存在之必要的问题,近年来论辩甚多。下面特选译两篇关于此项问题之著作,两位作者都是美国新闻界有相当地位的记者,他们的见解,当然值得我们注意。

(一)

Arthur Coleman　　潘焕昆译

自从我在二十几岁在德克撒斯大学读新闻系的时候到现在,我为替新闻学院找出可资辩护的实在理由,曾经尽过一番心力。

当时德克撒斯有一所新闻学院,其地位仅次于密苏里大学,有人还不敢确定密苏里是不是被人估计太高。牠一家有销数五六千份的优良日报,牠有一个文学杂志和一个滑稽的杂志,牠又是一个独立的大学性质的杂志编辑者的聚合场。牠有各种的课程,由简单的采访到出版法都包括无遗。我写过一篇关于彩票的新闻,经编辑认可而且已经发表,结果有一位邮政局的稽查员为了这件事来找我,使我在出版法上得到一次最好的教训。这位稽查员是很有礼貌的,但是我永远不会忘记他的强硬。

于是,我的怀疑主义之生产,不是由于缺乏活动和课程,也不是由于感觉本身没有经验没有能力。我不是曾在日报的编辑部里做过事吗？我不是做过两种杂志——文学杂志和独立的杂志——的编辑吗？我的经验不消说已经够丰富了。

一直等到我第三次在首都日报做事的时候我才开始怀疑。不晓得什么缘故，我找出许多经验中所没有的事，而且我看见旁的和我同时工作的青年，我晓得他没有受过什么训练，但是他却成为一个比我好了许多的访员，他是从未踏进大学一步的。我观察一下编辑部的人员，发现最能干的人都不是大学出身的。

真的，毫无疑问，最好的便是一位知识贫乏的日耳曼种青年，他的采访消息是万分玄妙的。他会凭空的说："某某事情发生了。"于是便立刻出去采访，然后带了消息回来，而且他所得的消息也时常是真实的。现在他已经很活动了！而且也有了不少的成绩。

这件事使我开始怀疑新闻学院究竟有什么价值？很明显的，我没有学到一点东西。我不能在两星期的采访生活中好得起来，而和我同时开始工作的青年却完成了这项工作，花掉这些时间金钱和精力，我在学校里得到什么？

心中有了这个问题，我便观察，听取，并且研究我所认识的每一位新闻记者——访员，杂志文作者和各种编辑——所写的东西，然后从他们的教育背景（不一定是学校教育）去研究。我得到一个结论就是新闻学院并没有在写作，编辑和应世能力各方面供给适当的基础训练，更不必说什么造就有经验的人才；说坏一点，便是他们并没有把学生们在知识方面和审美能力方面训练成熟。

真的，这项谴责是可以施于美国全部高等教育的，但是我觉得它似乎特别适于对新闻学院而发。

* * *

这是什么缘故呢？尽我的能力分析，牠可以说是因为新闻学的课程本质上便是空虚的。

像我一样的以善意的态度来研究新闻学的课程，我还能够看出在这些课程中没有什么充实的内容，特别是在不可缺少的新闻学课程方面，最多只有两门每周六小时的闲散课程——包括"新闻事业史"，采访，社论，特写和广告写作。我用"特别是在新闻学方面"，也不过仅以表明其形式而已。旁的一切——法律学是例外,那是一种法律和"伦理",那是教授们创造出来的,很短的,且又不大有趣味的历史——都是属于最简单的写作,那也可以说是最有效力的写作,随便什么地方的初级作文课程便足以使你有这种写作能力。

用粗成的英语来讲,我们曾经坚持着要把本质上是一种技能的东西提高到高等职业的地位,直到目前我们还是坚持着,其实这是不可能的。除非我们放弃我们术语,除非我们不下个定义说,高等职业含有一个真正的核心,就是这种职业——例如医学、法律、科学甚至会计学——的专门知识是可以传授的;不然这项企图是无法实现的。新闻学简直没有这种实质的知识,牠是一种服务的事业,专门替其他的学问做传授和解释的工作。

特别是在传授的工作中,新闻学除了是一项技艺之外简直没有什么。但是在解释的工作里,牠可以有而且也应该有多一点的作用。它是一种艺术,只有几个天资聪颖的新闻记者才能做到恰到好处。因为它是种艺术,牠要靠个人的贡献才能存在,需要个人的贡献比需要他所能得到的外表训练更多。这并不是说他不能从其他的地方学习到一切,而且他必须这样去学习。但是我们可以说他不能受任何人或任何学院的教导而成为一个新闻记者。

新闻学院中现有的课程——包括实验室的经验——纯粹是报业的表面情况。或许实际需要就是如此。因为一个新闻记者的基本知识是仅能从大学的其他院系得来的,新闻学院并没有教授这些知识的设备,况且他的课程太少了,学生们可以也应该利用空余的时间去研究别的学问。那种学问是可以启发他们的思想的,而且要是他有能力的话,这种学问也能使他成为一个新闻记者。

* * *

可是这种学问是什么呢?有时我想说:"几乎是除了所谓新闻学以外的其他一切学问。"而且我能够替这句话辩护。事实上我觉得在报纸和杂志的工作里,我遇到曾任土木工程师和电气工程师的人比新闻学院出身的人还多。真的,我所知道最能干的新闻记者在大学里的时候,常常是从来没有学过新闻学的。

但是事实上必定有某种有真实内容的基础学问使一个未来的新闻记者牺牲时间研究他们的结果比较能得到许多的益处。这些学问之中也许有些很难求得的,这对于学生是一种打击,可是我可以向他保证,任何在操业中的新闻记者——或其他任何做这项工作的个人——他在心理方面或其他方面成长的结果将不免于承认他真的需要,这些学问的全部或其中几种。这时他也研习,也常常觉得太迟了,除非在空闲的时间补习。

自然,第一便是英文。比较高深的英文,包括字义学和文学——比较的,古典的,近代的,诗人,论文家和小说家的作品。在新闻记者的头脑中,不必有英文装得过多的忧虑。这是很显然的。一个新闻记者的主要的也几乎是唯一的工具便是文字,他必须[对]文字有一种感觉一种同情和一种确立不移的尊敬心,文字对于新闻记者也应该特别保有颜色芬芳,生命和意义。一位植物学家最近写过几句话说:"一个敏慧的头脑如果没有适宜的文字来做它的利器等于一个精巧的木匠只有一支空手一样的无能力。任何含糊不认真,不尊重文字之正确性的教育事业,都是和人类思想所努力要达到的一切目标背道而驰的。"

但是科学家并没有逗留在那里,在胚胎时期的新闻记者更不应该逗留。这位植物学家更指示出英文的比较上不正确之点,同时他又牵涉指出新闻记者对于比较研究语言和文字学的需要。关于语言方面就是他需要懂拉丁文。拉丁文是基本的,法国的和希腊的,最完善最正确的语言。这并不是说新闻记者应该成为语言文学家,只是他应该晓得言语是什么,是怎样形成的。

* * *

关于新闻记者的主要工具我们已经说得太多了。但是除非他有材料供这工具之用而且有开明的知识来领导自己,不然这项工具还是毫无价值的。换句话说,就是要寄托思想。不论他的文字素养如何高明,他首先应该得值有寄托的思想。事实是他的技能素养愈高明,他更有责任把他的理论的优点介绍到至少可供比较的程度。

所以新闻记者应该懂得历史,并不是只有战争和日期的历史,而是各种各类的历史。在传记以外,还要有各个学术时代的历史,科学的历史,古代的和不十分古代的旅行家或地理学家和历史上重要小说家的事迹。例如,我反对任何正史家转载卡太基(Carthage)的事实像佛罗贝(Flaubert)在他们的小说沙蓝波(Salammbo)里的描写一样的生动,但是佛罗贝自己却是对的。

因为政府学和公民学是属于历史的,所谓政治科学和政治哲学,尤其是现在增加了许多主义的时候,新闻记者绝对需要尽可能确切地明白现在的和过去的政治建筑物的性质及其组织。为了这一点他也必须懂得经济学——基本的,完备的,像原理一样本质上纯粹的经济学。没有这种素养,他便没有方法了解政治的和其他的国民运动与其发展,更不用说什么加以很有见解的批评了。

其他的一种工具也是重要的,所谓论理学。除非他有意专攻科学新闻的采访和说明,不然新闻记者并不需要——虽然他也可以用——数学。但是不管他干什么,他真的需要数学中反复教诲学生的最正确的思考程序,这个他是可以在论理学中得到的。

这些学问我应该毫无迟疑的称之为不可缺少的核心,从这些学问中新闻记者才能产生。他可以在这些学问上建造一块比较广阔的思想和精神的世界以供自己工作和游戏。他如果需要其他学识园地的话,那只是在我们需要一些东西能使这世界更容易了解更容易以为这世界还差强人意——就是说好些——的意义之才会有这种需要。他可以依照自己的尝试,自己决定还需要什么学识,而且当他要求得这些学识的时候,他可以看出学问之边际后退得比他所能跟踪的速度还快一点。

对于各种科学的粗浅认识——物理,化学,地质学,生物学,天文学以及自然人和社会人之研究——虽然远不能使他有特殊的才能,却也能在职业方面和个人方面给他一百倍的报价,从今以后所得的报偿更多,甚至于在原始时期的科学像心理学和社会学等对于人们疑窦的指示也是很有价值的,对于通俗宗教史有用处的定向法也能使他愉快地惊奇,由古典的到近代的音乐和美术——像他们现在这样的丰富,复杂和美妙的音律也没有离开写作的本质多远。更进一步,美术和美术作品的认识和评价,在新闻学上,虽然不是必要的,也逐渐更有价值了。

* * *

新闻记者简直不能懂得太多,社会问题一天一天的更困惑更复杂,这些问题,对于我们是很陌生的,但是大部分却和人类同时发生的。新闻记者应该晓得哪些问题是旧的,哪些问题是新的,因为对于已屡次被解决而且已被人遗忘的问题还始终疑惑不解是徒然浪费时间的。但是在寻找尤其是应用他的学识的时候,他应该极力保持一个坦白的怀疑的头脑,因为没有其他的东西比这个更重要了!自命为真理的崇拜者和找寻者的新闻记者应该完全脱离今日阻挠人类努力的愚庸之□和毫无根据的偏见——也许在外国并不完全都有这些偏见,完全它不受它们的影响。

我以真诚的谦虚来贡献这些意见,而且我的唯一希望便是这些意见能够被人接纳并加考虑和批评我所不到之处。

我贡献这些意见仅仅是为了它们成了我和其他许多曾向我表白过自己的新闻工作人员很久以来便感觉到而且现在还感到极端需要的准备。这些准备是今日的新闻学院所没有具备的,也不能就如此得过且过的,它们是新闻记者的一种迫切需要,但是他们似乎没有看到。

像我所说的,这种需要并不只是新闻记者本身遭遇的,全国也遭遇着这种需要。这也许是我们的最明显的最广布的文化落后之点,但是新闻记者应该填满自身的这种缺点,因为他的责任便是代替一切读者观察和解释,而且现在读者的数目也比从前多得多了。

(二)

Canon Runyon 著　　徐钟珮译

新闻学院的课程,于新闻事业的价值是旧日报人时常加以争辩的一件事,他们之中有好些人都以为这是没有什么价值的。

这些人说:新闻学院的毕业生在从事专业技术的时候,他们必需忘却许多在学校里得来的东西。这就是新闻学院的课程没有道理的明证。

在有些场合,这话也许是对的。但,我们不相信它可以普遍的应用。有些学校的教员也许自己对于专门技术也所知无几,可是,无论如何我们决不能说在哥伦比亚大学的毕业生也是如此,因为她的教员们都是有经验的报人。如果这些教授们放弃了采访和编辑的生活,从事教授这般未窥门径的学生们以新闻学技术的话。那么,他们传播给学生们的学识正和学生们所缴的学费相称。新闻技术是没有什么深奥神秘的,它的原理很简单,经过许多年代也没有什么变更。

*　　*　　*

新闻学的创始者得知了这些原理后,仅有的一个问题就是这些原理可否应用到技术上去——关于这,智力方面的成分较天赋的成分为多。我们所晓得的最著名的报人中,有许多都不是智识高超的人,他们只受到普通的教育,可是他们却天赋就是一个报人。

我们并不特别注意于新闻写作者的讨论,我们是讨论发行人,广告员,出版人,他们在报纸的制作上和新闻写作者一样的重要,我们把他们全体称为报人。

在另一方面,我们所知的最著名的报人中,也有些是学识高超的,所受教育几及登峰造极,而且因为旅行,读书和接触使他们的学识更为广博,他们既有学问又风雅,更有别人所缺少的每件东西。可是,无论有学问无学问,这两种人有一个相同之点就是新闻本能。

也许新闻学院的毕业生在他们从事专门职业的时候,必需忘怀一些东西。业余拳师和拳球球员当他们成为健全时也必需忘却一些东西,可是无论怎样他们在基础上和原理上都已经有极大的便利。新闻学院毕业生也是如此。

我们可以相信一个从初等学校跳到报馆的人,可以比一个从新闻学校出来的人干的好,可是我们不能同意这是学校的不好,用本质上不同来解释这件事实还比较合宜一点。

我们以为本质相类的人来讲,一个从新闻学校出身的学生会比其他学校的学生更适合于做一个记者是无可疑义的。

在我们没有看到一位从密苏里大学出来的学生和没有认识它的教育方法,实施,以及设备以前,我们对新闻学院还不是热烈的拥护者。现在我们这种观念是大大的转变了。

我们还可以注意到我们旧日报界朋友,他们都是从中部和洛矶山西部艰苦奋斗而卒得成就的,现在他们也把他们的儿子们送到密苏里大学念书。很显然的,他们希望他们的儿子能够得到他们自己所缺少的准备。

如果他们感到这些基础是无用的话,他们一定已经把这些孩子们带到他自己的报馆里去了。我们以为这些青年们到密苏里去便是给怀疑新闻学校价值的人们一个很好的答复。

* * *

自然,这并不是说每一个受新闻教育的青年男女,结果必定成为一个新闻记者,甚至一位广告员,他们中有许多很快的就发现自己对这项职业天性不合,而另向其他性情较近的方面发展。同时,他们已经有了一种训练和经验,这当然是对他们无害的。

我们应该说如果新闻学的课程唯一的功用是提起一般青年的兴趣,使他们愿意在大学里停留几年的话,那么,它也已经完成了一项很好的工作了。在美国,学校和大学的数目也许比世界其他各国为多,有一笔巨大的款项是用于教育事业上的,这正是报纸第一件应该赞美的事。

教育愈发达,报纸的顾客愈多,可是,在美国,学问之大道仍没有开辟得更平坦和更舒适一些,这似乎是一件遗憾。以我们的一切学校和大学来讲,大多数的青年还是要牺牲许多荣誉,否则将得到"Book' I Arnin"。

载《新闻学季刊》第 1 卷第 1 期,1939 年 11 月

新闻事业与新闻人才

吾国的新闻事业,最初系学自外国,直接从日本学来,间接从欧美学来。吾国最初创办报纸的时候,普通都名之曰新闻,在早年社会上对于报纸的解释,是说"有闻必录","代表舆论","人民的喉舌","尽言论的天职"。就大体上言之,吾国早年的报纸,是在"言论自由"主义之下,对政府多少立于对立的地位,带着"监督"和"批评"的意味。凑巧前些年的政府,果然就太对不起人民,例如前清政府,惟恐丢掉政权,对人民一意压制。民国初年的北京政府,又是非常黑暗,不能得到人民的谅解。因此前些年的报纸,多半是攻击政府,满腹的忿气,得机会就发泄出来。在政府方面,则视报纸为眼中钉,恨不得一概铲除净尽。不过终久是有所顾虑,不敢冒天下之大不韪,公然取消报纸。可是前些年政府和报纸所发生的冲突,不可胜计。前辈的报人遭受牺牲者,也很不少。

现在情况与往时不同,政府是人民的领袖,人民与政府合作。报纸的所谓"有闻必录"及"尽监督政府之责"等作用,都提不到话下。不过新闻事业的性质与记者的责任,似乎仍有使之再加鲜明的必要。

目下世界之新闻事业,约分两种性质,此两种组织,精神上不尽一致。一种即前述之"言论自由"主义下的报纸,此种报纸亦可名之曰"新闻纸",其主要精神,趋重自由。报业报人,都认为自由发表主张,为其应有之权利。另一种则为在政府指挥下负宣传责任,日本之所谓"报道",比较近似。此种组织之下,所有报纸之通讯社,差不多成了政府的特设机关。其所发新闻及所著之言论,应当替政府发挥政治的效用,不得有违背政府意旨之言论或意见。此二种组织,在世界各国中,业已有极分明之界限。美国、英国及战败以前之法国,皆为采取前一种制度者。德意日系采取后一种制度者。战败以后之法国贝当政府,亦似已采取后一种政策。

为吾国打算,吾国既系民主政治之国家,则"言论自由"似不可废止。不过言论自由亦须有相当限度,像前些年报纸之攻击政府,绝不得再行之于吾国。同时为调整全国之精神的力量,期使上下一心,朝野一致,亦亟应统一思想,集中主张,一致向前推进,盖非如此不足以挽救国家之危局而谋早日复兴也。若然则折衷上述两种组织,岂为吾国最适当之方针乎!

综合言之,吾国之新闻事业可以保持旧有性质,而在宣传政策上及指导人民的方针上,概应服从政府之领导。

政策决定之后,人事的调整,亦极必要。所谓人事调整者何,即全国报人,皆应有一致之步骤是也。为达此目的计,国家似应有训练新闻专业人才之设施。无论何种事业,均应时时进步,而所需人才,直然如流水一般,前赴后继。于是为补充阵容计,不可不长期设置训练机关,换言之,即训练新闻人才之学校是也。

往者吾国对于新闻人才,向无专门之教育机关,偶尔有之,亦多为法人团体所设者,政府当轴尚未顾及此事。但是新闻事业关系国政极重,国家对于新闻事业,既有一定之政策,则最根本办法,莫善于由国家设立新闻学校,由国家规定训练方针,由国家施行训练。军事及教育为国家之要政,故有军官学校及师范学校以训练人才。新闻之重要,实不亚于军事及教育,故新闻教育,亦诚不可忽也。

载《记者月报》,创刊号,1941年3月

黄天鹏

新闻记者之教育

新闻记者位置之高贵与责任之重大,已为一般人所公认。新闻事业降至今日,也有显著的长足的发展,经营的方针和制作的方法,都有惊人的进步。自然需要着专门的人才来办理较善的新闻纸。于是而有新闻教育的产生。最早的要算英国,伦敦大学最先办有新闻学科,而较盛的则为美国,较科学的要算德国,可是特别的却让俄国了。现在一般人注意的是美国式。美国在1869年的时候,华盛顿大学当道因鉴于学生有志从事印刷业及新闻业者,有施设职业教育的必要,而假借印刷公司的工场,给学生以关于印刷及新闻纸制作的实习,当时社会很多藐视这种设施,以为新闻从事者不必施行职业的教育。当道不顾舆论的毁誉,而努力着手建设,终于立下新闻教育的基础。

新闻教育的呼声日高一日,先觉的人士渐渐地认为新闻职业教育有实施的必要。Pennsgluania首先开办新闻学科,以实际的训练为主眼,以定施教的方针。学科的内容,述要如次:

一、新闻纸制稿的实习——新闻的制稿,原稿的编校,论说的作法。

二、时事问题的研究——研究或讨论当时发生的各种重大问题,并将此种问题撰为论说。

三、新闻纸的历史——新闻纸的起源、变迁,以及对社会文化的影响。

四、新闻纸的制作术——关于编辑方面的实习,以及社论编辑采访各部记者的责任与作用等。

后此数年,其他大学也有同样的设施,以校刊为实习的机关。至 1909 年密苏里州立大学听从新闻协会的劝告,始正式开办新闻学院 School of Journalism,院长威廉博士对新闻教育的意见,约如下列所记:

新闻学院所授的学科,主要为新闻纸发达史、新闻纸原理、新闻社行政、新闻论理、新闻的采访与报告、社论的撰述、通信练习、新闻纸法、比较新闻学、新闻纸制作等,以上包括关于新闻纸的原理及实际技术。此外授以新闻记者所必要的外国历史,英文学,社会学,经济学,政治学,心理学等。密苏里大学的新闻学院的特色,即在有新闻纸制作的实习科,凡经此训练者必较他人可就更大的任务。

这不过初期的雏形,此后随着新闻科学的发达,设备与课程,较为完善。同时华盛顿哥伦比亚各大学,都有新闻学科的增设,不过着重养成优秀的访员与编辑人这二点略有不同罢了。关于此,哈佛大学校长对养成新闻记者必修的课程,发表左列的贡献,在新闻教育上有很大的影响。原文如下:

一、新闻社行政——新闻社的组织,发行者的任务,新闻社的财政,国内外通信网的设施。

二、新闻纸制作——印刷机器学,油墨纸张研究,编辑的艺术,印刷的手续,校对的方法,活字的铸造。

三、新闻纸法理——著作权,毁谤罪,出版法,新闻纸的权利与义务,发行人,编辑人,社论记者,访员,投稿者等人的责任。

四、新闻纸的理论——新闻记者对公众所负的责任之意义,新闻从业者对出版自由的赋与权的认识。

五、新闻纸的术语及文法——新闻纸的惯用语,句点,省点,装订及特殊文字。

六、新闻纸的实习——新闻的报告,通信与社论的作法,原稿的点定。

七、关系重要科目——现代史,政治学,经济学,地理学,财政学。

各大学的新闻科的科目,大部分是依照上述这个标准而略加以变通的。另一方面还使许多在职的新闻从业者,有获得更高深的知识的机会,而在大学中设有新闻速成科,原名为 Short time Course,或称为新闻周 News paper

Week。这新闻周是各处的新闻记者集到主[办]的大学来,来听著名的新闻纸及杂志的经营者及主笔们的经验谈,或作实际上的交换意见,讨论各种问题,以收集思广益的效果。各大学且进而召集新闻记者大会,以讨论编辑营业印刷及其他关于新闻纸的改善事项。近来更形分化,而有农业新闻,商业新闻等的独立。而且注重实际,着眼在职业的训练。这种美国式教育在世界上很有势力。

在东方新闻记者的教育,已急起而直追欧美了。对于要作新闻记者的,应给与一种完善的职业教育,已为一般人所承认。在中等教育也已有加进新闻学一门为必修的课程的动议。最低应给与中学生以"新闻纸是什么"的概念,但许多教育者不但不授新闻记事怎样的写法,甚而也不教给怎样的读法,还有些认新闻纸在学生是徒费光阴的。这偏见的造成,是由于(一)教育者缺乏关于现代新闻纸的智识,(二)误认新闻纸将给学生以不良的影响,(三)教育者关于新闻纸的制作及选读,未曾受过相当的教导的缘故。基此三因,相当的新闻教育训练要实施在中等学校内,似乎一时不易办到。但在教授作文时,顺便教给新闻记事的写法,养成对消息的趣味,及对事物有一种精确的观察力,使中等学生有敏捷的思想及写作的流利清新,则对新闻自然有若干的兴味,而欣悦的从事这种新闻纸的模仿,而逐渐的注意,最低对新闻纸有选读的趣味,将来到大学的时候,对这一门已有相当的基础,必[获]更大的成效了。

根据上面的理论,大学或专门学校的新闻教育,已成一种职业的教育。而在中等学校内则作为作文方法来教授,教师应有下列的心得:

一、引起学生对于作文更有嗜好心,而养成其写作的力量。要点:(A)要多读,多闻,多见。(B)所读所闻所见的,要引起写的心。(C)自己所写的东西,不但要供给读者,而且要有左右读者的力量。(D)作品不独要得到教员的好评,而更须着公众的共同赞赏。(E)由新闻作品,而增加其对别文章的评判力。(F)有评判思想价值的能力。(G)对于见闻的搜集与制作,要发挥独创的心力。(H)有相当的印刷的智识。

二、增加学生的观察力,教授的注重力有三点。(A)精确地理解一切事物;(B)对事物抱着善良的观念;(C)从新闻纸的纪事,进而对高尚的文学有憧憬的心影。

三、使学生认识新闻纸是指导公众的公共机关,对新闻纸的发达,而对于社会的影响,也有适宜的学识。且授以新闻的分类,选择新闻纸的种类智识。

总之,在中等教育里面,教员不必存了要养成一个新闻记者的观念,只要使学生对新闻纸有一个正当的认识,或引起相当的兴趣就够了。关于新闻纸教授的方法,再为具体的申说,约如下面所记述的:

1. 关于新闻纸的实习——从[重]要的新闻纸及杂志,专门刊物特别纪事,或其他时事的重要问题,试问学生。其次使学生注意于事件所包涵的根本事实,使其找出症结,因什么这些事件值得记载。还要分解记者怎样表现的方法,若在纪事中发见了特殊语,则使学生记于杂记簿上。而写作时即能利用此种特殊的语句。实施新闻纸教育的学级,特仿新闻社的二大部门,即编辑部与营业部。两部的部长,或学生互选,或指定适当的人物都可以。部长的人物既定,也已有相当的组织了,由部长与教员协商部务,决定各部的人员及各部员所担任的工作。而合力来创办学校新闻,或类似学校新闻一类的刊物。最好得到当地新闻社的助力。方法约有数种:(一)地方新闻纸有空时,即商借其机械,由学校新闻学生自行印刷,以资练习,而完成关于印刷方面的学识。(二)有机会则谓地方新闻纸特辟一学校版,以为相当的实习机关。(三)地方新闻如不能特辟一版,则在教育页或其他地位设一特别栏,也是很好的。这学级为研究起见,每星期要有二三次集合,请教员来讲评或新闻记者来作特别的演讲。这些都可酌量情形为适宜的办理。

2. 新闻学级的设备——中等学校要施行新闻的教育,不能不有相当的设备,在可能的范围内务须设一特别教室,室内的椅子的配置,也模仿新闻社编辑的格式,当然要设电话,电话簿,人名录,职员录,地图,与各社的新闻纸以备参考。总要有一个像新闻社编辑部的雏形。

3. 营业部的任务——新闻社的能够成立,大半靠广告的收入,这项收入差不多要占全部营业的三分之二。学校新闻虽然不是营业的,但既有了营业部,就要像营业样的经营,也是极有趣味的事。营业部的部员,要从学生及校友中招徕订阅者,日谋怎样去推广销路制成读者的统计表。只由读者购买力的收入,到底还不足以与纸费和印刷费相抵偿,所以也要兼载广告。广告费以发行额为标准,在能抵偿新闻纸三分之二的程度,可向学校有关系如书店、体育店、衣服店等招揽。或由广告代理社也可,发行也像新闻社的样子做去,也有相当的广告费可以收入。若是广告费及新闻纸费不足以维持营业的时候,可请校友的捐助或学校的辅助。

4. 新闻纸制作的心得——关于制作方面,约有下列几点要注意的:(A)纸面的体裁如何配置,先考虑记事的轻重前后,插图的位置适否,活字大小的调和,以给予读者以一入眼的快感为第一印象。(B)广告的配置也与新闻纸的体裁关系甚大,所以不能为图省事,而委之印刷所,应自行编制,使适合于美观。(C)标题的艺术,原稿的校阅都须自行担任,由学生负责,教员指导之。(D)在学校的立场上,应先注意什么是新闻,而为学校新闻的选择。决不可学一般新闻纸的办法,而以政治经济社会等消息为主要。(E)访问的方法,也要应用,不过只于学校一方面罢了。(F)作社论也与新闻记事同一样的重要,对学校事及教育事件来作自由的论评。

像上面这样的做去,一般国民在中等学校时代已有适宜的新闻教育了。进了大学,选读其他科学者,对新闻纸已有相当的认识。若再进入新闻学系,则已有良好的基础,不用说有更浓厚的兴味或更大的造就。

* * * * *

前面这些论新闻的起源及美国式新闻教育的状况,而尤注重中等教育的施行新闻学理,是从后藤武男的《新闻纸讲话》编译的。本来拟在《报学月刊》发表,后来该刊停刊了便搁下了。现在翻来重读一篇,觉得还有提倡的必要。就修正付《新学生》发表了。

本来我国知道有新闻教育有起头,最初是全国报界俱进会提议设立新闻学校,那时是民国刚刚成立的时候,大家还不甚注意,所以不见实行。到了七年国立北京大学才设了新闻学研究会,课程中增加了新闻学这一门。主持的人物是徐宝璜教授,徐氏本来是个留美的学生,在美国受新闻教授的影响很大,这才立下新闻教育的基础。到了十一年北京平民大学才正式开新闻学系。南方的圣约翰大学也有报学系的开办,这几年各大学才相继的有新闻系教育。到了现在较有规模的,在北方要算燕京大学,这是中美合办的,经济很充满,设备也还完善,这是一种美国式的教育。在南方的要算复旦大学,为国人自营的唯一新闻系,在精神方面很可钦佩的,他负这创造新的 Journalism 的责任养成新闻从业者为目的,夺勇的向前做去,这正是目前所最需要的。关于实施的情况,该系的主任谢六逸著有《新闻教育的重要及其设施》一册,可供有志的人士的阅读,这里不多引了。总之,新闻教育到了今日已为大家所公认是很需要的,而到了实施的时期。

载《新学生》第 1 卷第 5 期,1942 年

黄天鹏

四十年来中国新闻学之演进

假定前后两个时期四个段落之年度：
前期　新闻学的启蒙与建设运动
第一，新闻学术启蒙时期（维新运动—五四前夜）
即清光绪二十九年（1903）到民国六年（1917）
第二，新闻理论建设时期（五四前后—北伐前夜）
即民国七（1918）到民国十一年（1922）
后期　从言论自由到新闻统制
第三，言论自由纷争时期（北伐前后—国难前夜）
即民国十二年（1923）到民国二十年（1931）
第四，战时新闻统制时期（国难以后—抗战期内）
即民国二十一年（1932）到民国××年（战事结束）
——新的新闻学理论之启示及新闻事业之建设！

一、引　　言

新闻学是现代新兴的科学，并没有悠久的历史，在我国因为新闻事业的落后，到了前清末叶，才奠定他在科学中的位置。

中国第一本新闻学专书出版到现在,已经四十个年头,这三四十年来,关于新闻学的著述,就我个人所搜集的,专著期刊约七八十种,论文约三四百篇,参考资料也剪编了二十多本,可惜个人二十年来的珍藏,均毁于敌人的炮火。这几年来从事党政的宣传指导工作,研究工作早已荒废,现在来讲新闻学演进,手头没有多少材料可以引证,只能画个大概的轮廓。

这四十年新闻学的进步,为叙述方便起见,假定分为前后两个时期,即[前二]十年分为"启蒙"及"建设"两个阶段,后二十年分为"自由言论"及"新闻统制"两个中心,现在分别论述如次:

二、新闻学术启蒙时期

前清光绪二十九年,即公历一九〇三年,商务印书馆译印日人松本君平的《新闻学》一书,为我国有专门研究新闻纸著述的起头。这时正当中日战后,朝野力图自强,广征善后的方策,而普设报馆,以通民情,尤为时贤所主张。庚子之役,君民受痛既深,维新之说盛行,乃设官报,使人民明悉国政。其时"时务"、"清议"、"苏报"等,先后风行内外,国人重视报纸之心既起,于是研究新闻纸之学术的需求以生。这时,欧美新闻学已经了二三十年的探讨和阐扬,已卓然成为专门的新科学,流传到日本,不久便被介绍到中国来。

就一般学术史来说,一种学术的发达,总在其对象发展到相当时期以后。中国官报的滥觞,远溯汉唐的邸报,即以近代而论,清嘉庆二十年(一八一五)发行的《察世俗每月统纪传》已具有现代报纸的雏形,到光绪末年已有八十多年的过程。报纸既成为一种开通民智,宣传政治思想的利器,以科学的方法研究新闻纸的理论和实际问题求得完满的解答的新闻学的产生,自有其时代的意义。

可是社会上对新闻记者的职务,仍缺乏正确的认识,多认为无聊文人的末路生涯。即新闻界本身也多认为报社就是新闻人才的养成所,对于新闻学成为一种学术,自然也成为疑问。松本君平原著中有卯田一篇序,开头好像是说:松本君平以新著《新闻学》一书要我做序,我听了非常奇怪,"新闻亦有学乎?"我做了二十多年的新闻记者,从来就不知道有新闻学这回事。后来经松本君的解释,才觉得新闻纸已经成为一种新学问,做新闻记者确应先研究新闻学。全文大意如此,其实何曾只在日本明治维新时代社会观念如此,即在我国[前]清末叶的新闻界及学术界,也何曾不是如此?

隔了几年,就是光绪三十二年(一九〇六),清廷以有志之士,多借报纸以鼓吹革命,民党的《民报》尤为革命言论中心。乃仿日本例,颁布大清印刷物专律,翌年又颁布报律,以[钳]制报纸言论,取缔反政府的宣传。这时报纸杂志渐有研究或译述新闻纸上各种问题的论著发表。宣统二年,全国报界俱进会在南京成立,对于新闻界的当前困难,寻求适当解决,而解决之道,有需于学。新闻学的重要,始为从事新闻事业的人士所认识。

在鼎革以前,"新闻学"虽未为学术界所重视,但"时务文章"已脱离文坛宗主——桐城派、阳湖派,在文学界别树一帜,为新闻文学的先河。梁启超曾自述说,他为文不欢喜桐城派,初学晚唐晋魏的矜练,此后自为解放,务为平易畅达,杂用排偶长比,号新文体。这种文体有条理,又畅达,有情感,易动人,已寖成文坛的主流。文学史上称为"报章杂志盛行,而新闻文学以兴"即是。

民国成立后,全国报界俱进会在上海举行特别大会,有设报业学堂以造新闻人才,设造纸厂以求自给等案。二年上海广学会刊行史青译的《实用新闻学》,提供采访编辑各种实际问题的解决方案。三年袁世凯公布报纸条例及出版法,随后帝制问题发生,新闻界展开轰轰烈烈的斗争,而出席世界报界大会的代表的报告,尤给予新闻界一种新的鼓舞。新闻学术不但成为一种科学,同时也是一种专门教育,在萌芽中的中国新闻学,才踏进一个新的时期。

从前清光绪末年(一九〇三)到民国初年(一九一七)这十几年间,姑且称之为中国新闻学的启蒙时期。

三、新闻理论建设时期

民国七年(一九一八)国立北京大学添设新闻学一课,延教授徐宝璜氏主讲,并设立"新闻学研究会",徐氏早年留美兼治新闻学,对于新闻学的造诣极深,后来集其演讲稿辑为《新闻学大意》一书,才奠定中国新闻学理论的基础。

在此以前的两本新闻学专书,都是译本,虽说学术没有国界,但新闻纸却有两种特质:第一是民族性,东西的风俗人情趣味都完全不同,在新闻的认别上,就很有差异,例如西洋的新闻界说,在我国就不大适用。第二是文字性,西洋的拼音字是横行的,中国的方块字却是直行,标题组版各方面,都有很大的不同,至于经营管理设备等等,物质和技术上至少相差数十年,还在其次,中国实在需要一种适合国情而切合新闻界实际应用的书。

徐氏根据了上述的需要,参考了西文百数十篇专著,及十几篇中文资料,著述了一本《新闻学大意》,对新闻学的定义,新闻的界说,采访,编辑,社论以及广告,发行,工场设备等等,都有概要的叙述,与正确的解释,原书不在手头,没法详细的引证。这本书在民国十九年徐氏逝世的时候,我曾给他增订,改为《新闻学概论》再版印行。

接着八年五四运动,新思潮澎湃,新文化高唱入云,崭新的新闻学,自然受到广大的注意。新闻记者在这新时代中,单靠他一枝"起承转合"的笔是不很行了,他记事需要选择新闻中心,运用技巧,编排需要剪裁配合,出奇制胜,而抉择弃取之间,尤需要丰富的智识。他论政,那种"策论式"已感到不够,他对每一问题需要透澈的了解,犀利的观察,超越的判断,这在在需要研究,即经营方面如广告的招揽,发行的推广,印刷的改进,尤其迫切的是同业的竞争,不能不加应付,环境迫着他研究学问——新闻学。九年上海圣约翰大学筹设报学系,至此新闻教育才在南北开其端。

十年世界报界大会在檀香山开二次大会,接着美国密苏里大学新闻学院院长威廉博士的东游,英国报界巨子北岩爵士的来华,前者给新闻学术一种新的启发,后者给新闻事业企业化的一种策励。威廉博士在北大讲演说:"中国为印刷术最先发明的国家,世界若没有印刷术,新闻学绝对不能发生,所以我在中国谈新闻学,犹如小儿女向母亲报告晚辈之经验,同为一最有趣的事件。"我受了很大的感动,开始研究印刷的方法,因感到西文排字的简捷,中文则烦难百倍,曾用了三个月时间,计算康熙字典全部字数和报纸常用字的分析,我想报上常用字六七千字,要中学程度以上才能看,怎样能减到三四千字,使一般国民都能懂,尤其部位的排法,怎样才能简单迅速。可见威廉博士此行对青年影响的一斑。至于北岩爵士的东来,他曾讲述在领导英国舆论的经验,启示几个报界中心人物此后的作为,中国新闻带来托拉斯化的发端,与此不无关系。

在这几年中,几本销行较广的新闻学著述,如邵著的《新闻学总论》,任著的《实用新闻学》，以及我的《新闻与新闻记者》（这书有一小部材料后来辑入中华百科全书拙著《新闻学概要》），虽彼此对新闻学各部门的叙述繁简不同，但在理论上相当的一致，同时美日新闻学著作，也陆续介绍刊行，都发行到二三版。

这里不能不附带多叙述后几年的事，在北伐前后新闻学的研究热，各处都有研究新闻学团体的成立。专门刊物有张一苇（按张季鸾先生早年别署一苇，但创办新闻学刊者系另一人，而非张季鸾先生）、王基鸿和我创办的《新闻学刊》，以促进新闻事业，研究新闻学术为宗旨，为新闻界有专门期刊之始。北伐完成后移上海出版，改名《报学杂志》，继起的有《新闻周刊》、《报学月刊》等刊物多种。

在新闻学著述渐盛时，新闻教育也随之兴起。民七北大仅设新闻学课，还没有成系，九年全国报界联合会议决设立新闻大学，以造就新闻专门人才，促进全国新闻事业的发展，可惜议未成而该会已散，十年厦门大学成立，列报学为八科之一，十一年北京平民大学设新闻学系，聘徐宝璜氏为主任，正式开班教授，十三年燕京大学，十四年南方大学，十五年光华大学等，各设报学系，由美人聂士芬及戈公振汪英宾诸氏分别主持。而燕京与美国密苏里大学新闻学院合办之新闻系，及继起开办之复旦大学新闻学系，中央政治学校新闻系，尤为完善。复旦附设有新闻学研究室，我当时东游归来，执教该校，兼任室主任，该室除陈列中西文报纸杂志及新闻学专门著述外，于报纸制作之程序，自采访编辑印刷发行各部门，均有系统之说明，而附以各种资料器材及图表，以供学生之研究，中国新闻教育至是已有相当基础，而新闻学理论之建立，也渐告完成。

从民国七年（一九一八）到民国十一年（一九二二）就是五四运动到第一次北伐的五六年间，或延长至十五年第二次北伐的近十年间，姑且称为新闻学理论建设时期。

四、言论自由纷争时期

谈到新闻学的理论，不能不一述前一代新闻记者的贡献。我国文人向有一观念，书生报国，只有把笔刀当宝刀，报纸便是一种最新式的武器。鼎革前的力唱维新及宣传革命,五四运动的灌输新思潮提倡新文化,就是一种具体的表现。同时也曾遭受清廷的摧残,如苏报案的株连,以及改革后军阀的压迫,如捕杀记者,封闭报馆,反映到新闻学上就是一种"言论自由"的呼声!

在《新闻学论文集》中,我们可看到许多主张言论自由与反抗军阀压迫言论的文章,上海报学社且用"言论自由"来做会刊的名称。在这时期因军阀对言论自由的摧残,愈引起新闻界人士对言论自由的维护与发扬。在另一方面,也不无假言论自由之名以掩护他们另有作用的行为。其实,最自由的报纸如英美法各国,舆论监督政府,指导社会,凡在批评主张,都显出其威权,成为民主政治的特色,但事实上,并不如此,新闻事业是一种企业,需要广大的经济基础。英美是资本主义的社会,报纸都落入几个大资本家的手中,英如保守党商人的报纸,美如哈斯脱系的报纸,操纵舆论大权,见解主张都由其本身利益出发。法国的报纸更其低劣,这种言论自由,充其量也仅能代表少数阶级,与全民所要求的真自由相去还远。我在《报学杂志》上《英美新闻事业篇》有过详细的分析。

从清末与民初的报纸,是由政论本位(以宣传维新或革命为主)到新闻本位(以新闻为主已渐商品化),报界已渐走上托拉斯化的道上,报界已有大集团的形成,上海《申报》的主人受北岩爵士的影响,在民十八合并了对立的新闻报,在天津又控制了《庸报》,在杭州发行地方版,在汉口香港都有类似的办法,因为种种关系,计划没有完成而赍志以没。随后《时事新报》的新记主人,开始组织中国出版公司。我当时正任职该报,据该公司最初的组织,发刊晨刊(时事),夕刊(大晚报),英文报(大陆报)及通信社(申时社),通称四社,且附出版部,他将早晚报上的消息,由通信社以极廉的代价分给全国的民营报纸,有类似美国联合社的企图,不久因"违检"遭受挫折,整个计划昙花一现,后来胡氏的星系报纸,由南洋伸向国内,也没有完成,已断送在敌人炮火中。

我前在沪江大学讲述"上海新闻界",曾说过:我国所谓言论自由的报纸,向在沿海一带,尤其上海香港,几个大报,最初原不过是外报的华文版,后来由国人接办,在某种环境下,常常重挂洋商的招牌,他们办报的目标,不过视为一种生意经。经手的人半是买办式,媚洋崇洋的心理非常普遍,他们的言论和记载,既不能发扬固有的文化,也没有启发民族的思想,经营方面也不过如何获得洋商的广告,替洋人做宣传。所以广告分解了新闻版,广告新闻变成了本市消息。所谓自由还赶不上英美式的自由,结果也只有走上他们的覆辙。

在这言论自由纷争之际,也有若干论调,认为新闻纸不过是一种政治宣传的工具,在新闻学方面,也唱过所谓社会主义的新闻理论,不过这种论调没有完成,当头的国难已把这种理论粉碎。至于德、意视报纸为统治阶级工具,自然更不足道。

从北伐前后(民十一年至十五年)到"九一八"(民二十)这近十年间,或再推前数年计算,姑且名之曰"言论自由纷争时期"。

五、战时新闻统制时期

"九一八"事变后,敌人的侵略凶猛,反映到新闻界上,在国家方面是新闻管制之建立,在报界本身是言论自由说转变而为舆论的统一,即"国家至上"、"民族至上"国论的形成。这转变在新闻界翻了一新页,几本战时新闻学的书,都是最好的证明。

在从前北京政府时代,虽有若干官报,但新闻事业大都是民营——自由发展。而外人通信社及报馆,尤占不少势力。二十一年中央注意及此,决意整顿党营新闻事业,扩充中央通讯社,为国家发布新闻的机关,改组中央日报以为各地党报的楷模。同时公布直辖报社组织规则,统一编制及管理指导。二十二年中央公布重要都市新闻检查办法,及取缔不良小报暂行办法。二十三年行政院通令《新闻报纸检查期间不服检查之处分办法》,以后新闻检查法令,续有颁布扩充,执行机构组织也渐完备。新闻之发布既由中央通讯社负责,舆论之运用又有主管部为之指导,更有检查以济其穷,政府管制之政策,至是已渐收实效。五届三中全会复有新闻政策之决定,以三民主义为全国报业之总准绳,以完成民族独立,实现民权使用,促进民生发展为总目标,对全国报业,为有效之统制,必要时得收归国家经营之。这十年来,中央在管制方面确有不少的努力,如党报系统之确立,新闻广播之指导,以及二十八年重庆各报联合版之试验,均其著者。

过去新闻界向以"言论自由"为号召,对于国事之论述,亦每以敢言自豪,对于新闻之记载,则以竞先发表为敏捷,此在平时,尚鲜流弊,一至战时,则每使国族遭受不可补救之损失,故向例各国多施行战时统制之制度。我国自国难以来,新闻检查日见严格,尝使新闻界感受多少损害与困难。惟年来国难已深,新闻界已在国族利益高于一切的大前提下,为争取国家的大自由而奋斗,虽牺牲本身的自由亦所不惜,这样,便贯彻了国策,造成了举国一致的舆论。

在新闻阵容中,我们鉴于英美之所谓言论自由,既不过少资本家或政党之护符,德意之法西斯统制,报纸又成为少数统制阶级的工具,而苏联之国有政策,也全为阶级利益而努力,都不是我们所需要的。在三民主义之共和国中,我们需要一种适合于新时代的新闻理论与新闻事业。中政校新闻系主任马星野氏,曾主张根据中央文化事业计划纲要所订定三项原则:即(一)根据总理"保持吾民族独立地位,发扬我固有文化,且吸收世界文化而光大之"之遗训,择善取长,以建设我民族健全久远之文化基础;(二)本三民主义之原则,以文化力量建立全国民众精神上之国防;(三)对于一切文化事业,切实负起保育扶持之责任,以督促指导奖励及取缔等方法,除莠培良,促成协同一致之发展。又该项纲领二十条中,其与新闻事业直接有关的,如第十六条"集中新闻界之意旨,使在民族意识之下从事新闻事业之改进,并由中央注意新闻人才之训练";第十七条"严厉取缔不利国家或有伤风化之记载与广告"。本此原则所指示,本建设新的新闻学,重新估定新闻的价值,与经营的方法,使新闻事业尽其服务人群的责任,创造合于人类理想的文化。我们希望马氏的新著,不久问世,以供新闻界人士的研讨,共同来建设这新时代的新闻学。

从国难以后(民二十)到抗战期内(即战事结束之时)的十几年间,姑且称为战时新闻统制时期。

六、结　　论

总之,在这四十年代中,我们要重新认识报纸的作用,固有报道消息,领导舆论,但最大的目的,仍在推动文化,服务人群,国营报纸的充实扩充,民营报纸的整理辅助,都需要有力的创导。我希望十年后我来论述《五十年来中国新闻学的演进》的时候,一种崭新而完美的"新闻学"理论已经完成,就是撷取欧洲大陆学派的偏重学理与美国式教育的趋重实际技能两者之长,适合本国的文化及政治经济社会新形态的新闻学术已经完成,领导新的新闻事业进入新时代,使每个国民都有合乎理想的精神食粮。

(按此文为本人在中央政治学校讲演笔记稿,其中若干点尚须引证原书改正或补充,在此兵荒马乱中,只能期诸抗战胜利东归之日矣!天鹏附注)

载《中国新闻学会年刊》第1期,1942年9月

张学远

中央政治学校的新闻教育

本校办理的新闻教育,概论的说可分三部。一是新闻学系,二是新闻专修班,三是新闻专修科。新闻学系是本校大学部的七系之一,修业四年,开办迄今,已有八年历史,前后毕业人数还不到六十。新闻专修班,是二十九年本校与中宣部合办的,分甲乙两组,甲组是训练各党□实际工作者,施以六个月的短期训练,一共开办两期,乙组是招收专科以上肄业学生,训练期间为一年,两组毕业人数有一百三十余人。新闻专修科,是去年新办的,招考高中毕业生,修业两年,该科的学生现有四十二人。

因为修业年限与程度的不同,教育方法也就各异。

新闻专修班的学生,多曾做过报馆工作,而在校的时间又只有六个月或一年,所以他们的训练只得注重下列三方面:即(1)本党宣传方针与新闻政策的认识。(2)新闻学的重要原理原则的学习。(3)有关报业的实际问题的探讨。第一部分是请党国先进,新闻界前辈,指定题目,特约演讲;第二部分是聘请教师分别教授;第三部分,则由学生组织讨论会,以相互批评,相互探讨。

新闻系的修业期间,共有四年,所开的课,自也两样。兹为清醒眉目,节省篇幅,特附四年课程表于后,并加以简单说明。

一年级

课程	党义	国文	英文	中国通史	西洋史	政治学	经济学	哲学概论
钟点	二	四	四	三	二	三	三	二

二年级

课程	国文	中国政治家传记	中国政治史	国际问题论文选读	新闻学概论
钟点	三	二	三	三	[三]
课程	新闻写作	无线电学	各国政府	民法概论	速记
钟点	一		三		一

三年级

课程	编辑与采访	社论研究	英文（上、下）	中国经济问题（上、下）	中国财政问题（上、下）
钟点	二	二	三	二	二
课程	国际公法（上、下）	西洋外交史	日本问题（上、下）	新闻法令（上、下）	报业管理与组织
钟点	三	三	一	一	一
课程	新闻画（上）	英文朗诵及会话	应用文（上）	人文地理（下）	
钟点	三	一	三		

四年级

课程	新闻事业史	杂志文	中国外交史	英文 叙述文（上） 评论文（下）	英文练习	社会学（上）
钟点	二	一	三	三 三	二	三
课程	中国社会问题	中国经济地理（上）	专题研究	工商管理	社会心理	
钟点	二	三	二	二	二	

上面这个课程表,是根据三个原则厘订的:(一)文字是新闻记者的基本工具,四年的时间,虽不算短,要想求得高深的学问,足以应付任何工作时间所遇到的困难,究竟是不可能的。但若对于文字有了极好的锻炼,毕业后还

可自动去研究他所要研究的学问，不致无门径可走。所以国义英文，在别的学系，只第一年开课教授，而新闻系却四年内都有这两门功课的教授和练习。（二）新闻记者所遇到的问题是多方面的，一个成功的新闻记者，必然是既博且约，有常识也有专长的，专长的涵养，是学生自己的兴趣问题。常识的灌输，却是教育的任务，所以新闻系四年的课程中，社会科学的分量最多，计占全课程的百分之五十以上。（三）新闻记者不单应当是学问家，还应当是事业家，所以对他们的课外活动，特别注重，活动的中心，就是"新闻学研究会"。这个会已有八年历史，在本校学生研究会中，算是组织最大，成绩也最好的一个，无论系、班、科的同学，都是研究会的会员。会的经常工作，就是收集资料，集体研究，发行书报等，他们在南京会创办"中外月刊"，在芷江曾接办《芷江民报》，到重庆曾举行"世界报纸杂志展览会"。编辑学校的校刊（旬刊），在目前，他们编有《新闻学季刊》，为国内有数的新闻学术刊物。为了联络校内外会员的感情，与交换情报，他们又编有《会务通讯》月刊。

  新闻专修科的课程，与新闻系大致相同，不过分量较少而已，兹不赘述。

  中央政治学校是本党的最高学府，他的使命，在为党国培植政治干部，所以他办理的新闻教育，也不与一般大学的新闻系相同。这一点，校长蒋总裁曾有明白指示，总裁说："我们的宗旨，在于阐扬主义，宣传国策，来完成我们抗战建国的使命"，"我们要抱定宗旨，始终贯彻，来改良中国的新闻事业，树立三民主义的文化基础"。这就是中央政治学校办理新闻教育的特殊使命，也就是中央政治学校新闻教育的特殊精神。八年以来，因为教材师资与夫环境之诸般困难，这个使命，虽未能达成万一，但这特殊的精神，确是巍然不移的铸成了！我们相信，只要锲而不舍，继续努力，终必有成功之一日。

载《中国新闻学会年刊》第 1 期，1942 年 9 月

卜少夫

谈新闻教育

威廉博士（Dr. Walter Williams）曾经有句名言：牛奶、面包、新闻纸，同为一现代人每日最重要之生活必需品。其实，自有人类历史以来，没有一天世界不在新闻的范围中，不过那个时候人们还没有注意到，而且辨别到这就是新闻的活动，新闻的作用；此外，表现方式也还没有专门化、定型化、复杂化，所以，也不能形成一个固定的概念。比如，最初的人类，生活很原始，茹毛饮血，穴居野处，可是他们听到某处海边有大鱼虾，某处山中有大狮虎，某处森林里可以蔽风雨，他们便会成群结队地出发，去狩猎，去勘察，以便解决生活上的需要，这个无意或有意发现上述情形的报告人便是记者，而他的报告方式，可以称为口头新闻。这一种概念，在当时的人类中，是毫无影踪，不可想象的。我们在今日，翻读最古的记载，而能明了一点最古人类的活动情形，有不少地方，确系受赐于这些口头新闻的记者。自从经过了结绳，创造文字以来，新闻的报道传布，才一天天有长足的进步。人类与新闻的关系更密切，人类需要新闻的程度更广大更迫切，新闻在人类中的力量也更广大。原因很简单，科学的进步，世界已不再有空间的阻隔，无论生命、生活或是生存，人类彼此间的关系非常密切，非常复杂，彼此的活动当然需要知道得非常迅速，非常清楚，非常详细的了。

今日世界，我们可以下如此一个结论，即凡是新闻事业最发达的国家，也必然是最进步而人民知识最普及的国家,也必然是生命、生活或生存等问题获得相当基础的国家。

过去新闻教育鸟瞰

中国之有近代正式的新闻纸,不过百年间的事。最早的一种,为在马六甲发行的《察世俗每月统记传》。至于在中国境内印行的,当推马礼逊之《东西洋每月统记传》与麦都思之《选特撮要》,时间约在嘉庆季年。至于新闻教育,则历史更为短促。从民国七年徐宝璜先生在北京大学创设新闻学研究会,并添设新闻学课程,作为选修科目计算起,到现在也不过二十五年。这个二十五年中,国内各大学及新闻机关,虽曾分别创办新闻学校或新闻系,大都限于人才与经济,此生彼灭,兔起鹘落,而能继续进行,始终不懈者,毕竟属于少数中之少数。兹分别作一调查表统计如下:

全国新闻教育机关调查一览

名　称	所在地	主持人	开办年月	附　　注
国立北京大学新闻讲座	北平	徐宝璜	民国七年	初由学生创设新闻学研究会,为中国最早注意新闻学术机关。
圣约翰大学新闻学系	上海	卜惠廉	民国九年	该系由该校教授卜惠廉(W. A. S. Pott)在教务会议中提议设立,附于普通文科内。初聘当时密勒士评论报主笔毕德生(D. D. Patterson)兼任其事,民国十三年始由武丹(M. E. Votan)来华主持教务。
厦门大学报学科	厦门	陈嘉庚	民国十年	初创时仅有学生一人,民国十七年聘孙贵定为主任,次年停办。
平民大学新闻学系	北平	徐宝璜	民国十一年	该校为我国正式有新闻教育之始。
民国大学新闻系	北平		民国十三年	
国际大学新闻系	北平		民国十三年	

(续 表)

名 称	所在地	主持人	开办年月	附 注
燕京大学新闻系	北平	白瑞登、聂士芬	民国十三年春	该校与美国密苏里大学交换教授与研究生,中间一度停顿,直至民国十八年夏始复兴,聂返国后,由梁士纯任系主任。
南方大学报学系	上海	汪英宾	民国十四年春	
光华大学报学课	上海	汪英宾	民国十五年	
国民大学新闻学部	上海	戈公振	民国十五年	该校聘徐宝璜、邵振青(飘萍)等为教授。
大夏大学报学专科	上海		民国十五年	
中国新闻学专门学校	广东	谢英伯	民国十七年秋	该校初名中国新闻学院,后改此名。
民治新闻专科学校	上海	顾执中	民国十七年冬	该校初名民治新闻学院,民国二十二年改称民治新闻专门学校,二十六年又改称民治新闻专科学校,分正预二科,设编辑、采访、营业三系。
复旦大学新闻系	上海	谢六逸、程中行	民国十八年秋	该校于民国十三年秋时于中国文学系内附设新闻学组,直至十八年秋始正式成立。沪战后该校迁渝,新闻系聘中央日报社长程中行(沧波)为系主任。沪校虽仍继续办理,但不招新生。
沪江商学院新闻科	上海	张竹平	民国廿一年秋	该校与四社(时事新报、大晚报、大陆报、申时电讯社)合办,民国二十年秋开办训练班,次年秋始正式成科,初聘汪英宾为主任,后聘黄宪昭为主任。
江南学院新闻专科	上海		民国廿二年	

(续 表)

名　称	所在地	主持人	开办年月	附　注
民国大学新闻专修科	北平	曾铁忱、吴秋尘	民国二十二年	该校初由曾铁忱主持,继由吴秋尘主持,后由张友渔主持。
北平世界新闻专科学校	北平	成舍我	民国廿二年四月	该校系北平世界日报及南京民生报合力创办。
上海商学院新闻专修科	上海	赵君豪	民国二十二年	
中央政治学校新闻学系	南京	马星野	民国廿四年秋	该校于民国二十年派生赴美,二十三年在外交系内设新闻科,二十三年冬决议设立新闻学系。
群治大学新闻学系	上海		民国二十五年	
新中国大学新闻学系	上海	卢锡荣	民国廿六年九月	该校新闻系名存实亡。
中华第四职校新闻科	上海	瞿绍伊	民国二十七年	该校开办一学年即停办。
华美新闻专科学校	上海		民国廿七年九月	该校仅办一学期即告停顿。
循环新闻专科学校	上海		未开办	
苏州新闻专科学校	苏州		民国二十四年	该校为苏州早报所发起设立。
法政学院新闻专修科	上海	李南苾	民国廿七年九月	该校本校设有新闻学课程,专修科开办一年即告停顿。
中国新闻学院	香港	郭步陶	民国廿八年二月	该校为中国青年记者学会香港分会所主办。
致用大学新闻学系	上海	储玉坤	未正式开办	名存实无。
三吴大学新闻学系	上海	洪洁求	未正式开办	名存实无。
益友新闻研究班	上海	张季平	民国廿八年八月	该校为益友社主办新闻学讲座脱胎而成。

(续 表)

名　称	所在地	主持人	开办年月	附　注
现代新闻专科学校	上海	蒋寿同	民国廿九年二月	该校有专科速成二部，专科一年毕业，速成三月毕业。
新闻大学函授科	上海	周孝庵		
申报新闻函授学校	上海	史量才	民国廿二年一月	该校为纪念申报六十周年而创设。
济南新闻函授学社	山东	王笑凡	民国廿年二月	该社于民国十九年底向济南教育局呈准立案。
中国新闻学函授学校	上海	顾执中	民国廿六年	该校附设于民治新闻专科学校，但名义上独立。
香港新闻函授学校	香港			
桂林战时新闻工作讲习班	桂林	陈纯粹	民国二十七年	该班为中国青年记者学会所主办，教授有范长江、夏衍等十余人。
中央新闻事业专修班	重庆	潘公展	民国廿七年	该班为中央政治学校与中央宣传部所合办，六个月毕业。

上面所列的这张调查表，遗漏以及错误的地方自然很多，希望先进同业们能加以指正或补充。其次须要声明的，上表所举各新闻教育机关，俱系以专科以上学校及独立研究班为主，至于中学部的新闻科，如以前上海的景林中学，均未列入本表。

有人谈及中国的新闻教育之发端，往往指民国元年全国报业促进会所建议创设之报业学堂为最早；但是全国报界促进会的本身，并没有正式成立，因他的瓦解，报业学堂这个计划也未能实现。不过关于组织报业学堂提案的原文，作为中国新闻教育的文献之一，是有选录以为参考之价值的：

《组织报业学堂提案》原文

吾国报业之不发达，岂无故耶？其最大原因，则在无专门之人才。夫一国之中，所赖灌输文化，启牖知识，陶铸人才，其功不在教育下者，厥惟报业。乃不先养专才，欲起而与世界报业相抗衡，乌乎得？且报业之范围，固不仅在言论，凡交通、调查诸大端，悉包举在内而为一国一社会之大机关。任重责大,岂能率尔操觚?吾国报业,方诸先进国,其幼稚殊不可讳,一访事,一编辑,一广告之布置,一发行之方法,在先进国均有良法寓其间,以博社会之欢迎,以故有报业学堂之设。不宁惟是,且有专家日求改良,以济其后焉。吾国报业,既未得根本上之根本筹划,欲求改良,果有何道?土广民广,既甲于世界,若就人口及地面为标准,以设报馆,(先进国报馆取属人主义,满若干人口,应设报馆一;取属地主义者,有若干地面,应设报馆一。)则尚邈乎其远。通埠虽稍有建设,则势尚式微。今后若谋进步,扩张之数,正未可量。而能胜此重负,几何不先有以养之乎?谨此寥寥有数人才,流贯交通有数之地点,其有辅于国家社会之处,固属有限,即对于各本业专学之前途,究如何以有操胜之权,亦未必能也。某也目光所及,拟于根本上改良,爰公同提议组织报业学堂,敬候公决。

其次,为授予"报学士"学位一事,上海南方大学报学系规程内,曾规定凡报学系学生修完必修与选修各课满八十学分而经毕业试验及格者,则由该校授予报学士学位,此诚中国新闻教育史上最早有报学士之学府。至该校报学系及报学专修科之发起缘起,亦有转载之必要:

南方大学报学系及报学专修科缘起

  报业,高尚之职业也。惟其感化人民思想及道德上之重大无比,故亟宜训练较善之新闻记者,以编较善之报章,而供公家以较善之服务。报业之为职业也,举凡记者、主笔、经理、图解者、通信员、发行人、广告员,凡用报章或定期刊以采取预备发行新闻于公家者皆属之。本科之唯一目的,为养成男女之有品学者,以此职业去服务公众。

最后,须介绍民国九年全国报界联合会所议决之《新闻大学组织大纲》。截至目前为止,不仅我国尚无新闻大学之设立,即欧美各国,亦未闻有以新闻独立设立为一大学者,可见我国报界先进,识见远大,气魄宏伟,可惜当时全国报界联合会之一组织,未能顺利成立。因政治问题,人事关系,致昙花一现,随即瓦解,筹设新闻大学之议,自亦随之化为乌有,仅成为我国新闻教育史上之一名词而已。

新闻大学组织大纲

一、宗旨 A 造就新闻专门人才；B 促进全国新闻事业之发达；C 辅助国际舆论；D 输入新文化。

二、本大学由全国报界联合会选举委员五人，择定国内相当之大学筹备组织之。

三、本大学设立择定大学内，即名为某大学之新闻大学科。

四、本大学之经费，由择定大学与全国报界联合会两方合并凑足固定基金三十万元，存储生息，以作常年经费之用，以后视发达之程度，逐渐推广。

五、新闻学主要学科，由大学教授会定之。

六、本大学应附设函授科及周行科，使国内现在从事新闻事业及一般有志入学而不得者，皆得受大学同等之教育，并促进社会之文化。

七、本大学审经济之状况，应聘请国际著有名望得各国舆论信用之新闻学大家主持教授。

八、为谋本大学之发达起见，得设立各种名誉职，授与各方之热心援助本大学者。

九、本大学学员之收录，由筹备员与择定之大学协定之。

十、本大纲一切应行修改或未尽事宜，均由筹备员与择定大学两方协议定之。

以上所转录之三种文献：一、中国最早之新闻教育机关；二、报学士；三、新闻大学；足资吾人研究中国新闻教育者之参考。

过去新闻教育检讨

我们看了上章中《全国新闻教育机关调查一览》，我们又和若干曾经从事新闻教育的朋友们谈过，很自然的，便发现了过去的中国新闻教育上的几种现象，而这些现象也就是中国新闻教育上的几个严重问题。

第一，我们首先感觉到的，过去创立新闻教育机关的人，主要的动机由于应一时紧急的需要，以致用为主，很少是为了企图建立中国新闻学术，以求中国新闻学在学理技术上的奠立；同时，也不是为了普及新闻教育，令大多数人民能真正阅读报纸，批判的认识报纸，接受报纸上所传导的思想知识，以作为离开学校，走向社会，在工作之余的一种精神食粮之正确的补充。

因为由于紧急的需要，以致用为主，所以随着主观的需要而生灭，并无长期的永久的计划；换言之，这些教育单位，都没有它的独立性，它们附设于某个大学，或是某个新闻机关，而它们自然与这些机关同其命运。其次，不可否认的，一种时髦的流行倾向和装点门面的风气，在民国二十年左右相当猖獗，原意并没有从事新闻教育的决心，而觉得落人之后终有些不妥，于是也办个新闻学系或新闻学校来凑凑热闹，这种情形，我们不敢说绝对没有。

上面这两种动机，显然是在说明了为什么中国之有正式新闻教育二十五年以来，而从创立一直能继续到今日的新闻学系或新闻学校无异凤毛麟角寥寥可数之症结所在了。

第二，从这些新闻教育机关的分布区域，我们一面可以看出它的依存关系来；另一面也可以看出这些区域的文化教育状况。上面这许多新闻教育机关，大都集中在上海、北平两个地方。南京、济南、广州、厦门，只是有一点点点缀而已；至于香港、桂林、重庆，那还是抗战以后东南人文移向西南的局势所造成的。依存关系说明了过去的一个事实，即新闻教育机关难以离开新闻事业机关而独立存在。这不仅是由于新闻教育机关师生之需要以新闻事业机关作为营养与消化的机构，同样，在学习的便利上，两者也不能不打成一片。文化教育的普及与发达，战前的上海与北平自是全国的两大重镇，新闻事业产生新闻教育，新闻事业既以文化教育之普及与发达为其繁荣的温床，那么新闻教育又何能脱离母体而孕育成长？

第三，除去若干大学所附设之新闻学系外，我们还知道有许多新闻教育机关是由报社或通讯社直接主办或联合合办的。这情形尤以民国二十年后为最。其实有许多大学所附设的新闻学系，直接间接还是与报社或通讯社有关系的。报社或通讯社为什么直接或间接来主办新闻教育机关，我们有理由可以说这是中国新闻事业之进步，逐渐走向科学化近代化的道路。以前的文人办报，天才办报，或是学徒制度式的办报逐渐为时代所淘汰，将完全代之以有学理训练，技术训练，即近代科学训练的青年干部为新闻从业员。还有，新闻纸的剧增，自必然需要大批的工作人员，而天才文人毕竟有限，以练习生学徒作为补充的来源既感缓不济急,复有数量太少之患。所以不得不由间接委托大学办理,进而为直接自己主办。比如四社之办沪江商学院新闻科,北平世界日报及南京民生报之办北平世界新闻专科学校皆是。报社或通讯社直接主办新闻学校还有个原因,那便是训练实现自己从事新闻事业的主张和方法之大批干部,以专为己用,此与由其它大学新闻系所训练出来的学生,在主张和方法上容有不同,而不能自由控制之结果,是大相径庭的了。

第四,关于过去这些新闻教育机关之内容,包括教育计划、组织、课程、教材等等,我们手头无此项资料,且不易搜求,不过大体上我们敢于肯定的即它们尚无一定的标准;一方面固然是由于教育当局过去对各级学校未能统一管理指导,无具体规程之厘订,对新闻教育自更未能制定标准,饬令奉行。而另一方面新闻教育也实在无成例可援,少数参考英美或日本各大学,如密苏里新闻学院,或哥伦比亚大学新闻学系的内容作为蓝本,大多数则随上持人之需要及客观条件上之便利而随意决定其教育计划、组织规程、教材等。因之,在名称上有新闻学系、报学科、新闻系、报学系、报学课、新闻学部、报学专科、新闻科、新闻专修科、新闻专修班、新闻研究班、新闻学院、新闻专科学校……种种的不同;至于大学的新闻系,它的隶属也五花八门。有的隶属于文学院,如燕大新闻系;有的隶属于商学院,如沪江大学新闻科;有的隶属于法学院,如法政学院新闻科。而其修业年限,自三月、六月、一年、而三年、四年、亦各不等;其他课程等等,也是如此。此种纷歧错杂的现象,决不能归咎于过去从事新闻教育之先辈的各自为政,而只是在说明过去新闻教育之未上轨道,未能产生共同一致的标准。这样,不仅影响到这班毕业生的出路,也同样会影响到中国新闻事业的素质。

三年以前,程沧波先生在中国新闻学会成立大会的特刊上曾写过《谈新闻教育》一文。他在这篇文章中指出了极中肯也极有价值的几点意见:

一、勿拘于新闻学这个狭小的范围。新闻是一种事业,事业与学问应力求联系,新闻教育是新闻从业员学术及修养上必不可少的技术与精神装备,所以新闻从业员从学习到从业,须不断地装备自己。新闻记者常常不是专家,而必须是常识十分丰富充足的人。近代的常识,不能专恃经验与理论,而须在各种科学的研究及素养上得来。

二、小册子的教育最误人。小册子里的ABC,万不能使人有高深的理解,亦万不能培养清晰的判断,十余年来新闻教育的大病,可以说是小册子及 ABC 教育。

三、无位有权的人(指记者),要与有权有位的人(指政治家要人)颉颃,气度见解是必要的条件。新闻教育在技能的训练以外,必须注意到这一层的要义;因此,要多增加自由教育的方法,使每个新闻系的学生有文学的修养,美术音乐的练习。

四、新闻教育必依着学生性情倾向,将写作与经营两大分野划清并联系。新闻事业家原须懂得新闻事业的性质,不是新闻商人所能办。新闻记者亦必须懂得经营支配,然后通信、论文、稿件的细纲可以分布。

以下程先生又指出:1. 我国新闻教育的模型,可说全学美国,新闻教育性质是一个都市教育的问题;2. 中国的新闻教育,应该使未来的新闻从业员有信仰、有热情,自由主义过去了,中国是以党建国,此点最重要;3. 中国的新闻教育,应力趋博大精深的目标,中国的新闻人才,应力避粗制滥造的弊病等问题。

今后的方针

针对着过去的缺点,中国的新闻教育的今后方针,可归纳而有以下应注意的几点:

一、致用与学术的不可偏废。战后新闻人才的大量需要,这是必然的客观情势,而目前新闻人才也非常缺乏,所以造就速成的人才以应急用,自是无可厚非的事;不过在整个新闻教育政策之下,应该统筹兼顾,双管齐下,一方面着眼于致用,一方面须做学理上的精深研讨,以期充实新闻学术的内容而奠立中国新闻事业的理论的基础。根据以上这个原则,因之教育当局须制定一种新闻专科学校大学新闻系及短期训练班的不同的标准,如学校设备、教师人选、学生资格、课程内容、修业期间等等,颁布施行,必如此才能将此后的中国新闻教育纳入统一的正轨,每个新闻教育机构有它永久的发展计划,而中国的新闻人才亦有其一致的标准。

二、由集中到分散。新闻教育当然不能脱离新闻事业。有人说新闻教育是都市教育,这理由就因为都市是新闻纸最集中最发达的所在,新闻教育可以获得不少方便,所以过去的上海、北平、南京、天津等地是新闻教育机关的集中地,这一原则,将来还是难以逃避的。但是抗战七年以来,已改变了过去的情势,比如重庆、桂林、昆明、成都、西安、贵阳、韶关、长沙、兰州,现在都成为新闻纸所集中的地方了。将来抗战胜利后,这些开拓的新闻园地,再加上上海、北平、天津、南京以及济南、青岛、厦门、福州,……新闻天地广阔了;因此,这许多地方一定需要建立新的新闻教育机关,配合各该地新闻事业因发达而产生的需要。我们有这些分散的据点,在事功推进上,教育与事业不难彼此相得益彰了。

三、教育与事业的配合。除去在分布区域上新闻教育与新闻事业的配合外,人的配合特别重要。现行的记者法上虽规定记者资格的取得有大学新闻系毕业的一项,但各报社或通讯社并不一定即录用新人必须为受过专门新闻教育之人,如有这情形,那就很容易影响到受过新闻教育者的出路,此其一。为了战后大量人才的需用,教育当局应奖励或扶助有规模、历史、成绩的报社或通讯社,创办短期培训班。因为我们知道一个有规模历史成绩的报社或通讯社,事实上就是一个最好的新闻人才训练的场所,那么,我们为什么不善自利用呢?自然我们是应该监督它,以免发生粗制滥造的流弊的,此其二。新闻教育人员的恐慌,确是个严重的问题,虽然现役的报人不一定都是合格的新闻系教师,但至少他们的工作经验,是为我们所珍视的,而且在没有专门新闻教育人才的现况下,不得不移请他们来担任,其实即使将来新闻教育已有基础规模,而现役报人中之修养深厚,学识与经验丰富的人,仍是最好的新闻系教师。因此,我们须争取他们来参加这一工作,这不仅学生能得其指导,而也更可建立未来的人事的关系,此其三。

四、奖励新闻学术之著作。新闻学方面书籍,以及研究新闻学刊物杂志之少,固然由于出版家之认为销数小而无生意眼,但专家学者报人的未能多所努力,也是最大的原因。我们现在从事研究学习的人,深感参考资料之不足的痛苦。当局奖励,作家努力,出版家提倡,只有用这齐头并进的方法,才能收到阐扬新闻学术的效果。

载《新中华》复刊第 2 卷第 4 期,1944 年 4 月

沈法准

培植新的报人

今天,我们成都的新闻记者团结起来了,成都记者公会的成立,在成都新闻记者事业史册上,无疑地是占有极重要的一页。我们预卜这次大会一定会获有重大的成就,这次成都记者公会举行成立大会的盛况,一定是成都新闻界空前未有的新气象,这气象不特给予新闻界本身一种大的鼓励,这种气象也将使社会对新闻界增加深切的认识,不特给予一般青年记者一种莫大的安慰,并且更会引起社会人士愈加重视新闻事业,有志的青年也将会因此更踊跃投身于新闻界,参加这项高尚伟大为人群服务的理想工作。

今天我们大家参加这次盛大的集会,我们势将对过去有所检讨,对将来有所策划,而个人以为尤应展望着将来,怀念过去先辈报人们艰苦的创业精神,自会令人引起无限感念景慕之思,而展望未来新闻界远大的前程,更值得我们及时警惕,努力求进不已。我们知道新闻事业在未来的建国过程中,将是具有如何重大的推进力量,而新闻记者在未来国家命运中,又是占有如何重要的支配与领导的地位呵!我可以斩钉截铁的论断:将来中国在世界上应有独立富强,举足轻重的地位,是没有疑问的,将来中国新闻事业的蓬勃发展,更是不成问题的事。未来新闻界必然是全国英俊劲秀荟萃之所在,未来的新闻界必然是全国政治家教育家产生的源泉,如像过去两三世纪以来英美的情形一样,全国聪明才智之士,如欲在政治上有所建树者,必群出于新闻记者之一途,全国有志的青年,必会群趋于新闻界,为终身奋斗之工作之开始。那是我们可以臆测得到的事。将来的中国在国际上既将会占有重要的地位,自然我国新闻记者发表的报告与言论,亦将会在国际政治中占有同等重要的地位。关于国内建设突飞[猛进]的报告,国际[外交]政策的论述等等均将引起多少世界人士的注视。那个时候的来临,不过是转瞬间的事,那时候我们新闻界是应拥有怎样的人才与设备,才能应付这个环境呢?关于设备方面我们暂且不论,而对于人才的培植与储备问题,最应及时加以重视。

我们即就目前的情形来讲,抗战日益接近胜利的阶段,战后新闻事业的复员工作,也不能不及时加以策划,作未雨绸缪之计。所谓"复员"当然不仅指"复原"而已,战后各地人民一定都需要报纸,除了应将现有的报纸,合理分配在全国各地出版外,更需要创办若干报纸,分布在各重要城市中,同时又要派遣若干识风格特出的记者赴国外工作,这么多的新闻专门人才,不是一天可以培植成功的。这重要的工作正待我们新闻界和新闻教育界共同的努力!笔者谨愿提出几点浅见,借以抛砖引玉,惹起新闻界先进们的注意,而奠定未来新闻事业发展的基础。

关于新闻教育方面:我们认为应该呼吁教育当局重视新闻教育,在国立大学中普遍成立新闻学系,培养新闻人才,并应提高学生程度,除注重学生文字技术以外,还必须授予学生几种特殊的技术。将来的新闻事业,是一种具有高度技术性的事业,所以今后记者的培养,应特别注意技术教育。其次希望在环境适宜的大学内增设新闻学研究院,敦聘著名报社记者主持,招收大学毕业生,从事高深技术的研究,一则为报社培养高级干部,一则为新闻教育造就师资。

至于新闻界本身方面:报社当局应奖掖先进青年记者,给予良好学习机会,让他们能在编辑、采访、撰述,以及经理业务各方面都能得到实际工作的经验,由实际工作中来发现他们的天才,青年人的工作与兴趣往往是一方面的,由各部门工作中,可能发现他们自己最适宜的工作。再者各报社通信社更应尽力多多吸收学习各门学科而爱好新闻工作的青年人才。默察目前新闻界的趋势,一家权威的报纸,势必要拥有若干专门人才,以便随时处理不断发生的专门问题。这是一可喜的现象,近来有些报纸的主持人多喜欢任用一般青年的记者,的确刚进社会的青年记者,他们对于办报的经验较少,但是却大多具有一颗热烈求知的心,具有孜孜不倦的学习精神,祈求进步的傻劲,以及实行改革的勇气,为了热爱着他们的工作,不惜任何牺牲。因之在工作效率上也不见得不如所谓"老记者"。这里我们更希望报社的主持人能多在这些青年记者身上花费一份心力,加以殷殷诱导让他们不致于暗自摸索,而感到苦闷。谈到这里我们又有一个建议,即是要培养编辑部同人浓厚的研究学术的空气。新闻记者能够与时俱进,经常要研求新闻的学理,洞察新的事物,交换工作经验,检讨工作经过,绝不可因循苟且,抱残守缺而终至于落伍,而归于淘汰。我觉得编辑方面每一个记者各应该自选择一个专题来研究,定期作成报告或举行座谈。再次应常常请名人学者莅社演讲,期使社会中充满一种葱郁和谐的学术空气。

至于新闻教育机关应与新闻界发生密切的联系自不待论列。但愿使新闻学系的学生能多有机会让他们经常到报社通信社里去参观实习,使课本上的理论与实际的事实相配合,编稿撰稿访稿并不是一件太困难的事,经过了一个时期的实际训练,将来正式加入新闻界工作时,就不以为难了。

欧美新闻事业发达较早,已形成一种大规模的企业,一切管理技术人才都已有辉煌的成绩表现。"他山之石可以攻玉",我国新闻界应多选派在国内已有声誉有成就的记者,以至于青年优秀记者,出国进修考察,以备回国后对中国新闻事业有所改进,同时也为新闻教育造就一批高级师资,今日大学新闻系已感到师荒了,这一点是尤其希望政府早日有所筹划扶助的。

以上所述,似多为老生常谈的话,本卑之无甚高论,惟愿借此成都新闻记者公会举行成立大会的机会,聊尽数言,以引起社会人士以及新闻界本身多加注视,亦不失提笔属文之意。最后笔者谨愿新闻界先进多多予以指教,幸甚幸甚。

载中华民国三十三年六月十日中央日报特刊

载成都市新闻记者公会成立大会秘书处编:《成都市新闻记者公会成立纪念刊》,成都中央日报社印,1944年9月

蒋荫恩

新闻教育感想

一、新闻教育的重要

中国新闻学会年刊第二期定期出版,承不嫌固陋,征稿于予,并指定以"新闻教育感想"为题。作者对于新闻学研究,颇感兴趣,但对于新闻教育,则纯属门外汉。近两年来主持燕京大学新闻学系,由在蓉筹备复校起迄今日粗具规模止,其间虽艰苦备尝,困难滋多,而于撑持肆应之际,未尝不获得可贵经验。今愿根据此项经验,就新闻教育各方面问题略加论列,以就正于新闻界诸先进,借谋有以改进之焉。

二、新闻教育的本质

新闻教育的重要,今天已为多数人所认识,然而少数报界人士的偏见,还未能完全去除。以英美而言,英美报业进步之速,发展之快,可谓举世无匹,而其规模之大,范围之广,亦远非其他国家所能望其项背。今日的英美报业,诚可谓最新最完备,然而在人的因素上,却并不益符理想。英美报业工作人员中,一部分系由新闻学校毕业,受过专门训练,一部分则系半路出家,甚至有仅由中学毕业者。此等人大多先在小城或乡镇报纸中服务,俟获得相当经验,即寻觅机会,向大城市报纸插足。经过长时期的苦干与奋斗,因而获得成就甚至出人头地者,亦不乏其人。英美现代化报业发展较早,新闻教育历史亦较久,其情形尚且如此,则其他比较落后之国家,自不问可知。

关于新闻学校是否有存在价值一点,在美国旧日报人中颇多不同意见。有人认为报馆实际工作与新闻学校课程截然不同,所以学生在校所学,入报馆后全然无用,当其正式从事新闻工作时,必须忘却若干在校学得的东西。有人以为新闻学校太重理论,忽实际,学生出校就业后,对工作的无认识与经验,而须从头学起。更有人以为新闻记者工作简单,技术平常,中学毕业学生而文字根底佳者,经过相当时期训练,亦可胜任愉快,初不必非罗致大学生不可,更无须受过新闻教育之大学生。以上三种意见,或失之过偏,或只窥一面,或所见太浅,俱非正确公允之论。新闻教育在今日之须改进与充实,诚为不可否认之事实,虽在英美亦复如此,但本身之价值与重要,已为今日报界所深切认识之而不容轻易抹杀。试观美国若干新闻界前辈,彼等多系由中部及西部经过艰苦奋斗始获得成就,对于报业经营与人才培植,过去难免不有其偏见,但今日彼等亦将其子弟送到密苏里及哥伦比亚等新闻学校读书,以冀过去彼等本身所缺少之准备,不致使其子弟遭遇同样缺憾。这一个事实,足以说明新闻教育无论遭受何种批评,但其本身的存在价值与重要性,已无疑为一般所承认。

我国之有新闻教育,迄今不过二十五六年。在此短短时期中,新闻学校虽如雨后春笋,然此起彼仆,变化殊多,能贯彻始终,稍具规模者,为数甚为寥寥。新闻教育本身情形如此,则其所造就之人才,自难期其在报业中发生重要作用。新闻学校与报业的联系一旦脱节,双方不发生相互依存的密切关系,则报纸固易轻视新闻学校的存在价值,而新闻学校的办理似亦无意义可言。近十年来,新闻教育似乎风行一时,大学竞设新闻学系,专科职校则纷设新闻班,报馆及与新闻事业有关机关亦多成立训练班讲习班,而若干热心分子则开办速成科及函授学校,五花八门,热闹之至。最近我还接到若干教育机关来信,索阅参考材料,准备开办新闻学系。这种蓬勃气象,为新闻教育前途着想,应该表示庆幸,盖以我国报业目前需要及未来发展而言,人才缺乏殊甚,非但现有新闻学校不敷供应,即令再增设若干,亦不嫌其多。问题只在如何充实内容,提高标准,以配合新闻界之实际需要。

蒋荫恩 ■ 新闻教育感想

新闻教育的目的,在授予一般有志于新闻事业的青年以各科基本知识,新闻学原理,及职业上应有的技术与修养。我们承认世界上有若干著名的成功报人,他们并没有受过什么高深教育,更没有受过新闻教育,可是他们在新闻事业上成就特大。同时我们也承认若干受过普通教育而从事新闻教育的人,经过一番努力,一样可以获得成功。这两种人不论其学养如何,但具有一个相同的特点,就是"新闻本能";换句话说,这类人天赋就是良好的报人,只须给予发展的机会,很易获得成功。反过来说,新闻学校出来的学生,虽然花费相当时间从事于新闻学研究,但并不一定即有"新闻本能",所以有少数人改弦易辙,半途而废,原因大多在此。不过平心而论,凡是经过大学新闻学系专门训练的学生,在他职业的理论、技术、修养诸方面,至少已有相当的认识与学习,自可获得若干便利。我们承认一个受过普通教育的人从事新闻事业也许较受过大学新闻学系训练的人要干得好,这种特殊的情形只能归功于各人本质上的差异,而不可武断地认为是新闻教育的失败。如果两个本质相同的人从事新闻事业,则我们可以断然地说受过新闻教育的一个一定比未受过新闻教育的一个要更适合于报人的条件。这是一个颠扑不破的真理,同时也证明新闻教育自有其实际价值与重要性。要发展报业,要提高水准,根本的根本是要重视新闻教育,建立新闻教育的深厚基础。

大学教育不仅在传授知识,而且在指导青年如何做人,所谓"德"、"智"、"体"、"群",必须同等注意,平均发展,始能为国家造就真正有用人才。新闻教育,又何尝不然?有人以为新闻教育只在传授学生以报业所需要之各种技术,如编辑、采访、写作、甚至排字、校对、组版等,以为学生能熟悉此等技术,即已尽新闻教育之责任;而报馆方面亦往往以此为衡量大学新闻学系学生好坏之准绳,以为学生能具此等技术,即为"可用"人才,否则,即无异新闻教育之失败。我认为无论办理新闻教育或从事新闻事业的人如果具有这种见解,未免失之肤浅。而新闻教育的本质如果仅止于此,则大学新闻学院新闻学系尽可不办,报馆采取"学徒制",即可解决人的问题,至多设立若干"学徒式"的新闻学校,招收中学程度青年,予以短期训练,亦未尝不可"胜任愉快"。若果如此,则报业前途,岂堪设想?

所谓新闻教育,我认为至少须包括两方面,一为知识教育,一为精神教育。知识教育即各科学术的传授,凡大学学生应选读者,均包括在内(新闻学

当然亦在其中),容后详论。至精神教育,则内容广泛,一言难尽。约略言之,可分三点:

(一)事业抱负——一件事业的开展与成功,完全视其主持者的能力与毅力,而宽阔的胸襟与远大的眼光,尤为成功的重要因素。新闻教育的重要使命之一,即为培养有志新闻事业的青年此种事业上的抱负。我认为新闻职业学校只重技术的传授,而大学新闻学系除技术及理论的传授外,尚应培养事业上的胸襟、眼光与抱负,然后方能负起继往开来的重任。现在若干大学新闻系毕业学生,不是目空一切,轻视现实,就是随俗浮沉,投降现实,前者太刚,后者过柔,均非正确态度,而必须刚柔相济,始克走上正轨。吾人理想中的大学新闻教育,一面使学生切实认识其本身能力与报业现状,一面使其彻底明了其未来责任与所负使命;一旦出校就业,对目前新闻界良好传统,则力谋有以发扬光大,对若干应兴应革之事,则以不断努力求其实现,态度不卑不亢,工作严肃认真,以经验的累积,求事业的进步,如此对于整个新闻事业,始能有所贡献,这种事业上的胸襟、眼光与抱负,在大学求学时期即应予以养成,而难以期之于就业以后。

(二)事业兴趣——事业之成就,不仅须有抱负,而且须有兴趣。兴趣有先天所赋,亦可由后天培养。新闻事业为一种艰苦事业,非有坚定信念与浓厚兴趣,不易坚守岗位,历久不变。新闻教育使命之一,即在选择有志有为之青年,而培养其兴趣,坚定其信念,使其成为终身不贰之新闻界斗士。我认为真正兴趣之养成,必须出于对某一事义的彻底的认识与了解,否则,必难持久不衰。培养青年对于新闻事业的兴趣,必须使其彻底认识新闻事业真相,切实了解新闻事业现况,而不能丝毫的隐瞒与虚假。若干从事新闻教育的人,一味强调新闻记者地位的优越与特殊,以报青年所好;而青年之所以选读新闻,亦唯憧憬"无冕皇帝"之虚荣,其他一无所知,及至学成就业,始知梦想全非,希望愈大,失望愈深,甚至对新闻教育发生怀疑,引起反感,追根究底,皆由于未能使其彻底认识与切实了解新闻事业本质所致。此种错误必须改正,然后方能为新闻界选拔真正干部。

(三)职业道德——报纸有指导社会,监督政府的功能,为人民喉舌,为舆论先锋,使命之大责任之重,莫可言喻。报人负报纸言论及编辑之责,其职业道德修养如何,足以直接影响其报纸之水准。我认为报人职业道德修养,应该养成于其求学时代,换言之,大学新闻学系对于培养学生的良好职业道德,应该是责无旁贷。其有效方法,除课程讲授外,最重要者莫如教授之以身作则,使学生于耳濡目染之余,在不知不觉中已受其熏陶而潜移默化。青年若能于求学时代即在职业道德方面有相当之修养,则将来不论进入何种环境,俱不易为其逐渐同化,而于未来之新闻界中,反有造成新风气的可能。

今日中国报业需要有抱负有热情而行为不苟的青年干部,在有经验的老一辈报人指导下,锲而不舍,埋首实干,然后中国报业始有迎头赶上英美诸国的希望。是则新闻教育中的精神教育,实在值得有关各方的一致注意。

三、新闻教育机关与新闻事业机关的合作问题

我在前面已经提过,新闻教育与新闻事业是相互依存,不能分离。设若新闻事业没有新闻教育作后盾,就不易保持整个事业的日新月异,永恒进步。而新闻教育如果没有新闻事业作支援,也难以推行顺利,谋求发达。一国新闻事业的发达与否,与其新闻教育的良窳有直接关系。所以就新闻事业言,应该将新闻教育机关视为人才供应与技术合作的处所;而就新闻教育言,亦应将新闻事业机关视为理论实验与学生就业的对象。在两者之间,应该维持极密切的关系,然后相生相养,在合作与互助中各谋本身适切的发展。

目前主持新闻事业的人,大都有一个共同的感觉,就是人才不够,不容易找到理想的人。这的确是事实。不过我常常不解的是报馆一面感叹于人才的不济,一面对于造就人才的新闻教育机关(如大学新闻学系)并不十分重视,热心支持。我们不否认今日中国的新闻教育有待改进之处尚多,但这件工作并不能全靠新闻教育机关的片面努力,而必须获得新闻事业机关的切实协助,始克有成。主持新闻事业的人如果徒在口头上感叹人才不够,而不实际从根本谋求解决,则此缺憾将永远无法补救。青年对于新闻事业热心者真不知若干。只看各地新闻学校招生时投考者之踊跃,可为明证。在此批青年中,有抱负有热情有能力者自不在少,若能慎于选拔,善于培植,又何患无得力干部?再如每年暑假,各新闻学校例有选派学生至报馆实习之举,此事原极有提倡价值,盖在学生方面可以借此获得实地经验,补平日课本之不足,且可尝试报人生活,以为他日就业之准备。(燕大新闻学系规定,凡读毕三年级

课程之主修生,均须于暑假中赴报馆或其他新闻机关实习两个月,期满返校,再读一年,始能毕业。)在报馆方面亦可借此机会多接触青年,认识青年,以为选拔真才之参考。然而实际情形,并未能尽符理想。学校在选派学生之际,或未能慎重将事,因此学生赴报馆实习,亦多意存敷衍,而报馆对待实习学生,不失之过分客气,即失之太予放任。学生有抱满腔热诚,希望赴报馆多获经验者,往往乘兴而去,败兴而返,盖报馆当局对于此辈实习学生,很少能负责予以切实指导,严格训练,甚至不闻不问,任其闲散,结果名为实习,而实际只是看看而已,虚耗两月光阴,而学生一无所得。返校以后,一部分学生,一方面怀疑其本身是否适应于新闻事业,结果由怀疑而失望,由失望而动摇,稍具能力与抱负之青年,乃相率转移兴趣,另就他业,此种无形损失,诚莫可估计,而追本溯源,只缺少一点鼓励,若报馆主持人不吝给予此等青年以精神的鼓励,则彼等或将贯澈其志趣,为报界服务。吾人教育青年,不可不知青年人的心理。青年人有自尊心,而且热情充沛,勇于任事;只要不伤及其自尊心,并善予诱导,则青年人宁愿贡献其全部身心,而绝不会稍存畏葸与偷懒心理。学生在报馆实习,宁可使其忙不可任其闲,报馆当局不愿使实习学生多做工作,或许出于客气,但结果适得其反。实习学生在报馆无事可做,每误会为系报馆当局对彼等冷淡之表示,因而心灰意懒,转变志趣。此乃两年来实地考察结果,值得新闻事业及新闻教育机关的密切注意。

  其次,我认为今日中国新闻事业机关与新闻教育机关的合作距理想甚远。美国若干著名大学新闻学院或新闻学系多由报界委托办理,或从旁支援,故能建立深厚之基础。我国大学新闻学系,或私立,或公立,与报业多无直接关系,此乃造成新闻事业机关与新闻教育机关疏远的重要原因之一。补救办法,我认为每一大学新闻学系应与少数接近报纸订立合作关系。新闻学系所期其于报馆者,并非经费的援助,而乃精神的支持与实习的便利。同时新闻学系对于报馆,亦未尝毫无贡献,例如人才的供应,技术的协助,最好校方能订定办法,使报馆每年能保送若干本馆编经两部同人入校进修,借求深造。报馆方面如能获得此种便利,对整个事业之推进,必能大有裨益。所谓合作,贵在互惠,过去新闻学校与报馆合作,徒讲权利,不重义务,自非应有态度。今后双方合作,应注意权利义务之均衡,然后始能臻于圆满地步。

  此外,美国密苏里大学新闻学院每年一度有"新闻周"之举行,集全国报业领袖与新闻学院师生共聚一堂,讨论问题,交换意见,对理论研究者与实际工作者间,颇能借此短时期之接触而增进了解与合作。战前燕大新闻学系每年春季亦有"新闻周"之举行,颇有收获。迁蓉复校以来,以花费太大与交通不便,暂告停顿;但此种"新闻周"意义甚大,且为新闻教育机关与新闻事业机关一种合作方法,虽目前环境不能与战前相比,然颇愿其能早日恢复举行。

四、大学新闻学系的课程与实习问题

大学新闻学系课程,迄无一定标准。各校所开课程,虽不无大同小异,但有时亦出入甚大。在讨论新闻学系课程以前,吾人须认清一点,即新闻记者必须常识丰富,始能应付裕如,因此新闻记者对于各种学问,均应有所涉猎,然后再择其所好,作进一步研究,此即所谓"先博后专"是也。其次,大学新闻学生除新闻学本身课程外,尚有若干基本工具与知识,不可忽略。据一般意见,此类基本工具与知识,包括文学修养与写作能力,历史,政治,经济,伦理学等。除此以外,其他社会科学与自然科学亦均有一窥门径的必要。所以一个大学新闻学院或新闻学系绝不能离开大学其他科系而独立,因为一个独立的新闻学校,无论其课程开设如何齐全,绝不能与普通大学相比。以燕大而言,燕大包括文理法三院,战前每学期所开课程,最多有达五百种者,一个独立的新闻学校,绝难与之比拟。过去有人提倡独立的新闻大学,以之为宣传口号,借以促使一般人注意新闻教育则可,若果欲使其为新闻教育最高学府,造就有思想有学识的新闻记者,则未免存望过奢。

我对于大学新闻学系的课程,一向具有一种见解,就是认为大学新闻学系的新闻学本身课程,除必要者外,应该尽量减少,以便学生能多读新闻学以外的课程,充实他职业上所需的基本知识。所以自从我主持燕大新闻学系以来,第一件事就是调整课程,将原有新闻学课程能合并者予以合并,能裁撤者予以裁撤,存精去粕,宁缺毋滥,结果目前存留者仅十三门课程,其中半为必修,半为选修(详表见后)。新闻系主修学生四年中只须读满三十二学分,计算修毕新闻学课程学分(全部毕业学分共计一百四十六)此外尚有二十学分为副系学分,其余除教育部大学共同必修课程外,即可自由选择,无所限制。过去若干新闻学校喜多开课程,以表示充实,结果若干不值得单独开课或无须在课室讲授者,均一一列为正式课程,虚耗光阴,莫此为甚。此虽无关宏旨,却颇值从事新闻教育者的注意。

兹将燕大新闻学系经常开设之新闻学课程列表于后,以供关心者之参考。

必修科目	规定学分	第二学年		第三学年		第四学年		备 注
		第一学期	第二学期	第一学期	第二学期	第一学期	第二学期	
新闻学概论	二一二	二	三					
新闻采访与写作	三一三	三	三					包括实习一学分
新闻编辑	三一三			三	三			包括实习一学分只限选中文者
英文新闻写作与编辑	三一三			三	三			包括实习一学分只限选英文者
中国报业史	二			二				
报业管理	三一三			三	三			包括实习一学分
社论研究	二一二					二	二	包括实习
时事专题研究	二一二					二	二	教员由一人至数人

选修科目	规定学分	设置学年	备 注
宣传学	二	第三、四学年	
比较新闻学	二一二	第三、四学年	
新闻法令	二	第三、四学年	
广告与发行	二	第三、四学年	
印刷研究	二	第三、四学年	

至于各种新闻学课程内容,力求理论正确,并适合中国新闻界之需要,不尚空泛夸张,不求标新立异,使学生于选读一课以后,能把握正确观念,而为未来致用之准绳。不过新闻学贵能理论与实际兼重,故除书本讲授外,尚须予学生以实习机会。美国若干著名大学新闻学系,多自办有大规模日报,以供学生实习,颇见功效。我国大学新闻学系本已不多,而出版实验报纸者更不多见。燕大新闻学系自民国二十年起即办有小型中英文实验报纸各一种,英文报且曾一度扩充,移至北平城内,日出一大张,颇受读者欢迎,此为我国大学新闻学系自办日报之始。嗣因种种关系,复改出小型。燕大新闻系在蓉

恢复,此项实验报纸(即《燕京新闻》)仍继续出版,分中英两版,每周与读者见面一次,对于教学,协助颇多。此外,中央政校新闻系办有《南泉新闻》及南泉通讯社,中央政校新闻学院办有英文《重庆新闻》,复旦大学新闻系办有复新通讯社,广东民国大学新闻系办有《民大导报》,其他新闻学校亦多出版各种刊物,以供学生实习,可见主持新闻教育者已深知理论与实践必须相辅而行,方而使学生获得实益。此点可以证明我国新闻教育已较以往进步,诚属可喜现象。

我个人一向认为欲求新闻教育切合实际,尽符理想,必须大学新闻学系自己办有大规模之日报,并自有完备之排印及制版设备,以便学生有充分实习机会。其次,现行大学学年必须更改,而实行五年制,即大学新闻系学生,最初两年读普通科目,三四年级读新闻科目,第五年则在导师监督下,入学系自办之日报实习一年,如符合标准,始能毕业。如此新闻学生一如医科及法科学生,经过较长之学理与技术训练,然后出而问世,自能胜任愉快。医生与法官俱掌人生死之权,自须慎重培植,而新闻记者一字褒贬,无异为社会裁判者,又焉能马虎将事?而且新闻记者立言纪事,影响个人毁誉,关系国家荣辱,非有精深修养,不克肆应肯当,则其在校受教之际,必须经过严格训练,实属毫无疑问。今日报界对于新闻学校毕业生之概括批评,即为对做报无经验,此语原属实情;不过以目前各大学新闻学系而言,本身既无完备之报纸设备,各报又不能充分给予学生实习机会,试问在此情形下,学生又从何获得真正做报经验?言念及此,中国新闻教育之亟待充实与改进,实为刻不容缓,而此一责任应由新闻事业机关与新闻教育机关分别负起,亦为显而易见的事实。

大学新闻学系在未有理想的实习设备以前,办一小型周报,以供学生练习,亦未尝不有其价值。不过办理此等实验报纸,不论其方式如何,背景如何,有一点必须注意者,即宜确定严格收支预算,以纯粹营业立场,求经济之自给自足。即令有固定经费,亦不宜以校刊方式从事经营,否则学生精神涣散,失去报业应有之奋斗态度,只能练习写作,而于整个报纸之经营,不能有所认识,获益亦殊甚微。燕大新闻系之实验报纸,在蓉两年来销路由三百份涨至三千份,广告每学期由千余元涨到十余万元,不但收支可以相抵,而且偶尔尚有盈余,此无他,收支均须照预算严格执行,一如普通营业报纸,结果同学兴趣日浓,而不敢有毫丝懈怠,盖彼等深知一日不努力,即有赔累之虞,此中艰辛,殆已心领而神会之矣。

最后,我尚愿补充一点意见,即大学新闻学系改为五年制,优点甚多,惟其先决条件,必须学系本身办有相当规模之日报或晚报,并有完备之现代印刷设备,使学生于最后一年能有充分之实习机会。若只靠与报馆合作,即令圆满无间,终不如自己所办报纸之能随意所欲,完全符合理想之训练标准与办法。抗战以前,燕大新闻学系曾一度实行类似五年制办法,即凡新闻系毕业生获得文学士学位后,若再留系研究一年,即可另获新闻学士(B. J.)学位。惜此第五年课程偏重新闻学理论研究,而非做报之实地练习,故成效不彰。今兹吾人所拟议之五年制,自与此不同。其次,文字乃新闻记者基本工具,如文字标准或修养不够,纵令满腹经纶,亦难以成为好记者。新闻学校为造就新闻人才机关,对此尤须特别注重。我认为新闻学校学生最起码条件,必须文字清通,辞能达意。如果这个最起码条件都没有,根本就不能读新闻系,即令勉强读了,将来毕业也无法做新闻记者,于己于人,两无好处。新闻学校主持人对于这点应该特别留意,如果发现学生文字根底太差,应该及早劝其改系,万不可马虎误人。燕大新闻系学生于读毕一年级课程正式升二年级为主修生时,须先经过一种纯粹文字方面之严格测验,以视其国文或英文程度是否合于标准。若在标准以下,即不得入系。此法实行以来,虽尚未能全如理想,但于提高新闻系学生文字标准方面,已获相当成效。现正设法改进测验方法,务期能窥察学生文字真正根底,以为取舍准绳,并为报业培植有用人才。

五、新闻教育人才培养问题

谈到中国新闻教育,尚有一个严重问题亟须补救,即师资之十分缺乏。目前新闻教育似乎风行一时,机关学校竞设训练班新闻系,但大家均有同样困难,即找不到合适教员。在今日中国,以研究新闻学与教育新闻人才为终身职志的人,尚不多见。各新闻学校为解决师资问题,多临时向报馆拉夫。我们不否认若干新闻界前辈,以其数十年广博精深之事业经验与道德修养,出为人师,足以使受教青年获益匪浅。但在新闻界服务之现役记者,即令具有相当经验,并不一定俱能教书。如果大学新闻学系讲师教授仅能传授一点工作经验,则与普通职业学校教员何异?又何贵乎有大学新闻学系?而且大学教授除讲学以外,尚须具有一种道德标准,其本身之生活言行,即为青年表率,而不能有丝毫含糊。所以大学新闻学系教授须兼有学养之长,始能使有青年心悦诚服,虚心受教。

  再进一步言,大学新闻学系必须注意新闻学理研究,以为推进新闻事业之最高原则。理想的分工,是大学新闻学系为理论机关,而报馆则为实验机关,新闻系教授介乎两者之间,故必须理论与实际兼长,始算符合理想。如果大学新闻学系所教授学生者,仅属"报人须知"一类常识与经验,而学生四年在校所学,亦仅限于"如何写标题""如果访新闻",这种学徒式的传授,未免过于肤浅。学生毕业服务,亦只能墨守成规,人云亦云,毫无一点新鲜思想见解,则报业进步,将从何谈起?所以大学新闻系教授,绝不能以传授"经验谈"为已足,而必须对新闻学理有深刻研究,对经营报业有独到见解,然后以之教导学生,方能造就有眼光有抱负之新闻事业人才。

  在美国,因为新闻教育历史较长(如密苏里大学新闻学院创办迄今已三十六年),而且有研究院设备,故师资可无问题。在中国,情形就不大相同。大学新闻学系师资的缺乏,情形相当严重。普通科目如"新闻学概论""新闻采访与编辑""报业史"等,要聘请适合的教授人才,已经不易。若"新闻法令"、"广告与发行"、"印刷研究"等一类比较专门科目的教员,简直更难。这种情形若不设法补救,新闻教育很难走上健全之途。补救的方法,不外注意师资的培养,一方面鼓励原有大学新闻系讲师教授作高深研究,一方面选择现役有成就新闻记者之有志于学术研究者,予以深造机会;同时并聘请国外第一流新闻学教授来华讲学,提高新闻学研究水准。如此三管齐下,对于大学新闻系师资恐慌,或可解决一部分。其次,目前我国尚无新闻研究院之设,新闻系毕业生欲求深造,必须远涉重洋,自非人人均可有此机会。关于设立研究院,问题尤不简单,师资,书籍,设备,更不能稍有马虎,否则空耗学生两年光阴,反不若不设之为愈。近闻重庆方面有筹设新闻研究院之说,吾人为新闻教育前途着想,颇盼其能早日实现,但鉴于初创之不可或苟,又深信其必能审慎从事也。

六、结　　论

　　草本文既竟,虽觉占篇幅不少,而意似犹未全尽。所提问题,俱为目前我们新闻教育亟应注意者。刍尧之见,不足以当大雅,但抛砖引玉,尚希有以教我。

　　民国三十三年七月五日于成都燕京大学新闻学系

载《中国新闻学会年刊》第 2 期,1944 年 11 月 20 日

刘光炎

怎样增加新血轮

中国新闻界，前途是光明的。但是抗战七年，中国新闻界，遭际是十分艰困，表演是十分卓越，精神上已获得国际人士的敬佩，我们自问也毫无愧色。而在技术上，我们却未能与潮流亦步亦趋。人家在进步，我们停滞不动。而且许多方面，由于物质的缺乏，资料的匮竭，与夫空袭的频仍，表现出粗制滥造的现象。这是可以惋惜的事。

假使不嫌我是老生常谈的话，我愿重述我以往固执的意见：要新闻界本身不断的进步，一定要随时增加新血轮——青年记者。要增加新血轮，必须改善新闻界的空气，使一个做新闻记者的感觉有希望，有天地，因而增加其活力与新生力。

现在有一个最可怕的现象，是各报馆找不到青年记者做内勤工作。学校新出来的青年，都愿在外勤方面工作；其爱好写作的，则宁愿做一个撰述翻译之类的閒曹，而不肯去担任报馆编辑部分的中心骨干——编辑职位。这是多么可悲的现象？问起他们来，一致的答案是："太苦！"这是真的理由吗？我大胆回答："不是！"青年是不怕苦的。为追求其理想，一个青年，可以负山蹈海，何惮于熬夜？真正的理由，只是他们在新闻记者的苦生活中，找不出光明的希望。因此，新闻记者理想领域的扩大与提高，便成为目前切要之图，这是一点。

领袖昭示我们：机关要学校化，长官要师保化。我们反省一下，站在时代尖端的报社，是怎样呢？报馆本不是机关，而有许多报馆，竟不免机关化了！社长总编辑本不是长官，而有些竟不免露出阶层的界限，使中级干部无法接近了！这原因本不只一端，而且外在的因素很多。但是青年们却痛心却步了。我常听到青年们锁着眉峰说："我不能再耐下去了！编辑部的空气太严肃了！有点冰得人怪难受。"这是可以纠正的。我以为增加工作效率，必须提高工作者的兴趣；要提高工作者的兴趣，必须不拘形迹。到报馆编辑部工作的朋友们，本来是受不住机关形迹拘束的人呵。破除形迹的约束，以增高工作的兴趣，这是二点。

有人说，近来新闻界人才少。新闻界人才并不一定少。新的政论家，批评家，层出不穷。时代的锻炼，把这般新的磨练得更机智，更坚韧。不过在编辑部中，却很少听到有新的人才。尤其是他们在社会上，没有新的关系和地位。在欧洲主编一版的记者，其地位并不低于在大学主讲一个课程。因为主编的意义，代表着权威。如果你是国际版主编，你对国际的知识与批判，起码在此时（当时）此地（报纸所在地），含有点权威的意味。因此，大家都乐于做干部工作。一个报纸，就因此抬起来了。在中国呢？编辑干部，并不能享此荣誉。同行中目为"编匠"，社会上不知其人。所以青年们都灰心丧气，谁乐意卖苦力做无名英雄？我觉得为报馆当局设想，最聪明的办法，是在他各版主编中，捧几个人出来，与社会见面，培养其地位。这不特可以转移新闻界的风气，而且报馆本身，第一个受到大益。这是三点。

以上三点，卑之无甚高论。而于青年记者之吸引，新空气的养成，不为无益。所以我特别提出来，以供同业诸君参考。

载《中国新闻学会年刊》第 2 期，1944 年 11 月 20 日

詹文浒

培养报业人才管见

栽培报业管理人才,在一方面,固有待于学校与各报的共同努力,然而社会观点的转变,亦为具有决定性的重要因素。

社会对于编辑、业务二种人才的估评,实在太不公平了。他们遇见编辑部的人员,无论其为主笔也好,编辑也好,外勤记者也好,总是寄以几分敬意,也许在内心中,存着满腔憎恶,但在表面上仍不能不勉强应付。可是,他们对于经理部的营业部的服务人员,态度大不相同,目之为普通商店中的掌柜伙计,大腹便便,满身铜臭,趋避之不暇,哪里谈得上尊敬。社会的这种态度,影响到报馆内部,从事编采的人,未免对于管理业务的人或存蔑视之意,甚至主管报馆的人,凭着传说的办法,对于编经二部人员的行遇,亦多显示区别。处于此种环境下,试问有作为有志气的人,怎肯不顾自己的地位身份而安于业务管理的工作?大家都往编辑部,大家都愿做编辑记者,不愿在经理或业务部工作。但经理部分,还得要人工作,既找不到头等人才,只好以一般的商业人才,引为自足,于是报业管理人员当中,也有面团团腹便便的"阿福式"人品出现。他们参加报馆工作,就如参加保甲长或税收机关的工作,为者不贤,贤者不为,其结果,各种行于专卖税收机关的陋习,也就传到神圣的文化事业中去。有人大声疾呼说办公家报,操守第一,才能次之,这确是有感于里的坦率之词。

我们要纠正这种恶风,使之不作断续的蔓延吗?唯一的有效办法,就是请有志气有作为的事业青年,逐渐渗注到业务中去,凭着他们的事业雄心纠正传统的自私心理,一切为公,一切为事业,循至以公家事业作为自己生活的归宿,个人的生命可有死亡,事业的前途永久长存。大家都认清这种看法,抱定这种态度,试问还会有营私舞弊的事情发生吗?报业的前途还不是绝对光明,绝对有办法吗?我们需要年青有为,正气凛烈的人,来主持报馆业务,我们在心理上就需有个切实的纠正。偏重编辑的观念,已经落伍了,正常的看法,是编辑与业务并重,为求矫枉不嫌过正起见,在现阶段的中国报业史上,即使喊出"业务第一"的口号亦不为过。

　　社会的心理纠正了,才可进而论述栽培报业管理人才的办法。在原则上,应当学校与报馆,相互合作,密切联系而后方得有成。先就主持新闻教育事业的人来说,应当跑出象牙之塔,在现实的环境中,切实指示业务管理的方法。较个人的有限经验成功报人们传记,最能激励青年,使之转向业务的路,举几个例,谁能听了北岩创办每日邮报,奥区史复兴纽约时报的故事,能不有动于衷,亦作自己创办报馆的存想呢?千言万语的大道理不及一个成功者的经验,足以启发青年,使之跃跃欲试。基于这个理由,所以个人教授"报业管理"课,总爱先谈"经验的背境",这是任何科目中最能启发青年的部分。基于同一理由,所以我们几个朋友,总希望能由一日,把英美各国办报成功的人们传记,作一系统的介绍,这些材料,比任何"概论"、"大纲",更为有用。基于同一理由,所以政校新闻系的特别讲演,最希望主讲的人,述说他们自己碰过的钉子,以及锥平钉子的办法,这在我们看,是报学的现身说法,是任何其他理论所不及的。基于同一理由,所以我们宁愿在教室中,少上几堂课,让同学们凑出一点时间,办一个实习通信社,或一张实验报纸。尤其办一张报纸,时间的长短,没有关系,能够每天或隔天出版固然好,不可能时,就是每月或每半个月出版一次,亦未始不好。交给学生一张白纸,要他们印上油墨,这其中包括全部办报历程,从采访起,到叫卖止,他们都可有一概括的领会。只要他们轮值一次,他们所提的问题显然与前不同。这种种都是主持新闻教育者可以做而且应该做的具体事项。

　　然而学校所能做的也就尽于此了。几种关于报业管理的课程,仅在教室内上课不在报馆里实习总是隔靴搔痒,不得要领。学校只能替他们开一个头,必须他们切实参加报务,而后方能对于各项业务,获得具体真切领会,这就有待于报馆给予他们的实习机会。

一般机关的主持人,包括报馆的主持人在内,第一,都喜欢用熟人,第二都喜欢用熟手,用熟人的理由,是求图安心,不必提心吊胆,深怕受累,用熟手的理由,是省却麻烦,不必从头到尾,重新训练。然而这两种心理都足阻止优秀青年的上进。因为阻止优秀青年的上进,同时,亦就阻止新闻事业的进展。一般称为"熟人"与"熟手"者,凭着自己的年龄与资历,多少抱持惰性,不肯向前开拓。就报业而论,他们在过去未曾受过适当的新闻教育,对于新闻事业,不存什么理想,亦不作什么抱负,他们只在学徒或练习生时代,学得若干技巧,过去如何,现代照办,绝对不思与时代并进,他们的发展,无论在年龄上或教育上,都受了限制。反之,新毕业的新闻科系学生,他们选定报业为终生事业,有理想,有抱负,又有适当的教育基础,设能予以适当实习机会,在一年半载之后,不仅可以赶上各报原有的"熟人"、"熟手",而且必有新的计划与新的办法,随同产生可以增进报社的生气,加得报纸的活力。可是在目前,因为有"熟人"与"熟手"的惰性心理,在那里作梗,这班新出来的生力军,就无法施展学能,这是中国报业的重大损失,而为奖掖后起报业青年者所宜亟切纠正的第一点。

诚然,刚从学校毕业的人是"生手",就算他们是新闻科系的毕业生,亦只学得原则原理,对于管理事项,纵有实习报纸或其他类似的组织,亦仅一得之见,不能全面活用,然而正像我们前面说过的,学校所能做的,已尽于此,以后一步,就要各报的主持人,接替上去,把他们训成切实合用的全才。主持人该把这班生手,看做自己的子弟,不仅不因他们是生手,一时做不来事,把他们搁在一边,轻易不和他们接触,而且正因为他们是生手,是对报业抱持无限热忱的生手,是组成今后报业新血轮新活力的生手,所以特别予以严密的考察与督导,随时随地,都愿尽其所能,提高他们的兴趣,解决他们的问题,务使他们踏进报馆,犹如回到家门。处处是温存,处处是体贴,绝对不受奚落,绝对不遭歧视,他们原是自动献身于报业的,如今在各方面都受了激励受了鼓励,还会不兢兢业业,日求私人学能的进步,公家事业的开展吗?亦必如此,而后不致在一方面,学校替社会造就人才,而社会都以学校为多事,以人才为不中用,有意无意之间,迫使新闻科系毕业的人转业。我不是说,在目前,中国的报业界，已发现类乎上述的怪现象，但假如一二征象朝着这个方面发展，那应该是最可惜最痛心的事。人才是要整个社会来栽培的，单靠学校，决不足够，尤其是报业管理人才，因为需要实际经验非到报馆里面去实习决无成功之望，必须办理新闻教育的人，与实际的报馆主持人，双方取得密切联系，前者予以启发，后者予以磨练。前者授以正确的人生观念，国族思想，必修学科，基本常识，使其成为可用之材，后者取用其材。再经一番提携，使其所学能有所用，且用得非常恰当。我们不主张一个刚毕业的人，即予以重要地位，因为这样，不仅于事无补，易使年青人少年得志自负不凡，从此没有长进。他们必需经过磨练方能成为大材，可是，在同时，我们也不主张受过适当教育的人，必须像艺徒般地，三年学徒，二年半作，而后方能独立，要是这样，那无异把现代教育的功能，一笔抹煞，他们需要磨练，但需在有计划的程序下磨练，不能让学徒出身的人，按着他们自己的经历，鸡零狗碎的训练他们。换言之，为欲造就人才，必须各报的负责主管，预定全面的训练方案切实督导他们。

在学校报馆密切联系的原则下，还有一点，应当提出，而且据我们看，也是栽培人才的有效办法，那就是从报馆当中，选取干才，而由学校继续予以训练。我们不能否认在现在各报馆中，有许多中级或中级以下的干部，都是年青有为的人，而且他们多半都凭自己的能力逐渐获取主管的信任，因而负责一方面的工作，他们所有的，是实际经验，而他们所缺乏的，是相当的识力，是对于社会，对于政治，对于国族，对于世界的适当了解，是基本的学科知识，是对于较大一个局面的应付力，这些，都可由学校负担起来，予以适当的补充。他们本已具备实际的管理经验如今经学校的补充后，又具备必需的理论知识，理论与经验，打成一片，其对于今后报业的伟大贡献，自属意料之中。何况从道义上讲，一个替报馆辛勤工作三五年的青年，报馆给他一年半载的假期，路途往返的旅费，使之获取适当的进修机会，决不为过；更何况从久长的眼光来看，这对报馆本身，根本是大有裨益的。在事实上，也许报馆都愿意这样做，问题都在学校于正科学生之外能否又有专科专班的设备？我们相信，各方面共同的努力，必可使上述数事，迟早见诸实行。

载《中国新闻学会年刊》第 2 期，1944 年 11 月 20 日

曾虚白

中政校新闻学院之产生及其未来

中国新闻学会编辑第二期年刊,函属就中央政治学校新闻学院之现在与未来作一报告:回溯新闻学院的成立,迄今还未满周年,说现在,已嫌尚未得一段落,说未来,更觉放言高论,恐贻空中楼阁之讥,本不欲率尔执笔,但为了使这新成立的新闻学教育机构能获得新闻界同人的宝贵指导起见,特略述新闻学院成立的缘起和我们对于该学院未来的希望。

现在的新闻学院,是一所大学以上程度的教育机构。但不是一所纯粹学术研究的机构,教学的重点,在于应用技术的传习实践,并不专注重于纯理论之探讨。因为该学院目前的使命,是[培]育担任国际宣传任务的高级新闻人才,所以,该学院的一切措施,诸如学员的甄选,课程的编订等项,都以达成这一使命为目的,并不拘泥于普通学校或研究院的常规。

在这里,我们先得说及国际宣传业务方面人才的需要。

国际宣传本不是战时新生的工作,在战前,国际宣传的机构早已存在着,国际宣传的业务,也早已进行着的。但自抗战军兴以来,为了向全世界阐明我和平正义的立场,暴露敌人贪婪残酷的侵略,以求争取兴国和外援,机构自需积极扩张,业务自需积极加强,但在前一段时期,由于各友邦对敌人尚保持表面上的中立,我们还不便作公开活跃的宣传,于是,我们的工作,不能不取种种掩蔽,而最有效的方法,便是策动联络友邦爱好和平痛恶侵略的人士,发起种种组织，代我们宣传，工作进行中，虽已感到人才的缺乏，还不算十分窘迫。到了太平洋战争展开以后，全世界局势完全澄清了，侵略者与反侵略的壁垒判然分明了，我们在国际上从事宣传，已经无需任何掩蔽，勿宁是，各盟邦，在在处处，都希望我们堂堂正正的站出来发言，站出来为联合国之共同胜利而大声疾呼了，各盟邦的民众，对于间接获得的有关我国的情报和知识，已不能满足，他们都希望直接从我们听到中国，直接从我们看到中国，直接从我们接触中国理解中国，而我们便不免痛感积极训练人才的必要。

怎样才是适合于担任国际宣传的人才？粗略的说，必须具备下面几项素养：

一、明悉国策国情；

二、了解国际情势；

三、熟习驻在国的风俗习惯和文化历史背景；

四、能纯粹运用驻在国的语言文字；

五、具有采访新闻之敏感和处理新闻之技能。

因此我们计划甄选国内外大学毕业擅长英文写作会话而于国内外大势有概要认识的青年，一方面由美籍新闻学教授授以新闻从业人员的技术，同时，并聘请国内党政先进，新闻界耆宿，或开专课，或作讲演，以充实其一二两项的素养。这计划的实施，便是中政校新闻学院的成立。

现在的新闻学院，是中央政治学校系统下的一所独立学院，其地位和中政校的地政学院，合作学院有点相同而又不尽同，新闻学部门各课程的师资，承美国哥伦比亚大学新闻学院的赞助，惠予供给。现在来华任教的有主任一位，教授三位，所开课程，计有九项如次：

（一）新闻之采访与撰写。这是现代新闻学的基本课程，教学方法是讲授和实习并重，初期注意点在改变学员文体，使能作平易简明的当地新闻，俟学员程度提高后，注意点再转移到撰写政治经济社会等较重大的新闻。上这一课时，课堂正像一家报馆的采访部，教授先作理论上的指导，并批评学员所撰原稿随即分派学员担任采访工作，后期并由学员轮流担任副编辑。

（二）新闻学基本理论。这一课是研究现代新闻学的基本理论的内容包括新闻学史、出版史、新闻学之范围，报纸之政策，报纸之道德，报纸发行之经济问题，报纸与世界事件之关联等等。

（三）编报法。本课目的在于研究编报的基本条件和训练都市报纸编报方法。初步训练后，即利用各家通讯稿为教材。学员程度进展后，再教以编排版面之原则并作实习。且由学员分组编排第一版报面，互相竞赛。

（四）宣传新闻学。本课目的在于研究如何准备宣传上之竞胜和怎样撰写有鼓舞性的文稿，先由研究公众心理及舆情着手，然后学习领导舆论达于所期目的之技术。这一课的设计，是准备配合其他课程，使学员适于服务我驻外使馆及海外新闻机构。

（五）无线电新闻之撰写与广播。本课系研究无线电新闻自1920年开始以来以迄现在之历史及其基本理论，主要内容包括撰写及编辑新闻节目之实验。关于新闻戏剧化，无线电谈话，无线电与报纸之关系，无线电与舆论之问题等项，也都逐一研究。

（六）采访与编辑。本课程是第（一）和第（三）课的延续，当学员程度进步，到适当阶段时，（一）（三）两课即合并为本课，以便训练学员作进一步的采访和编辑。学员中之一部当派充采访，另一部分担任撰写，另一部分担任核稿，另一部分则充副编辑，但各项工作，全体学员均须轮流学习。学员并分组编制报面之样张，互相观摩，并与其他报纸及美国标准式样之报纸，互作比较。俟在适当时期，即正式编印一小型报。

（七）社评写作之准备。本课目的系对社评题材之选择与资料准备的方法，作一般的研究。内容包括利用资料及索引，与及新闻的分类和宣传的分析等等。是准备撰写新闻背景，新闻解释和撰写社评社论的基本课程。

（八）特写撰述法。本课研究范围涉及有兴趣的资料，引人入胜的文体，特定的标题、版式、和读者群的愿望等等，并研究选择特写题材，及全文布局和撰写的方法，学员作品的改编和批评，是本课题显著的特征。在可能范围内，当分派学员于外勤工作中撰述特写，而以海外特感兴趣的新闻为题材。

（九）社评写作之技术。这是第七课程的延续，目的在研究构思和写作的技术，并且进一步的教授和实习撰写新闻说明和评论。方法是分派学员就指定题目作构思和写作，然后以其作品与美国报纸的社评作比较，在可能范围内，并当训练学员在课室中讨论他们撰写的社论。此外，文学批评剧评和其他评论，也是本课教学的对象。

从上面的课程概要，可以知道除了"新闻学基本理论"以外，都是实用的技术性质的课程。事实上，新闻学院自开学以来，学校便是一所报馆，在初期，教授是总编辑，学员是访员和编辑，而在现在，由于教学设计的优良，教学实施的切适和学员选拔的严格，已经进步到教授只居于顾问地位，学员们已在轮流担任着总编辑编辑访员特写编辑等任务，而学员的实习刊物《重庆新闻》The Chungking Reposter 已于三月间问世，并在极短的期内，将篇幅扩充一倍了。

新闻学院的修学期限，规定是一整年，一年间划分为四个学期，每学期各三个月，学期期限的这种规定，是以预定教学进度为标准的。自去年双十节开学以来，迄现时，第三学期适告结束，最后一学期（这一学期前两个月完全实习，实习范围扩大至战地探访，旅行探访，长篇的系统的文稿之撰拟等等，后一个月举行总考）还未开始，所以，我认为就要说新闻学院的"现在"，都嫌还未得一段落，但是，从过去三个学期的进度看，我们认为教学的设计很恰当切适，教学的推进很圆满顺利，而学员等努力向学的情形也保证了我们预期目标之必可到达。但是，无可讳言的，一部分学员对于我上面列举的第一二项素养，还有待于充实，好在各学员都已受过高等教育各有专长，现在再获得了猎取新闻的敏感和技巧，这两项素养可在工作中求得日新月异的进步，我们在国际宣传处现在工作的许多同事中，已有了这种经验足以坚强我们的这种信念。

新闻学院是战时成立的新闻教育机构，也可说是应战时之需要而成立的新闻教育的机构，所以，在最近的将来，这所学院仍将按照第一年的成规，继续办理。

到战后，我们认为民主政治的巩固，有赖于舆论的健全，有赖于新闻事业的发展，而新闻事业的发展却需要新闻教育的普遍与精深，关于这一点，我们对于新闻学院诚不能不寄其璨烂光辉的期望。大体上说，那时的新闻学院或将取两歧的发展，即一方面仍然保存现在的作风，作为一所大学程度以上的专技传习机构；一方面却按其他学科研究所的方式办理，即选取专题作精深的纯学术的研究，例如："一九三七年以来，罗斯福总统怎样领导美国舆论"，"近年间美国舆论怎样从孤立主义转变到世界主义"，或"英美报纸风格之比较"等问题，都是绝好的题材。

总之，新闻学院目前只在发轫时期，很多方面都有待于检讨与改进，我们衷心欢迎新闻界先进的宝贵指导。

（此稿草于本年七月底，今第一届学员已修学结束，文中所述，与事实现状已有不同。特此附识，虚白注。）

载《中国新闻学会年刊》第 2 期，1944 年 11 月 20 日

陈望道

新闻馆与新闻教育问题

现在中国新闻教育机关急须解决的问题似乎有两个：一个是如何充实教学的设备与内容，使有志新闻事业的青年更能学以致用。二是如何与新闻事业机关取得更密切之联系，使学与用更不至于脱节。筹建新闻馆，便是想尝试解决第一个问题的一部分，以为解决第二个问题的基础。承各界有识人士以空前的热忱协助，得于短期间告成，至可感谢！协助者的姓名已在新闻馆内阅览室中一一列碑纪念。我们相信他们的姓名将与新闻教育史永垂不朽。

复旦新闻学系借社会协助，现在总算已经解决了第一个问题的一小部分，我们迫切希望能够解决另一部分。还有第二个问题，我们亦希望能够解决，或至少有个解决的途径。我们切望能与新闻事业机关合作，能够以形影似的亲密关系，开辟自己的前途，谋求人群的幸福。

载复旦新闻系复员会编纂组编印的《1946年复员前的新闻系》，1946年油印本

施志刚

中国新专之过去现状及展望

中国新闻专科学校自创立以来,已届一周年。在这一年中,受许多热心人士的鼓励和帮助,使本校基础渐趋稳固,全校同人,在感激之余,自当更求奋发,日新［猛进］。兹将一年来学校概况和将来的计划,报告于关心本校的社会人士之前,并求各方加以指正。

本校校董会成立于民国三十四年九月,同年十月中旬正式开学。因当时上海光复,报界人才奇缺,各方期待至为殷切。本校成立消息发表后,各地青年踊跃报名,超过录取名额甚巨,历届招生情形,都相仿佛。因此每学期录取标准概从严格,本学期现有学生约五百人,共分六班上课。

本校尽量聘请报界名流与饱学之士为教授,本校报酬并不高,而教授都乐意接受聘约,这是他们特别重视这个学校爱护这个学校的缘故。

本校另聘社会贤达,教育专家和新闻界诸名流组织校务委员会,经常执行计划,督导和顾问工作。

本校训导,采自发辅导方式,以期养成学生高等的品格,活泼的性情和好学的习惯,从不作消极的干涉,一年来不仅无一人被学校开除,即学生违犯校规的事件,亦非常少见。

自本学期开学以来,积极充实内容,增加设备。最近图书馆已经成立,校刊出了二期,丛书编纂委员会正在计划进行编纂工作,附设"中国新闻通讯社",已由内政部核准登记,最近即拟发稿。

目前本校最感困难的是校舍问题,屡次企图自建一所理想的校舍,因为物质条件的不够,不能即时实现。预期再过一年,当可搬进自建的屋子里去。

为谋便利学生实习起见,本校需要自己发行一种报纸,并且要自己有一个印刷厂。增加学生实习的时间,养成熟练的技能,以训练有素的人才出去参加新闻工作,才能胜任愉快,才能有良好的效果。

组织一个健全的通讯网,也是预定计划之一。现在本校校友已加入报界服务的已有一百余人,分布于京沪苏浙皖赣渝平各地,由此而展及全国,全世界,再过若干时间,本校校友,也就是我们中国新闻通讯社的通讯员可能遍及全国。

新闻校书籍之在中国,可说非常贫乏,新闻学丛书的出版,实为当务之急。本校预定在一年内编纂十种至二十种有关新闻学的书籍出版,继续五年乃至十年二十年,当可有整套的新闻理论丛书问世。

本校同人秉承诸位校董的意志和社会人士报界先进的指示,在陈校长领导之下,只知埋头苦干,不问其他。一年来这区区的成绩,实在距离我们预定的目标还远,此后尚望各界贤达和关心本校的人士,时加赐教。本校以"明德新民"四字为校训,顾名思义,这个"大学之道",乃是要使每一个学生己达达人己立立人,完成新闻记者应具的人格,数十年后,将促使整个国家,"止于至善"。

载《中国新专校刊》第 2 期,1946 年

陈锡余

中国新闻教育与新闻事业

一、导　　言

　　中国新闻教育，由发源以至现在，不过三十多年的历史，而中国的新闻事业，开创迄今，亦尚未超过百年，由此，可知我们的新闻教育和新闻事业，还在幼稚时期，都待我们再加努力。

　　我们首先要知道今日新闻纸使命和其威力的伟大，他是普及教育的导师，是监督政府，指导社会，促进文明的利器。一条新闻或一篇社论，经其发布，可能在短短的时间走遍全世界，震撼全人类，而若干政府与人民的思想行动，受其影响。

　　然此种成就，并不是随便可以做到，必须有其内在的优越条件和外缘的良好环境，两相配合，积年累月，渐渐始能造成。英美是世界上新闻事业最发达国家，新闻纸的力量也最伟大，但他的得力处，除本身具有充裕的经济和人才而外，政治民主，言论自由，实有以促成之。反观我国报业，人才和经济既极缺乏，言论亦不自由，新闻记者时会碰到霉头，在这情形下，新闻事业自无由发展，舆论权威更谈不到。故要发展中国新闻事业，提高舆论权威，以达成上述的使命，首先要政治民主，在民主政治言论获得自由，新闻记者得到安全保障之后，才能鼓起人们有兴趣去出钱办报，去研究新闻学，去做新闻记者。

二、两者的关连

新闻教育与新闻事业,是一事的两面。要发展新闻事业,必须要培养大量的新闻人才,培养大量的新闻人才,是为着发展新闻事业。反之,如不养成大量新闻人才,无由发展新闻事业,如果新闻事业不发展,自无需大量培养新闻人才,即培养出来亦无所用,无所用则影响及于新闻教育的发展矣。

美国是世界上新闻教育开创最早的国家,五十年来训练成的人才不少。因为他的新闻事业发达,大多一出校门,便入报社,学能致用,在此相得益彰之下,两者交互发展,日进不已,迄今乃成为世界上的新闻王国。

我国新闻事业,尚在幼稚时期,因素虽多,缺乏人才,实为主要之一。要发展我国今后新闻事业,必须从速发展新闻教育,重视新闻教育。

三、过去的失败

甲、教育方面 我国新闻教育,动机于民元"全国报界俱进会"提议设立"新闻学校",但校未成立而会已瓦解。民七北大设"新闻研究会",是我国第一个新闻教育机构。民九"全国报界联合会"通过"新闻大学组织大纲",倡议设新闻大学,但亦未成事实。故此一时期,中国新闻教育只是倡导,尚未正式开始。惟因一再的提倡,已引起国人注意。在全国报界联合会后的同年,上海圣约翰大学文科中乃有"报学系"的设立。民十,福建厦门大学开办,将"报学"列为八科之一。民十一,北平平民大学成立,设新闻系。民十三北京国际大学燕京大学。民十四,上海南方大学。民十五,光华大学。民国大学。大夏大学。民十六,复旦大学。均先后设置报学系,或报学专科。自是以后,各地设立新闻专科学校,或训练班,招生入校,或校外函授者尚有多处。中国新闻教育,至此已入萌芽时代。且有萌芽而渐趋茁壮的征象。惟近二十年来,因受种种影响,此一事业,仍然缓步向前进境不大。现在国内所存的新闻教育学校,约分下列三类:第一类是四年制的大学新闻学系,如中央政治大学新闻学系,燕京大学新闻学系,复旦大学新闻学系,暨南大学新闻学系,社会教育学院新闻学系,圣约翰大学新闻学系,沪江大学新闻学系,及广东的本校和中华文法学院的新闻学系。第二类是新闻专科学校,如上海新闻专科学校,民治新闻专科学校,上海法学院新闻专科学校,国立东方语文专科学校新闻组等。第三类是函授补习,如上海文化函授学院,香港持恒函授学院等。

根据上面叙述,知道我们新闻教育已经历了这么久的时日,教育机构亦不在少,照理总该养成了一班新闻人才,但事实怎样呢?处处都闹着新闻人才荒,服务现在新闻机构的,大多不是出身新闻学校,而出身新闻学校者,也不一定对这们工作能胜任愉快。因此,不能不说是过去中国新闻教育是失败了,最低限度也可以说是未能如理想的成功。失败的原因:第一,不重视新闻教育,说了不做,做也不切实。第二,报业环境不好,鼓不起人们对这事业兴趣去受这种教育。第三,教师和教材缺乏。第四,设备简陋,不能使理论与实践打成一片。

乙、报业方面 中国新闻事业,在过去大都是"政治强于经济","消闲重于事业"。办报的人,不少是在朝在野的官僚,政客,或是市侩,骚人。他们不是以办报为目的,而是以办报为手段,企图藉此以偿其所大慾,或消遣其胸中郁闷而已。能本纯洁心肠,超然态度,站在报人立场,以新闻事业为一种社会大众事业,用企业化作大规模而永久经营的,实在极少。因之,民元以来的中国新闻事业,其混乱情形,与中国政局了无二致。有政治背景的,入主出奴,党同伐异,无政治背景的,受种种约束和刺激,不是隔鞋搔痒,便是弄月吟风,其言论记载,对人对事,确能不袒不偏,够得上真正舆论代表,而具有较久历史和相当规模的,实在不多。复员以后,我国新闻事业,本可随着这大转变而作划时代的发展,可惜时代已经划了,而祸乱仍然相□,报业过去所遭的困厄,除新闻自由一点,微露曙光之外,其余艰危,有加无已。最足为报业致命打击的,无过于金融波动,物价狂涨。因为新闻事业虽然是商业之一种,但与专以营利为目的的其他商业不同,既不能"赊借免问"也不愿"早晚时价不同"。所受损失的巨大,实在无法补救。目前中国新闻事业,除有本身营业以外的特殊经济支援,可以维持下去者外,几已全数奄奄一息,朝不保夕。

上面所述,是中国过去新闻事业的实际情景,我们不能不说是失败,最低限度也不能不说是成功太少。失败的主要原因:第一,政局不安定,言论不自由,新闻记者和新闻事业都无保障。第二,人民程度不够,经济贫乏,交通梗阻,社会上各种条件未能配合。第三,新闻教育未发达,新闻人才缺乏,无法推动。第四,少人愿意投资于新闻事业之经营。

四、今后的展望

现代的新闻事业,不仅是人类文野的衡器,国族盛衰的象征,抑且是民主政治的前锋,世界和平的保姆。我们要生存发展,要长治久安,便不能不对新闻事业下一番功夫,同时也不能不对新闻教育来一番努力。

中国过去新闻教育和新闻事业失败的原因,既如上述,我们便可根据这原因而提出今后的改进意见。

第一,首先要改造的是中国报业的环境,改造报业环境最重要的无过于实行民主政治,开放舆论,使报纸与报人,在公善恶,公是非之下,言论记载获得自由与保障。

第二,报纸与报人获得言论自由保障后,自然会有人肯投资经营新闻事业,有兴趣去接受新闻教育,如是,则两者之间,今后必然交互发展,日进不已。

第三,过去中国新闻学教育课程缺点颇多,一言难尽,然最主要的无过于实习太少。我们知道新闻学这一门,不仅要有渊博的理论知识,且要有优越的技术,在若干种工作上,如工场管理,营业管理,编辑技巧等,后者实较前者为重要。惟过去因学校设备简陋,与外间报社又无密切联系,致新闻教育与新闻事业脱节,到了学生离开学校进入报馆,未能胜任实际工作,招致"新闻学校与新闻事业无关","新闻教育无用"之讥评。今后中国新闻教育与新闻事业,必须联成一气,使之相辅相成,才有发展可言。其次,新闻教育,除予受教者以"学"与"术"的训练之外,尤要予以"德"的培养,因新闻记者的手握着无上的武器,如无道德,为害便不堪设想了。

自然,凡百事业的成功,其条件并不简单,尤非一蹴可就。相反的,事业之失败亦然。英美新闻事业之有今日,自然有其种种所以致之的条件。其前提,实为政治民主,政治民主了,国家可望长治久安,其余一切建设亦必在长治久安中获得进步,社会上一切的进步,都有利于新闻事业的发展,新闻事业的发展,又足以促进社会的进步。

现在世界新闻自由运动和中国民主政治运动,正在迈步前进,我们相信这两大运动必然成功,亦必然对中国新闻事业有良好的影响。所以今后中国的新闻事业和新闻教育,都有极大的远景,我们展望前途,不禁色喜。

载《文风学报》第2、3期合刊,1947年

王师莱

新闻教育的重点在哪里

新闻教育的重点在哪里？对于这个问题的了解,可以帮助新闻学校的同学,加深他们学习中的所得。对于被摒弃在学校之外,而希望获得完整的新闻知识的青年们,可以为他们指示一个努力的方向。由于新闻教育并非训练一个仅仅懂得理论,而是必须实践地运用理论的新闻工作者,所以新闻教育的第一个重点,应该放在技术教育上;由于新闻工作者并非仅是运用技术的职业工作者,而是负荷促使社会向上的任务的引航者,所以新闻教育的第二个重点,应该放在一般职业教育所忽视的认识教育上。

先从技术方面来说,一个从事新闻工作者,事前必须有充裕的机会,学习一些实际工作的经验。一个缺乏采访与编辑工作经验的工作者,往往会把一条很有价值的新闻遗漏或处理的得很不智,或遇到一条好消息无从下笔,或对于一堆新闻资料措手发愣。这里我可以举出一个例子来证明,国内某著名国际问题专家,毕业于美国密苏里新闻学院,对国际问题著译甚多,但在他刚担任某报编辑工作,快到齐稿的时候,却望着 大堆新闻稿发呆,而觉得无从下笔。从这一个例子,我们可以了解到仅仅有新闻教育和对国际问题的了解,若作一个需要实践工作经验的编辑,是不可能的。同时我们也可以因而理解到美国名新闻学家亨利 Henry 氏对新闻技术重要的提示。他说:"新闻教育最佳的场所,不是新闻学校而是通信社,报馆,以及社会与社会广大的人群。"我们抛开社会人群广大的范围不提,每一个新闻工作者,是必须向报馆和通信社这些地方的实践工作学习不可。美国密苏里学院的《密苏里人报》和燕京大学的《燕京新闻》,就都是为充实新闻教育中所缺乏的实践经验而创办的。在这里我们更进一步的就新闻的制作过程以及报业的经营与管理来说明新闻教育中技术的重要性。

(一)采访:采访在英文上叫:News Getting,可以译作新闻的获得,这个字可以说是非常恰当。我们从一般新闻学书籍中虽可得知不少关于采访的知识,但面对每天所发生的众多而复杂的事件,其中或有新闻价值,或乏新闻价值,[现]在必须培养敏锐的新闻眼(News Eye)和新闻觉(News Sense),方可处理允当。至于在采访中所必须的工作技术,如译电,无线电器材的知识,以及摄影、骑马、游泳、驶车等,均属需要。

其次,速记术(Shorthand):在采访工作过程中的运用,实不容忽视。美国已有速记访员(Shorthand Reporter),他们大多出现在规模很大的会议场所,记录重要人物的演词,这些演词几乎不能作一字的增减,而主要的词句和重点,更不能遗漏了。他们分班工作,每人记录一定时间内的演词,达即退出整理,在一篇长的演讲完毕以后,相距方两小时,演词全文已经可以送到读者手中了。这些演辞对于政治,国际各方面的影响之大,之深,自在意想之中,连记访员所必须具有的技术和理解能力,当无可置疑了。

(二)编辑(Editing):从本报访员,通信社,其他各方面送来的许多稿件当中,决定稿件的取舍,同样的必须具有敏锐的新闻眼和新闻觉,以及优良的判断力,才能从数量众多性质各殊的稿件中,取出版面上所能容纳的精粹稿件。至于新闻标题的制作,编排的次序,版面的美观,这一切都没有任何条文的规定,端赖编辑人员的实际的丰富的经验。经验固然是技术,但也所谓"神而明之,存乎其间",要靠虚心的揣摩。

附带可以提出的,一般人以为新闻写作,只要具有普通的写作能力,能够写文章,写小[说],也就可以写新闻稿件,这是一项重大的错误。新闻稿件因为时间价值的重要,势非迅速不可,亦即仓促之间,正确地把握新闻的重要性,以及与其他文章所不同的新闻稿件的格律与表现性,显然是要具有新闻写作的技巧与修养。

(三)报业经营与管理:从报纸的制作过程上讲,采访编辑与经营管理,对于提高工作效率一层,有同样的重要性;而后者更具体的表现在人力物力的节制上。至于印刷的管理,将决定报纸的出张时间,报纸的发行,可由人为的努力而适量增加。而广告的管理,特别需要注意技术。例如:如何才能使新闻与广告配合,而发挥其效力？如何能不损及报格,而保有广告刊户？以及如何才能不受广告公司的影响？这一切均须对广告学有深切的了解,对实践工作有充分的经验,才可能办得到。

就本人由一张报纸的制作过程,加以综合的分析以后,对于新闻事业是一项需要技术的学科,是用不着再加以解释的了。有人曾说:"新闻事业是七分技术,三分理论。"这种说法固然过甚其词,但技术应该是新闻教育的重点之一,却是毋庸置疑的。

其次,关于认识方面。认识是理论与实践的结合,也就是新闻工作者对工作的基本理解与态度。

(一)报纸底永恒的使命在促使社会向上:社会是进化的,而报纸底永恒的使命,即在促使和加速社会的向上。至于怎样才是一个理想的社会呢？经济方面:人类的智力与劳力须有平行的发展与运用,人人能各得其工作的机会,借以满足衣食住行生活各方面的需要;政治方面:人人都能享受集会,出版、居住、言论、游行的自由,和人人能行使其政治权利;文化方面:人人都能享有受教育的机会,人人都能有欣赏文学艺术的机会与能力。以我们中国来说,农村都市存在大批的失业者,人民的各项权利和自由被剥夺和限制,百分之八十的老百姓是文盲,被剥夺了受教育的机会。我们相信鲁迅先生的话:能温饱始能生存,能生存始能发展。我们了解目前中国是封建而且落后,生产者与生产工具脱离关系,再加上帝国主义的侵略与迫害,官僚、军阀,贪官污吏的统治与榨取,每一个新闻工作者,在完成其促使社会向上的使命的时候,应该向这些不合理的现实挑战,为促使社会向上而努力。

(二)报纸是社会的公器:报纸是公开发行,大量发行,按期发行的,同时是最廉价的精神食粮。因为报纸具有这四大特色,也就是政党、军阀、政客,利用报纸欺瞒受众,毒化受众以运行私利的缘故。虽然这样的报纸终究是会揭穿纸老虎,为人民所唾弃,但因而已经失去了报纸促使社会向上的作用,反达到了部分欺瞒麻醉毒化的作用,也就反而延缓了社会的前进。中国有百分之八十的人民是无党派的,假若我们能为他们发言,对于报纸将有如何巨大的前途,这是可以乐观地预测的,而我们在促使社会向上这一点上,所发出的诱导作用,得到了百分之八十的人民的赞同与支持,由这一个社会公器所发挥的效力,将是如何的伟大。

(三)为真理作见证:我们认识了报纸促使社会向上的使命和它作为社会公器的力量之后,作为一个新闻从工业员,一个掌握社会公器(Public Weapon)的公众付托人(Public Trustee),是应该能明辨是非,随时为实现公众付托人的使命,保有社会公器的合理运用而奋斗。在这种不能逃避现实,不能歪曲事实的时候,不仅应该站在"是"的这一面,去攻击"非"的那一面,而且应该随时和存在个人心中的私见斗争,不屈服于暴力,倔强地为真理作见证,作一个保有新闻道德和荣誉的殉道者,以血来培养新闻事业的果实。

就本人管见所及,新闻教育的重点必须以三分之一放在技术上面,有了技术,才能把理论灵活的实际的运用,才能由实践充实理论,把理论提前一步。而认识的教育,可以使每一个新闻工作者,具有健全的人生观,充分的认识社会、历史、政治、国际、各方面的正确的发展,实际担负起运用社会公器的报纸,完成促使社会向上的使命。而在这实践的艰苦的为真理作见证的献身中,完成了公众付托人的任务,同时也给新闻事业和新闻道德开拓了远大的前途。

载《文化通讯》第 2 期,1947 年

储玉坤

今日之中国新闻教育

（一）英美式的新闻教育

中国的报业固然走着英美路线，就是中国的新闻教育，也走着英美路线。诚如我国当代最伟大的报人张季鸾先生所说："中国报人以英美式的自由主义为理想，是自由职业的一门。其信仰是言论自由，而职业独立。对政治，贵敢言；对新闻，贵争快。近多年来，报纸逐渐商业化，循着资本主义的原则而进展；所以从大体上说，中国报业是走着英美路线。"（张著：《抗战与报人》，载于香港大公报社论民国廿八年五月五日）

但是中国新闻教育也走着英美路线，又怎样加以解说呢？因此我们不能不追溯一下近廿年来中国新闻教育的发展史。我国大学首先创办新闻系，要算是北京的燕京大学了。它在1924年就首先创办了一个新闻学系，创办人和第一任系主任，就是甫自美国专攻新闻学学成归国的梁士纯先生，他是密苏里新闻学院的高材生，返国创办新闻系，当然容易取得美国新闻教育家的赞助。所以燕京大学的新闻系开办后，就与密苏里新闻学院实行合作，互相交换教授及研究生。教材方面，固然偏于英文报纸，就是所有课程编制以及设备，完全仿效密苏里新闻学院。燕大新闻系，到现在，已有廿余年的历史，人才辈出，大半在英文报馆内工作。

继燕大之后而创办新闻系的,则为上海的复旦大学,它于1927年开办,系主任是对于日本文学颇有研究的谢六逸先生,谢先生留学日本多年,不仅对于日本的文学,有相当的成就,而且对于日本的新闻专业,也非常有兴趣。所以在他主持下的复旦新闻系,不论是课程和设备,大半是采取的日本式的新闻教育。不过日本的新闻教育,是欧洲大陆式的新闻教育。惟复旦限于人力物力,在抗战之前,并未有惊人的发展;迨至抗战军兴,复旦随政府西迁,谢先生积劳成疾,与世长逝,现由文学家陈望道先生主持,对于新闻学并无专门研究,不过其聘请的教授,大半是英美留学生,所以今日的复旦新闻系,也已走上英美的路线了。

国立大学首先创办新闻系,要算是国立政治大学了;1935年,中国国民党鉴于党内新闻人才的缺乏,乃命令中央政治学校(即今日之国立政治大学)开办新闻系,由甫自美国密苏里新闻学院毕业后返国的马星野先生,负责筹备。不用说,所开的课程,所教的教材,都是取之于密苏里新闻学院,与燕大新闻系所不同者,仅是马星野先生鉴于燕大新闻系的失败,乃偏重于国文及普通常识而已。

舍此而外,尚有暨南大学与社会教育学院两校,也办有新闻系,但历史较短尚在试办阶段。

(二) 中国新闻教育的失败

中国新闻教育已有廿余年的历史,近年来各大学添设新闻系,又像雨后春笋,在表面上看来,不能不说中国的新闻教育已有长足的进步,但是按之实际,中国新闻教育仍是失败的。作者本人虽然也是热心从事新闻教育的人,但是对于新闻教育失败的事实,也不能不加以承认。同时研究新闻教育失败的原因,不外乎下列各项:

第一,新闻学在社会科学中,还是最落后的一门,说得好听些,是最年轻的一种科学;说得不好听点,是最幼稚的一门科学。是否能和其他科学一样可以学校教育的方式来研究和学习? 至今还是一个严重的问题。就是在新闻教育最发达的美国,至今还有人怀疑新闻教育的价值。例如美国名记者亨利(Mr. Marse Henry)说:"一家好的报馆,就是最优良的新闻学校。"(A good newspaper office is the best school of all.）另有一位记者华特逊（Henry Watterson）也说：There is but one school of journalism, that is a well conducted newspapers office. 在新闻教育最发达的美国尚且如此，何况在新闻教育落后的中国呢？尤其是一般未受新闻教育而现任记者的人们，对于新闻教育的功效，大半抱着怀疑态度，甚至对于新闻教育常加以冷嘲热讽。

第二是出版界对于新闻学著作的缺少。在英美出版界，关于新闻学的著作，终算还有几本，但是和其他科学比较起来，真有天壤之别。在中国出版界，新闻学的著作，更少得可怜，真有些像凤毛麟角。因此在教授方面，感到教材的缺乏，觉得没有什么可以教学生；在学生方面，除了听教授在上课讲解而外，又无参考书可以阅读，藉以补充教授讲解之不足。所以新闻系的学生，读满了四年毕业，反躬自省一下，未免茫茫然，而感觉到内心的空虚，几乎读书四年一无所得。

第三是教育当局的不够重视新闻教育。截至目前为止，教育部对于其他科学，不仅已厘订了大学四年必修与选修的课程标准；而且已聘请了全国的专家及富有教育经验的老教授，编著大学用书，但是对于新闻学系，不仅未厘订课程标准，而且也没有编纂大学用书，听任各学校自由处理。不能不认为这也是新闻教育失败的原因之一。

第四是教授人才的缺乏。依照大学教授聘请的条例，必须经过教育部的审查合格。因此在新闻系，就发生了一个严重的问题。在国外大学研究新闻学的人，固然不乏其人，他们都可以取得教授或副教授的资格，但是他们都没有实际的经验；而现任各大报的总经理，总编辑或总主笔的人，虽有丰富的经验，但其学历未必能合教授的资格。所以在各大学新闻系，最不易聘请到优良的教授。不论是燕大复旦甚至政大，都有着教授缺乏的现象。

第五是各大学新闻系的设备不全。各大学对于新闻系，并没有另眼看待，和其他学系，一视同仁；而我们知道，研究新闻学是三分理论七分实际的。没有设备，就无异于纸上谈兵，学生将来毕业后，即使能入报馆服务，还要经过报馆方面的"再教育"，使世人不能不怀疑新闻教育的功效。

（三）英美的新闻教育

现代新闻教育最发达的国家，首推美国，据1941年调查，美国大学及独立学院,创办新闻学系者,共有五百四十二所,惟国人所知者,一是哥伦比亚大学的新闻学院,另是密苏里新闻学院。这两个著名的大学所办理的新闻学院,在性质上是完全不同的。哥伦比亚大学自1935年以来,已将新闻学院改为新闻学研究院了,学生入学资格是学士,一年毕业,即可取得硕士学位。现任院长为亚根曼,他看到新闻学理论的空虚,认为只要一年的功夫,就可以学习完毕,但是新闻记者最重要的条件,乃在常识丰富,所以研究院招收大学毕业的学生,教他们在一年之内将所有新闻学理论,学习完毕,即可献身报界了。

但是在密苏里新闻学院,他是美国新闻教育专家威廉博士所创办的,不仅为美国设备最完善的新闻学校,而且也是世界报界的最高学府。威廉博士不但努力校务,使密苏里新闻学院成为设备最完善的新闻学校,而且他个人在新闻学上也有许多贡献,他曾拟就一种《记者守则》几乎成为中外每一个新闻记者所信奉的座右铭。他一生提倡新闻教育,不遗余力,在美国竭力使人相信,新闻教育是一种职业教育,不容歧视;威廉博士也曾到中国来提倡新闻教学,鼓励其学生梁士纯先生在燕大开办新闻学系。密苏里新闻学院是四年制,新闻学与其他的科学,同时学习。选读编辑系的,必须以政治系为其副系;选读报业管理系的,必须以工商管理或银行会计系为其副系。密苏里新闻学院自创办迄今,已有四十年的历史,人才辈出,不但在美国新闻界占着极大的势力,就是我国出洋留学研究新闻学的,大半也是入密苏里新闻学院。

至于英国的新闻教育,却偏重在主笔人才的训练,伦敦大学设有新闻学系,他们所注重的,除了文字而外,并注重各种专门学问,及本身的修养,毕业后,即可入报馆为主笔或专栏作家。

中国的新闻教育既然走的是英美路线,自然在英美新闻教育的大同小异里,也应该有所抉择。

(四)国内各大学新闻系的一般

现在已到了暑假,各校新闻系,纷纷来沪招生。有志新闻专业的青年,也在考虑究竟应该投考那一个学校。据作者所知,特将国内著名的大学新闻系,介绍如次:

(一)南京　国立政治大学新闻系

（二）上海　国立复旦大学新闻系
　　　　　　国立暨南大学新闻系
　　　　　　私立沪江大学新闻系
　　　　　　私立圣约翰大学新闻系
（三）北平　燕京大学新闻系

上海还有上海法学院报业专修科，中国新闻专科学校暨民治新闻专科学校，都有相当的成绩，但均属补习学校性质，适宜于职业青年有志于新闻事业者，在业余进修。

七月十五日申报馆

载《读书通讯》第138期，1947年

储玉坤

二十年来的新闻教育

一、新闻自由与新闻教育

我国的新闻教育向称落后,不论在内容方面或在技术方面,与报业先进各国相较,无不瞠乎其后。但在抗战期间,经过全国报人八年来的刻苦努力,已获得长足的进步;我国报纸的外表,虽因物质条件的欠缺,尚难充分表现出现代报业的特色,但在内容方面,多少已能收到现代报纸对于政治、经济、社会、文化的功效。不但能反映舆论,作为民众的喉舌,抑且能以最迅速的方法,报导正确消息,成为知识分子一日不可缺少的精神食粮。可是无论如何,中国报业仍是落后的;且从大体上说,中国报业正循着资本主义的原则而进展。诚如张季鸾先生(前大公报总主笔业已逝世)所说:"中国报人以英美式的自由主义为理想,报业是自由职业的一门,其信仰是言论自由,而职业独立。对政治贵敢言;对新闻贵争快;近几年来,报纸逐渐商业化,循着资本主义的原则而进展;所以从大体上说,中国报业是走着英美路线。"

我国报业既走英美路线,世界报业的趋势对于我国报业的改进,当有非常密切的关系。我们放眼看看世界各国报业的情形,很明显的有着两种新的趋势。

第一是国际新闻自由运动。今日世界各国除苏联一国而外,莫不要求国际新闻自由。缘在大战期间,各国有识之士,经过这次大战惨痛的教训,均认为大战发生的祸根,埋在战前国际新闻的隐秘与伪装;战后如能缔造世界和平,且希望其能维持久远,则必谋得国际新闻的自由。只要是现任新闻记者,就可以到世界任何一国自由采访新闻,不受任何限制,把采访得来的新闻自由传达回去,不受当地当局的任何干涉;报纸自由刊载这个新闻,也不受任何方式的检查。这一个国际运动,在新闻学史上真是一个划时代的运动,如果真能实现,不仅是国际上的一种和平运动,使战前盛行的"秘密外交"不能重演于今日,而且也是世界报业的一大革新运动,使各国的报业均能面目一新。

第二是国内言论自由运动。战后一般爱好和平的人士,莫不认为战后的世界,如欲踏入和平民主的新时代,则各国国内言论自由,也是一个不可缺少的条件。言论自由是民主政治的生命,没有言论自由的国家,其政治即无民主可言;一切政治设施,如果不许人民自由发表其批评的意见,则其国内的政治也就不会有进步。人民发表意见,除民主国家的议会而外,报纸就是表达民意唯一的工具。所以战后世界各国,为使政治民主化起见,无不力争人民的言论自由。

我国报业受了国际潮流的激荡,在抗战期间,早就向着这两大目标努力迈进。诚如我国新闻教育专家马星野先生(现任南京中央日报社长)所说:"中国新闻界有两种运动,第一是提倡国内新闻自由,以保障政治民主化的运动;第二是提倡国际新闻自由,以永奠世界和平的运动。"

近几年来,经过我国报人的不断努力,不论是对于国际新闻自由运动或是国内言论自由运动,都已有相当的成就。但是所谓"自由",绝非听任新闻记者冲破藩篱随心所欲之谓。古人所谓"一言兴邦,一言丧邦",现代报人何尝不是如此。所以记者的一枝秃笔,不但有关国家的荣辱,世界的安危,而且人类的运命也系于报人之手。报人所负的责任愈大,报人善用其自由也愈难。因此记者人才的培养,不得不依赖新闻教育。没有受过适当的新闻教育的人,在新闻自由的时代,根本不配做记者的。否则滥竽充数,社会不仅不能受其益,反而将受其害。

在抗战期间,尤其在抗战胜利之后,一般知识青年看到新闻事业的重要,对于新闻学均感到极大的兴趣,教育当局对新闻教育也逐渐重视起来了。这不能不说中国报业的一个好现象。

二、中国新闻教育的失败

我国新闻教育已有二十余年的历史,近年来各大学纷纷添设新闻系,有如雨后春笋,在表面上看来,不能不说中国新闻教育已有长足的进步,但按之实际,中国新闻教育仍是失败的。作者本人虽然也是热心从事新闻教育的人,但是对于新闻教育失败的事实,也不能不加以承认。并研究当前新闻教育失败的原因,有下列各项:

第一,新闻学在社会科学中,还是最落后的一门,说得好听些,是最年轻的一种科学;说得不好听点,是最幼稚的一门科学。新闻学是否能和其他科学一样可以采取学校教育的方式来研究和学习?至今还是一个严重的问题。就是在新闻教育最发达的美国,至今还有人怀疑新闻教育的价值。例如美国名记者亨利所说:"一家好的报馆,就是最优良的新闻学校。"在新闻教育最发达的国家,尚且如此,何况在新闻教育落后的中国呢?尤其是一般未受新闻教育而现任的记者的人们,对于新闻教育,大半抱着怀疑的态度。甚至对于新闻教育,常加以冷嘲热讽,认为新闻学不能从书本中求得的。

第二,是出版社对于新闻学著作的缺少。在英美出版界,关于新闻学的著作,终算还有几本,但是和其他科学比较起来,不啻有天壤之别。在中国出版界,新闻学的著作更是少得可怜,真有些像凤毛麟角;再加以中英文的不同,中外报纸的编排迥异,外国的教本均不适用于中国学校,因此在教授方面,感到教材的缺乏,觉得没有什么可以教学生;在学生方面,除了听教授在上课时的讲解而外,又无参考书可以阅读,藉以补充教授讲解之不足。所以新闻系的教授,迟到早退是屡见不鲜的,新闻系的学生也是最空闲的,读满了四年毕业,反躬自省一下,已读到了些什么?终不免茫茫然,而感到内心的空虚,读书四年,几乎一无所得。

第三,是教授人才的缺乏。依照大学教授聘请的条例,必须经过教育部的审查合格,才能充任教授。因此在新闻系,就发生了一个严重的师资问题。目前我国在国外大学研究新闻学的人,固然不乏其人,他们返国后,都可以取得教授或副教授的资格;但是他们都是没有实际的经验,外国的教本,又不适合中国学生的胃口,往往为学生所不欢迎。反之,现在各报总编辑总主笔或总经理的人,虽有丰富的经验,为学生所欢迎,但其学历未必能合教授的资格。若聘为副教授或讲师,则又为他们不愿接受。所以在各大学新闻系,最不容易聘到优良的教授。不论是燕大、复旦、暨南甚至政大,都有着教授缺乏的现象。

第四,是各大学新闻系的设备不全。各大学办理新闻系,并没有另眼看待,和办理其他学系一视同仁,这实在是一大错误,因为我们知道,研究新闻学三分理论七分实际,如果没有设备,没有实验室,就无异于纸上谈兵,所学得的理论与实际的工作不能打成一片,将来毕业后,即使能入报馆服务,还要经过报馆方面的"再教育",与未受新闻教育的"练习生"初无二致。

第五,是教育当局的不够重视新闻教育。截止目前为止,教育部对于其他科学,不仅已厘订了大学四年必修与选修的课程标准,而且已聘请了全国的专家及富有教育经验的老教授,分别编著大学用书,但对于新闻学系,不仅未厘订课程标准,而且也没有编纂大学用书,听任各校自由决定。

三、新闻教育改进之路

由上所述,可知中国新闻教育的缺点尚多,而新闻教育的成败,对于今后中国报业的发展,关系甚大,不仅将来的记者,要依赖新闻教育机关的造就;就是现任记者的进修,也要靠新闻教育机关予以便利。所以我们不得不为新闻教育而呼吁,希望教育当局能够采纳,从速实行。

第一,教育部对于各大学添设新闻系,应该采取重质不重量的主义。最近据各报载称,教育部因为重视新闻教育,拟命令全国公私大学,自下学期起,普设新闻系。我们对于教育部重视新闻教育,当然是一种可喜的现象;但是在各大学经费困难的时候因陋就简,添设新闻系,对于新闻教育的利弊若何?实为一严重的问题。上文业已指出,新闻教育的特点,乃在三分理论七分经验,新闻教育最重要的,乃在设备方面,美国的新闻学院,本身就是一个良好的报馆,一方面在教室内研究新闻学的理论,同时又在报馆内实际工作,自易使理论与实践打成一片。所以我们认为教育部果真要提倡新闻教育,与其命令各大学普添新闻系,还不如先充实业已办有新闻系的设备,使其成为最完善的新闻学校;否则粗制滥造,每年有大批新闻系的学生毕业,就业又要成问题了。

第二，教育部应于本年内，召开新闻教育会议，凡是国内知名的新闻教育专家，各大报各大通讯的社长总主笔总经理总编辑，均应邀请参加，共同商讨改革新闻教育的具体办法。目下亟待解决的问题有：（一）新闻系四年必修与选修的科目以及其课程标准。（二）延请国内新闻学家，编著各科大学用书以及补充读物。（三）对于历史较久的复旦、燕大、暨政大三校的新闻系，应拨予特别经费，用以添置设备，最好各校新闻系，均能自行办报，使各大学新闻系本身，就是一个完善的报馆。（四）各大学普设新闻系问题。美国大学设有新闻学系者，据1941年调查，已达四百五十二所，今日当有过之。

第三，教育部提倡新闻教育，除办理新闻学系培养未来记者人才而外，还应该创办新闻学研究院，为现任记者进修的学术机关。因为今日中国报界的同人，大半未受新闻教育，但有丰富的经验，如果凭借其既得的经验，再研究新闻学的理论，必能事半功倍。普通大学限于学制，当不适宜于现任新闻记者，即有进修的志趣，也不能考入普通大学新闻系。所以设立研究院，在今日的确是刻不容缓的。教育部对于新闻研究员生之学有专长者，予以学位，并可解决新闻系教授缺少的恐慌，一举两得，何乐而不为！

四、结　论

中国新闻教育，也和中国报业一样，也是走英美路线。我国大学首先创办新闻学系，是上海的圣约翰大学与北京的燕京大学，不论是课程或编制，都是仿效英美两国的新闻教育，甚至是教本也是采用英美原本，供给学生学习的校刊，也是采用的英文。所以约大与燕京两校的新闻系的毕业生，大半在英文报馆内工作，而不适用于中文报社。所以这两校对于中国报业的改造，并没有十二分大的贡献。在国立大学中设有新闻系的，则有南京的政治大学、上海的复旦大学与暨南大学，政大与复旦虽有悠久的历史，但限于物力人力，校内设备不全，也没有卓著的成绩。暨大尚在试办期内，更不必说了。

要之，今日之中国新闻教育，尚需要教育当局以及全国新闻教育专家的协力合作，切实改进。本文不过指出当前应兴应革的急务而已。

载《教育杂志》第33卷第6号，1948年

施志刚

论中国新闻教育

一、新闻教育的地位

由于新闻教育的不发达,而认为新闻教育失败,甚而根本怀疑到它的价值;这种观念是否正确,应当有考虑的余地。因为一种学科的成立与发展,必须和它的研究对象的成立与发展成比例。譬如法官和律师是一种业务,大学法科便能够成立;医师是一种业务,大学医科便能够成立;不问近代法学和医术被介绍到中国来的时代较晚,这二种学科先自已经发展完成一个体系,当这种业务适用到中国社会时,由于这种学问的研究体系之完成与研究的需要,所以相对于司法和医疗业务的专门学术便普遍教学起来。只有新闻事业,在中国的发展历史还不到七十年,并且新闻纸在国外虽然已有较长的历史,而新闻学却是新近才发展起来的一种学科。因为上述两种原因,致使新闻教育在中国不能发展,屡次遭受挫折,直至现在,仍旧不能有长足的进步。

但是数一数我们现有的各种新闻教育机构与学生的数字,和我们现有报纸的数字做一个比较,却不能说没有新闻教育。问题是新闻学校的学生,在它学业完成以后,是否能够顺利从业,学有所用,而且不至临渴掘井,需要报馆的再教育,像所谓"一家好的报馆,就是最优良的新闻学校"(Marse Henry)一样根本否定新闻教育的价值。新闻教育的效果和新闻教育的价值是有连带关系的,但两者并不是一件事情。无论如何,中国现在已有了许多新闻学校,不过新闻学的发展一如人类学等学科相对的不发达。由于事实上的存在,从而我们不能否定新闻教育的不需要,所以问题应当是怎样从事新闻教育,才可以达到期成的效果,而不致失败,浪费。

现阶段的情形诚然够不上使新闻教育迅速展开。诸如新闻学书籍的稀少,新闻教育人才的难得,尤其紧要的是新闻事业在数量上并无多大发展,这有关于政治和教育,新闻自由与新闻政策之不健全,在上述各种因素没有适当合理处置之前要谈新闻教育,当然不会有它的成就。不过,作为一个新闻教育的从业者的立场,我们必需承认现实:有如此其多的学人需要新闻教育,有并不算少的各种各样的新闻学校,不问这些毕业学生的就业报馆,供求的指数如何表示,新闻教育事实上已进行了许多年了。我们应该怎样观察新闻教育的成功或失败之处,提出问题,求取解决,使新闻教育和其他学术同样取得教育上的应有地位。

二、新闻教育的发展

如上所述,新闻教育是和新闻事业有着莫大的关系的。中国自有报纸以来,政治始终动荡不定,文化事业如新闻事业与教育工作都不能获得安定和发展的保障。在这时代谈新闻教育,它的两大基础根本不健全,自难望有成绩。

民国初年有"报界俱进会"组织"报业学堂"的提案,该会随即瓦解,所谓"报业学堂",并未实现,止有一个提案,可谓是中国新闻教育的滥觞。民国七年,北京大学设"新闻研究会",由徐宝璜主持,是中国第一次有新闻教育机构。九年,"全国报业联合会"又倡议设立新闻大学,未成事实。同年,上海圣约翰大学设立"报学系"。十年,福建厦门大学列"报学"为八科之一。十一年,北平平民大学成立,有新闻系,请徐宝璜氏为主任。十三年,燕京大学开办报系,并与美国密苏里大学新闻学系取得联系,交换教授学生,实为中国最著名最有历史的新闻学校,惟太注重于英文报的经营,所以初期毕业生并不能深入新闻界。十四年,南方大学成立报学系。十五年,光华大学、国民大学、大夏大学均设报学专科。十六年,复旦大学成立新闻学系。嗣后又有"广州新闻记者联合会"所设立之"新闻学专门学校",及"香港新闻学函授学校",周孝庵主办之"新闻大学函授科"等。抗战胜利后,之江大学在上海亦曾一度开办新闻学系,旋即取消。现在除燕京、复旦两大学新闻系以外,其他均以不复存在,并无特殊成就可言。大体观察,在1926—1927年大革命之前,新闻教育一度萌芽,与政治潮流不无关系。

现存新闻教育学校可分为三类。第一类是大学新闻学系,采取四年制,课程方面除属于文法科共同必修选修学程外,加修若干新闻学专门学程。如燕京大学新闻学系,复旦大学新闻学系,暨南大学新闻学系,国立社会教育学院新闻学系,圣约翰大学新闻学系,沪江大学新闻学系,广东民国大学新闻学系。第二类是新闻专科学校,采取二年制,且一部分迁就教学双方时间便利定在夜间上课。如北平新闻专科学校,南京中华新闻专科学校,重庆南泉中政大学新闻专修科,上海中国新闻专科学校、民治新闻专科学校、国立东方语文专科学校新闻组(最近开办分组)、上海法学院新闻专修科。第三类[是]函授补习学校,多数采取自由选科制,学生程度及入学资历并无严格规定。如上海文化函授学院,香港持恒函授学院,纯系补习性质。以上三类新闻学校,除第一种外,有一共通现象,其中学生大多数为失学青年需要补习即为已曾参加新闻工作而□觉"再教育"的需要,重入新闻学校深造。

再观察现在各报记者,又可断言绝大多数并非新闻学校出身的(因为过去并无学校训练)。由此可知新闻教育与新闻事业向来脱节。而现在学习新闻学的人才逐渐增加起来,这才是新闻教育的开始。假使今后政治走上轨道,教育工作和新闻事业均有安定发展的可能,则新闻教育必能有一条出路。同时,一般自由教学的函授学校和近于补习性质的专科学校,在大学新闻学系健全发展以后,自必非遭受淘汰即步入正轨。记者再教育的工作,终必有停止的一天。

再就新闻学书籍和新闻教育人才的贫乏来观察。美国是新闻教育的发祥地,又是报业极发达的国家,战后所能见到的新闻学书籍,一起不过约四千种。至于中国,自不能相提并论。就作者个人见识所及,只见到过《申报馆函授学校讲义》,敌伪占领期间北平伪"中华新闻学院"所出版的《新闻学集成》和上海伪《新中国报》的函授讲义(所谓不能以人废言),以及"上海文化函授学院"的函授讲义四个大部,后二者尚只有部分而非整部。专著如邵飘萍《新闻学总论》、戈公振《中国报学史》、徐宝璜《新闻学纲要》、刘觉民《报业管理概论》、赵君豪《广告学》等二十三种。战后出版的并不多，[只]有上海文化学院曾努力翻译过许多美国理论书籍。比诸其他学科专著为数甚微。至如《饮冰室文集》、《远生遗著》、《季鸾文存》、《人生采访》等书，只是一种示范文字，更不能充数。且教育新闻写作，如就近取例，很多不以失去时间性的文字为模仿标本。复次，说到新闻教育人才，更可说是绝少"新闻教育家"，一般任课情形是非教师即新闻记者。教师各就专门教授普通文法科有关学科，新闻记者则凭其极少数的理论书籍的根据，用个人经验现身说法，作某种新闻工作技能的传习。谨就作者在某校的教育行政经验来说，一般学科较诸新闻学科的讲授易受欢迎。因为教授普通学科的文学、史、地等，往往有其丰富的教育经验和深厚的理论根据，而新闻学科往往相形之下甚为单调。而且良好的新闻记者却并非一定是良好的教师。在这种情形之下，新闻教育已落入次要的地位，新闻教育却变成了普通文法学科的附庸了。本来新闻学[要]脱离报馆学徒制必须学校教育，自然应该有实习也有理论，但现实情形是学校教育理论重于实习，新闻理论又落入其他学科的附庸地位，又将如何解释呢？亦有几位记者教师确有优良的教学成绩。但如作者的观察而属确实，亦系不可避免的进程。新闻教育必须经过较长时期，方能获得理论基础与教育经验。现在的缺点正是新闻教育发展进步必须的阶段。

　　反之，我们却不能将新闻教育历史上的挫折，理论书籍与教育人才的缺乏，或教育技术的不成熟等等现象作为取消新闻教育的理由。我们必须正视战后此项学术在教与学双方数字的再度增加。我们必须认为新闻记者是非常重要的一种职业。正像医师训练之于健康卫生，法官训练之于人权法律，师范教育之于学术文化有其莫大的关联。吾们不能听任一个新闻记者不守新闻道德或破坏新闻自由以致贻害社会人类，恰如吾们不能听任庸医杀人，□官枉法，劣师误人子弟一样，不容放纵，不容缺少训练。同是一种有关公益的职业，决没有必须规定医生、法官、教师的资格而放任新闻记者的理由，从而忽视此种专业训练的教育。一般所以认为不需要者，乃是将进步发展过程中所不可避免的现象作为取消的理由。无论如何将新闻教育的效果与新闻教育的价值并为一谈，是一种错觉。

三、对于现行新闻教育的意见

现在新闻学校有：(1)国立大学或学院新闻学系、(2)私立大学新闻学系、(3)国立专科学校新闻组、(4)私立大学两年制新闻专修科、(5)私立新闻专科学校两年制、(6)私立函授新闻学校等五六种。从教育时间上分为三种：

1. 四年制：大学学系； 2. 二年制：专修科； 3. 不定期：函授学校。

其中如政治大学新闻系系采取学级制，如民国大学采取学分制，如民治新闻专科学校是采取分组制（分为编辑、采访、报业管理等组）。又如上海文化函授学校则论科计算，每种学科修毕出一证件，完全为补习性质。但学生则最多，关于各校所开学程，未见教育部公布规定。兹将各校报部准开学程一览摘录于后：

甲　国立政治大学新闻系（三十五年度第二学期）

科　目	授课期限	每周授课时数	选修或必修	授课年级	附　注
三民主义	年	二	必	大一	
国文	年	三	必	大一	
英文	年	三	必	大一	
新闻英语	年	三	必	大一	
政治学	年	三	必	大一	
经济学	年	三	必	大一	
中国通史	年	三	必	大一	
心理学	年	三	必	大一	以上大一每周上课二十五小时
哲学概论	年	二	必	大一	
国文	年	三	必	大二	
英文	年	三	必	大二	
新闻英语	年	三	必	大二	
新闻写作	期	三	必	大二	
新闻学	年	一	必	大二	
国际贸易与汇兑	期	三	必	大二	
西洋近代文化史	期	三	必	大二	
刑法	期	二	必	大二	
体育		二		大二	

（续　表）

科　目	授课期限	每周授课时数	选修或必修	授课年级	附　注
法文德文日文俄文藏文蒙文	期	三	选	大二	以上第二外国语或方言任选一种共习一年半（以上大二每周上课二十六小时）
新闻英语	年	三	必	大三	
新闻会话	年	一	必	大三	
亚洲近代史	年	三	必	大三	
西洋外交史	年	三	必	大三	
各国政府与政治	年	三	必	大三	
国际公法	年	三	必	大三	
新闻学	年	二	必	大三	（本科目与大一重复）
新闻文学	年	三	必	大三	
法文日文蒙文	年	三	选	大三	以上任选一种（以上大三每周上课二十四小时）
新闻事业史	年	二	必	大四	
报业管理	年	二	必	大四	
评论作法	年	三	必	大四	
新闻英语	年	三	必	大四	（本科目与大二重复）
新闻文学	年	三	必	大四	（本科目与大二重复）
现代政治思想	年	三	必	大四	
国际关系及组织	年	三	必	大四	
日文	年	三	选	大四	（本科目与大二、三重复）
毕业论文		二		大四	
专题讲演		二		大四	（以上大四每周上课二十二小时。论文及讲演除外。）

乙　国立复旦大学新闻系（三十六年度第一学期）

科　目	授课年限	每周授课时数	选修或必修	授课年级	附　注
国文		三		大一	
中作文		二		大一	
英文		三		大一	
英作文		二		大一	
中国通史		三		大一	
新闻学概论		三		大一	
哲学概论		二		大一	
三民主义		二		大一	（以上大一每周上课二十小时）
新闻中文选		三		大二	
新闻英文选		三		大二	
新闻采访		一		大二	
新闻采访实习		一		大二	
伦理学		三		大二	
中国近代史		三		大二	
修辞学		三		大二	（以上大二每周上课一十八小时）
新闻编辑		三		大三	
各国新闻事业史		三		大三	
西洋近世史		三		大三	
英文新闻翻译		三		大三	
中文新闻写作		三		大三	
新闻政策与新闻法规		二		大三	
印刷研究		二		大三	
军事新闻		三		大三	
副刊研究		三		大三	
速记学（中文）		二		大三	（以上大三每周上课二十七小时）
英文新闻写作		三		大四	
英文新闻会话		二		大四	
评论练习		三		大四	
图书馆学		二		大四	
时事研究		二		大四	
中国新闻事业史		三		大四	（以上大四每周上课十五小时）

丙　私立民国大学新闻系（三十六年度第一学期）

(1)	新闻学系必修科	学分		新闻系选修科	学分
	新闻学概论	四		新闻摄影学	二
	中国新闻学史	三		新闻学名著选读	二
	编辑学	三		英文新闻研究	四
	采访学	三		翻译研究	四
	印刷术	二		比较新闻学	二
	报业管理	四		新闻教育	二
	评论研究	三	(3)	共同选修科	学分
	经济新闻读法	三		国际政治经济地理	四
	新闻法制	二		戏剧概论	二
	毕业论文	三		国际公法	四
	时事研究法	三		各国政府与政治	四
	新闻资料学	二		国际关系论	三
	新闻地理研究	三		外交学	三
	通讯社研究	三		比较宪法	四
	出版术	二		中国政府	四
	世界新闻学史	四		中国地理总论	六
	广告学	二		中国近代史	四
	新闻心理学	二		中国文学史	三
	速记学	三		世界文学史	四
(2)	新闻学系选修科	学分		文学概论	二
	新闻文学	二		电影概论	二
	美术新闻	二		修辞学	三
	宣传学	二		应用文	三
	广播学	二		第二外国语	六

注：据三六、六、一〇该校《民大导报》发表（文学院？）共同必修科照部定课程从略。本标准自三十六年度第一学期起呈部照准施行。该系四学年共修一百三十六学分，共分配为：(A)一年级共四十二学分，为各学系共同必修科。(B)二年级共三十四学分，其中共同必修科六学分，本学系必修科十八学分选修科十学分。(C)三年级修三十二学分，其中本学系必修科十八学分，选修科十四学分。(D)四年级修二十八学分，其中本学系必修科十八学分，选修科十学分。

丁　国立暨南大学新闻系(三十六[年]度第一学期)

科　目	授课年限	每周授课时数	选修或必修	授课年级	附　注
三民主义	年	二	必	大一	
国文	年	三	必	大一	
英文	年	三	必	大一	
中国通史	年	三	必	大一	
民法总则	期	二	必	大一	
哲学概论	年	二	必	大一	
政治学	年	三	必	大一	
新闻学概论	年	三	必	大一	以上大一每周上课二十一小时
伦理学	年	三	必	大二	
中国近代史	年	三	必	大二	
经济学	年	三	必	大二	
政治学	年	三	必	大二	
国际公法	年	三	必	大二	
采访学	年	二	必	大二	
报业管理	年	二	必	大二	
英文新闻文选	年	三	必	大二	以上大二每周授课二十二小时

注：该校新闻系自三十五年度开始成立，只有二年级。所开课程故未完全。

戊　中国新闻专科学校(三十六年度第一学期)

科　学	科　目	每周授课时数	授课年限	必修或选修	附　注
国文一〇一	基本国文	三	年	必	
国文一〇二	基本国文	三	年	必	
国文一〇三	文学概论	二	期	必	
国文二〇三	修辞学	二	期	必	
国文四〇一	国文名著选读	二	期	必	
国文四〇二	新闻中文选读	二	期	必	
英文〇五一	补习英文	三	年	选	
英文〇五二	补习英文	三	年	选	
英文一〇一	基本英文	三	年	必	
英文一〇二	基本英文	三	年	必	
英文四〇一	英文名著选读	三	期	必	
英文四〇二	新闻英文选读	二	期	必	

(续表)

科　学	科　目	每周授课时数	授课年限	必修或选修	附　注
历史一〇一	中国近代史	二	期	必	
历史一〇二	中国通史	二	期	必	
历史二〇一	西洋近代史	二	期	必	
地理一〇一	地理	二	年	必	
地理一〇二	地理	二	年	必	
地理四〇一	经济地理	二	年	必	
地理四〇二	经济地理	二	年	必	
地理四〇三	世界地誌	二	期	选	
心理一〇一	心理学	二	年	必	
心理一〇二	心理学	二	年	必	
心理四〇一	社会心理	二	年	必	
心理四〇二	社会心理	二	年	必	
法学一〇一	法学通论	二	年	必	
法学一〇二	法学通论	二	年	必	
政治二〇一	政治学	二	期	必	
政治二〇三	国际政治	二	期	选	
经济二〇一	经济学	二	年	必	
经济二〇二	经济学	二	年	必	
逻辑二〇一	逻辑	二	期	必	
公民一〇一	三民主义	一	期	必	
体育一〇一	体育		期	必	
课外作业五〇六	中文作文		年	必	
课外作业五〇七	社论写作		年	必	
课外作业五〇八	中英文互译		年	必	
新闻一〇一	新闻学概论	二	期	必	
新闻一〇二	新闻学概论	二	期	必	
新闻一〇五	时事分析	一	期	选	
新闻一〇七	编辑学	二	期	必	
新闻一〇九	社论学	一	期	必	
新闻二〇一	采访学	二	期	必	
新闻二〇三	新闻作法	二	期	必	
新闻二〇五	报业管理	二	期	必	
新闻四〇一	专题研究	一	期	选	
新闻四〇二	特约讲座	二	期	选	

(续表)

科　学	科　目	每周授课时数	授课年限	必修或选修	附　注
新闻四〇七	速记学(中文)	二	年	选	
新闻四〇八	速记学(中文)	二	年	选	
新闻四〇九	副刊编辑	二	期	必	
新闻四一〇	期刊编辑	二	期	选	
新闻五〇一	采访实习		期	必	
新闻五〇三	编辑实习		期	必	

注：该校学分制与学级制同时施行，各种学程分配于二学年中。以修毕八十——八十四学分为毕业另加毕业论文。后列课程百分比表即照学级支配计算。此项标准与上海法学院报业专修科大致相同。

己　民治新闻专科学校（三十五年度第二学期）

必修科	报业管理	广告学	报业会计	摄影	讽刺画与速写
	电码检查	报纸推销	报业印刷	编辑学	采访学
	国际新闻事业	本国报业（或报业史）	世界报人组织	社评写作	国文
	历史	地理	政治学	经济学	哲学
	外交学	国际政治	出版法	社会学	
选修科	科学概论	英文	日文	闽粤方言	蒙藏语
实习工作	采访实习	编辑实习	摄影实习	调查及统计	剪报
	照片收藏	速记	文学史		

[注]：该校科目上课每周时间数不详。其中实习工作在后列课程百分比表中并不完全列入实习课程。

以上材料根据最近六所新闻学校的一学期课程标准为限，当然嫌得不够，不完全，其中如"复旦"只有"刑法"没有"民法"，可以推知其次一学期必有此项课程。又如"民国大学"只有学分，没有授课时数，亦可根据常识推断其中六学分课程为年课，每学期上课时间可能为每周三小时。其余依此类推。又如"民治新专"课程将"文学史"列入"实习工作"，亦不妥当，据作者意见，认为除有关编辑采访技术之实习外，其他如中文速记，英语会话等一概不得列入"实习工作"。又据报载该校另将学生分为编辑、采访、报业管理各组，在课程表上亦无明确区别。由于新闻学科课程标准的时常修改，所以只取最近一学期做根据材料，比较合理。六所学校中两所专门科学校尚未完成立案手续，但亦系新闻教育的"事实"，而且其他四所大学的本系学程标准，也不曾经过教育部的划一规定,所以一起比较,并不算不合。另有国立东方语专新闻组等因材料不全,不再列入。至于函授学校,情形大不相同,这里不再采取为检讨题材。

由于新闻教育课程标准的形形色色不同,此地不妨全部抄录如上,以供一般参考。

现在我们将上述六校所开课程加以区分,为下列二类:(1)本系科学程;(2)文法科共同学程。再将"本系科学程"分为:(A)理论学程(B)实习学程二类;又将"文法科共同学程"分为:(C)语文学程(D)史地学程(E)其它学程三类,分列如下表:

类别 \ 上课时数或学分 \ 学校		政治大学新闻系	复旦大学新闻学系	民国大学新闻系	暨南大学新闻系	中国新闻专科学校	民治新闻专科学校
本系科学程	理论学程（百分比）	三三 27.73%	三六 45.00%	七三 52.53%	七 16.28%	四四 31.43%	一八 50.00%
	实习学程（百分比）		二 2.50%		八 5.72%	三 8.33%	
文法科共同学程	语文学程（百分比）	四三 36.14%	二四 30.00%	二七 19.37%	九 20.93%	四一 29.28%	六 16.67%
	史地学程（百分比）	一一 9.24%	九 11.25%	一七 12.25%	六 13.95%	二〇 14.29%	二 5.56%
	其它学程（百分比）	三二 26.89%	九 11.25%	二二 15.85%	二一 48.84%	二七 19.29%	七 19.44%
共计		一一九 100%	八〇 100%	一三九 100%	四三 100%	一四〇 100%	三六 100%

根据上表观察结果如下:

(1)四大学中,整体在学期间授课以政治大学为最多,其次为复旦大学,民大标准与其他学系相仿佛,但并未包括第一学年共同学程在内,暨南大学材料不完全。专科学校中,民治与中国无甚差别,因材料不全无可比较。

(2)本系科学程超过百分之五十以上者[只]有,民治(百分之五八·三三)民大(百分之五二·五三)二校,但民大之共同必修学程并未完全列入计算。其次为复旦(百分之四七·五);政大最少,只占有百分之二七强;暨南不全。

（3）本系科实习学程与理论学程百分比数相差太大，比率最小者以中新为第一，民治第二，复旦第三。其他三校无实习学程。显而易见，只有专科学校努力尝试实习，大学只复旦有此课程，所占百分比只二·五，不足轻重。其他均无此尝试。尤其政大，非本系课程占百分之七十以上，全部课程均属理论。实习工作之缺乏，表示新闻教育与新闻事业不相联系。

（4）一般倾向均倾重于文法科共同学程。至少如民治占有百分之四二弱，其他均超过百分之五十以上（民大共同必修学程未列入计算）。此项共同学程分三类于后条逐条检讨。

（5）语文学程为新闻工作者之必需工具。包括文法、修辞、外国语全在内。大体均占有百分之三十左右，政治稍多，民治特少。

（6）史地学程经一般认为亦系新闻学之基础知识。统观上表，史地学程之普遍教育，其重要性似在实习学程之上。大体在百分之十左右，中新稍多，民治特少。

（7）其他学程包括各种社会科学等。大体在百分之二十左右，复旦最少。

（8）中新所开课程表本系科理论学程名目太多，内容与名称不如民大理想。

根据上列八条提出意见如下：

第一，新闻教育的教育时间太不统一。大学为四年，专科为三年（如东方语专）二年（如中国新闻专科）的分别，函授学校更不一律。大学之中政大又似上课时间最多，与专科的民治新专比较竟有二倍以上。而且上课时间专科学校又往往在晚上，与教部规定不合。

第二，新闻学科名目不一，相差极大。少至四五种，多至二十余种。是否有重复冗杂现象，须加澄汰。每种学科所定上课钟点也应厘订。教育部如对于一般大学学院采取放任政策任其自由发展，自可不论。否则对于新闻教育必须同样办法，迅速加以厘整。

第三，当前一般新闻教育家的意见为一个极大分歧。一种意见认为新闻教育根本无所谓新闻学，即使有也占极少数，所以最主要的是基本知识如语、文、史、地、政、经等学科，新闻教育就是这些知识的一般充实。另一种意见多发自学生群中，认为进了新闻学校，必须学到新闻学的理论和实习，对于其他知识则认为不妨自行补充。这两种见解都有相当的理由。对于一个新闻学习者,作者认为专门知识与本科知识同样重要,问题是怎样列出一张标准的百分比表。

第四,对于新闻教育专业训练的工作问题,在分工严密的需要下,是否在新闻教育的教学过程中即应各别训练,不必个个受"全才训练",藉以减少浪费。这一点只有民治新专已经试验实行。如果现在报业发展情形并不需要有分业训练,则不妨在高年级中选修学程方面加以区分,使伸缩性扩大。

第五,对于普遍缺乏的实习学程以及其他近于活动的学程,应考虑如何作为训导工作的程序,藉使上课时间移作各种基本知识学程。

第六,关于新闻专科学校的学生,作者凭自我经验,感觉有两大区分。其中有一部分学生是从报馆回到学校来"再教育"的。一方面是记者从业员不全是新闻学校训练出来,另一方面是"再教育"的迫切需要,这里正可以说明一件事实,就是新闻事业与新闻教育的脱节,正由这些新闻专科学校在做衔接的工作。这种现象是否由于大学年限太长而产生是一个问题,同时新闻专科学校的需要却是事实。

最后,作者认为每一所新闻学校当然应该有印刷所,报纸,书报资料等各种设备;尤其应该附设一个研究机构,藉以研究、改进、交换情报,使学校与学校之间彼此共同求取进步。一方面更应该与当地报馆取得实习上的联系。报馆尤其应当对新闻学校学生取提携指导的立场,不能因为业务上的妨碍或麻烦而加以拒绝。

四、政府应当注意新闻教育

至少,中国新闻教育在现阶段已萌芽成长。所谓"新闻学是社会科学中间最落后的一门"这句话,可能过了若干时间以后便不再成立。但是新闻教育的发展必须有它的两大基柱。第一,必须政局稳定,民主政治完全实现,使新闻事业在安定的社会秩序之下,质、量两方面都得到重大的进展,这样促使对于记者人才的培养更加注意。同时,在政局安定的前提下,可以确立新闻工作的保障,培养民间报业。第二,必须教育发达,分业专门化,每一种专科训练毕业生都能充分就业。如此,新闻教育亦能纳入正轨,成为正式的专业训练。在不断的成长与发展之中,新闻学和新闻学书籍,以及新闻教育专家自能逐渐成长、增加。

首先必须建立新闻政策,确保新闻自由,予新闻事业以理想,独立的发展机会,不致遭受任何阻碍与摧残。新闻事业之发展,相对地亦为民主政治完成的因素。二者可能互为影响。在英美式的新闻自由和苏联式的新闻自由之中,必须抉择一种,或根据自身的需要,将二者加以折衷修正。既不能抉择,又时时动荡不定,是最不足取的态度。新闻事业固然有待于新闻政策的确立,新闻教育方针亦自必须依从新闻政策。否则理论与实际的不相符合,则是新闻事业与新闻教育的仍然脱节,致使教育成为白费。

其次,必须建立教育政策。奖励与管理新闻教育同时实行。一方面使新闻教育界的无政府状态有所整顿,一方面可以免除若干粗制滥造的恶果,对于未来新闻事业的影响,可能是一个很好的贡献。

载《读书通讯》第 152 期,1948 年

袁昶超

初期的报学教育

笔者早年研究报学的时候，就感觉一般人士惯用的"新闻学"一辞，不能包括报学的范围，因此主张以"报学"为 Journalism 的正确释名，大学和专科以上学校的"新闻学系"，应一律改称为"报学系"。这个意见一直支持了十年之久，获得报界和教育界许多朋友的赞同，但没有正式向关系方面提议采用，笔者也曾着手著述一部《报学大纲》，准备作为报学系一年级学生的课本，但在抗战期间遗失很多重要资料，胜利后又因生活环境变迁，还没有办法执笔完成它。

马星野先生是我国著名的报学家，最近主编《报学杂志》，发表探讨报学的论文和刊载有关报业的消息，十分适切我国报界的需要。而且因为采用"报学"一词，使笔者个人特别感觉兴趣。前天正在阅读创刊号的时候，不料马先生征稿的大函寄到，但笔者近年来甚少著译，一时不知如何应命。现在把《报学大纲》原稿关于报学教育一章，分为数篇短文在本杂志发表，自知内容难免空疏，不过借此求得国内报学家的订正，也是笔者所欣幸获得的机会。

世界报学教育的真正萌芽，在于20世纪的开始，19世纪末叶少数先知先觉的提倡，不过是一个播种时期。美国南北战争后的35年当中，关于设立报业学术研究的讲座，曾经有若干次的尝试。1869年，力成顿（Lexington）的华盛顿大学校长李将军(General Robert E. Lee)，已提议奖励研究报学，但没有订立报学的课程。其后虽有少数大学试开报学一科，也统属于文学系课程之内。1896年，法国吕尔城(Lille)的天主教大学，为着训练传播教义的人才，创办报学专科。同年，伦敦也有报学函授学校出现，都可以说是开展了欧洲研究报学的风气。

美国之成为世界上报业最发达的国家，虽然有许多客观环境的因素，不过报学教育的积极提倡，乃是主要原因之一。1903年冬季，纽约世界报(New York World)主人普列莎(Joseph Pulitzer)，忽然产生一个崇高的理想，要捐资建立一所报学专科学校，借以提倡从事报业的职业标准。这个理想后来终于实现了，而且助成今日美国报学的灿然光辉，普列莎把他的计划向哥伦比亚大学(Columbia University)当局提出之后，因为对于这一所专科学校顾问人选产生很多问题，所以决定延缓实行。直至他逝世以后，哥伦比亚大学的报学院才宣告成立。那时候已是1912年的秋季，开办费美金一百万元，并且决定开办后三年内著有成绩时，再增拨一百万元，使能继续扩充。世界人士之倡导在大学设立报学院的，原应以普列莎为其创始；但因为哥伦比亚报学院成立较迟，以致美国大学最早报学院的荣誉，落在密苏里州的密苏里大学(University of Missouri)。密苏里报学院的成立，在于1908年，创办人是报学教育家威廉博士(Dr. Waiter Williams)，其后美国各州立大学相继开办报学院系，规模大小各有不同，如威斯康星大学(University of Wisconsin)于1912年成立报学系，五年后再扩充为报学院。第一次世界大战爆发之前，美国报学教师联合会和报学院系联合会都已相继成立。这两个团体于1923年联合设立报学教育评议会，不久通过一个重要的议案，建立"报学教育原理和标准"的条文，成为美国各大学报学院系编订课程的规范。

报学教育发展的初期，德国设立的研究报学的机关，在数量上仅次于美国。1914年以前，已有高等学府设置报学讲座，但多重视理论上的推究，较诸研讨技术问题为尠。战争对于教育有很大的影响，而在德帝国崩溃之后，德人鉴于宣传辅助作战，能够发生宏大的效果，于是对于报业，更加锐意研求。1919年，柏林大学聘请一家报社的主持人，开始讲授报学；其后成立报学院，收集很多世界各国的报纸，作为技术上比较研究的参考。此外，各城市的大学，都有设置报学课程的风尚。德国一般报学教育的方针，注重宣传政策的实际运用,和美国报学教育的讲求平衡发展,自有其差别的地方。

其他主要国家,对于报学教育,都显出逐渐重视的态度。英国在第一次世界大战结束之后,因青年退伍军人的请求,由伦敦大学开设报学课程,准许他们受公费的补助,参加听讲和研究。以后继续有开设同样课程的大学,提高青年研究报学的兴趣,英国报纸保守作风的改变,和报学教育的发展也有关系。苏联自1917年革命成功后,趋重于政治方面的宣传,对于报学研究有其一贯的主要鹄的。1922年成立的苏联国立报学院,集中于思想上之训练,对于报业技术问题不甚注重。帝俄时代附设于大学文学院的报学课程,现在也不适于时势的需要。法国虽然是一个报业发达的国家,但其学院风气和宗教影响,未能使报学教育有特殊的发展。报学专科本来是创始于法国,巴黎社会学院于1900年设置的报学系,并且注重理论与实际的研究,不过外国学生每比法国学生为多。日本报学教育的兴起和发展,多少受德国和美国的影响,但其所采取的方式,实在有不相同的地方。日本报学会成立于1915年,是一个研究性质的组织。在远东方面,对于报学的讲习,可以说是得风气之先。其后东京帝国大学和明治大学等,陆续设置报学研究室,更加造成研究报业问题的风尚。日本学生对于报学发生兴趣,可以从这种书刊的流行看出来。最后,我们还要介绍第二次世界大战前的意大利。意政府对于教育采取一种统制的态度,贝露斯(Perouse)城的政治大学课程中,包括有报学的课程在内,但只讲授报纸的历史和法典,并不注重健全的报学原理的树立。对于报学教育的真正价值,世界人士不容易有明确的认识。

早年提倡报学教育的人士,都曾遭逢着同样的困难:一方面是教育家不乐意承认报学的学术地位;一方面是报界记者不同情在学校训练报业专才的主张。但经过多年学理上的探讨,和技术上的运用,不独建立了报学的理论体系,使列为社会科学的一部门,并且从试验研究之中,对于报业的改进有重大贡献,世界报业的经营标准因而提高,报界人才的质素也趋于优秀。那些困难被克服了以后,报学教育更有长足的发展,美国现在有二百所以上的大学和专科学校,设有报学科目的讲授,而另有三十所以上,设立报学院或报学系,编列完全的报学课程。这些高等学府所培育出来的专才,在美国报业中占据相当重要的地位,证明了报学教育可以获得成功。

（笔者按）本文要旨，在略论初期报学教育的发展情形，不在乎史料式的详述。以后当续论《中国的报学教育》、《报学教育的目标》、《报学系的课程》、《职业训练的效果》和《报学教育的前途》。

载《报学杂志》第 1 卷第 4 期，1948 年

袁昶超

中国的报学教育

本文为笔者在本杂志发表有关报学教育短文的第二篇。为注重说明中国报学教育的发展起见，本文由其萌芽阶段起，顺数初步开展及抗战时期的情形，并及于胜利后的概况，这是依年期的先后为叙述次序的。至于各大学报学系的个别介绍，特别是关于办理现状和详细内容，本杂志当另有专稿陆续披露。本文因征集正确史料困难，记叙上或有错漏的地方，盼望读者诸君赐予订正。笔者向来主张把"新闻学系"改称报学系，但以各校都沿用"新闻学系"一词，是以本文引用专名时，仍照其旧称。关于报学系课程的说明，笔者将另有短文在本杂志发表。

中国对于报学教育的提倡，始于辛亥革命成功，民国正在建立的时候。但经过了七年的长久时间，大学方面才开设报学科目。而此后的三十余年间，中经一次全面的抗战，国内专科以上学校曾陆续创办报学系，但报学教育还未见积极的发展。

当民国元年的时候，"全国报界促进会"曾在上海举行特别大会，提议举办"新闻学堂"。提案中指出中国报业之不发达，由于缺乏专门人才，是以主张先行培养专才，借以和各国报业抗衡，并谋报业根本上的改进。这是报界先进的真知灼见，可惜因为全国报界促进会的瓦解，"新闻学堂"不能建立起来。直到民国七年，北京大学政治系开设"新闻学"一科，请北平晨报主笔徐宝璜担任讲授;而选修这一科的学生,同时组织了一个"新闻学研究会"。这可以说是中国报学教育的正式开端。徐氏曾在美国密芝根大学(University of Michigen)研究报学,当时并编著《新闻学大意》为教本,成为中国第一部报学著作。徐氏也可以说是中国报学教育的拓荒者。

中国报界对于报学这门新兴科学的提倡,日久也不能忘怀。到了民国九年,"全国报界联合会"又有组织"新闻大学"的提议,想和一间择定的大学合办,在校内开设主要的报学课程,而由"新闻大学"独立招生,并且准备兼办函授专科,以求普通开展报学教育。但"新闻大学"的简章虽订立,而事实上初没有开办成功。同年,上海圣约翰大学却创设了"新闻学系",附设于文科之内。该校原为美国教会所设立,注重英文方面的功课。"新闻学系"课程和美国各大学报学系相似,但目标和"新闻大学"的理想不尽相同。主任初由当时的密勒氏评论报(Millard's Review)主笔柏得逊(D. D. Patterson)担任,已略具今日报学系的规模,自民国十三年武道(M. E. Votaw)教授接替柏得逊之后,约大"新闻系"一直保持其固有的风格,教务上日有显著的进展。

中国报学教育在北京和上海开端之后,其他各地的高等学府,续有尝试开设报学科目或报学系的。如民国十年厦门大学开设"报学科",列为该校八科之一,初时学生人数很少,次年聘请孙贵定教授主持,但正当教务开展的时候,因发生风潮而致停办,前后不过办了两年。民国十一年,杭州之江大学随圣约翰大学之后,在文科开设英文报学科目,讲授英文刊物之写作。民国十二年,北京平民大学成立"新闻学系",也是请徐宝璜担任主任。由于师资的缺乏,中国报学系的教师,最初多由报界中富有经验者兼任,如当时京报社长邵飘萍,也在平民大学讲授报学功课。

燕京大学"新闻学系"成立于民国十三年,由美籍教授白瑞亨[白瑞通](Roswell S. Britton)主持。这一个世界著名的报学系,本来是应中华基督教高等教育会议之请而创办的。初期因为经济基础未确立,曾一度于民国十六年停顿下来。其后获得密苏里大学报学院的协助,在美国筹募得美币五万元的基金,才宣告于民国十八年秋季恢复,聘请该院报学家聂士芬(Vernon Nash)担任主任,另请几位教授担任讲座。课程参照密苏里报学院的编订。此后的十余年中,继聂士芬负责主持的,有黄宪昭、梁士纯、刘豁轩等报学家。而且和密苏里报学院经常交换教授,中外教师颇为众多,每年春季还举行演讲会性质的"新闻周",敦请报界名人莅校研讨报业问题,燕大"新闻学系"因此树立了良好的基础。

同时于民国十三年创办"新闻学系"的,还有北京民国大学。但当时只开办预科,本科的课程还未订立。民国十四年,上海南方大学设立"新闻学系"和"新闻学专修科",请申报协理汪英宾担任主任,时报总编辑戈公振担任教授,但实际办理的期间很短。民国十五年,上海光华大学开设"新闻学"和"广告学"两科,适值南方大学"新闻学系"停办,便延请汪英宾担任教授。同年,上海国民大学开始创立,也设立"新闻学系",除请戈公振讲授中国报学史外,上海名记者如潘公展、潘公弼等,被聘请担任主要的功课。在差不多同一个时期当中,上海沪江大学和大夏大学,也曾开设报学科目,可以说是报学教育一时之盛。

民国十五年,上海复旦大学在中国文学科中,将原设"新闻学"讲座扩大,设立"新闻学组"。当时的科主任是修辞学专家陈望道,他对于报学教育的提倡,早有远见。该组于民国十八年改为"新闻学系",由著作家谢六逸主持,连续办理达十年之久。课程注重实际技能的训练,培育报业人才颇多,其后一度由名记者程沧波继任主任。早年曾在该系担任教授的,也有报界前辈陈布雷、戈公振和报学书刊编纂家黄天鹏等。复大成立卅周年纪念的时候,"新闻学系"曾主办世界报纸展览会,以内容的丰富著称一时。

南京中央政治学校,于民国廿三年秋季开设"新闻学概论"一科。那时候青年报学家马星野,已经从密苏里大学归来,就担任了这一科的教授。次年,该校奉令开办"新闻学系",由教务主任刘振东兼主任,实际上请马星野负责主持,讲习报学理论和研讨报业技术,成绩斐然可观。后来因为抗战迁移的缘故,使政校"新闻学系"不能如计划作预期的发展。由民国十六年起至抗战爆发之时止,国内专科以上学校开设"新闻学概论"一类科目的,还有广州中山大学和上海商学院等校。不过因为未设立专科的缘故,所以不为社会人士所注意。

中国报学教育不独在大学里面长成,而且分途由职业学校方面发展。早年名记者成舍我创办的"北平新闻专科学校",顾执中主持的"上海民治新闻学院",广州新闻记者联合会附设的"新闻专门学校",香港报界人士组设的"中国新闻学院",以至上海中华职业补习学校开设的"新闻班",都是专为培植报业人才而设的。虽多为短期训练报业技能性质,但其成绩也颇有可观。民国廿一年,上海申报馆附设"新闻函授学校",目的在造就内地通讯员。在办理的四年期间,注册学员最多的时候,超过了五百名,也可以见报学之能够吸引一般人士的兴趣。

民国廿六年七月,抗日战争爆发以后,中国教育界遭受一次重大而长期的打击。华北各大学开始南移,华中各大学也随着国民政府的迁都,撤退到遥远的内地去,经过一个艰苦奋斗的时期,各大学都在自由中国树立新基地,建立了战时的高等学府。对于报学教育的提倡,也有恢复其兴盛时期的趋势。

中央政治学校迁至重庆南温泉,自民国廿八年起,一度停止招收大学部新生,"新闻学系"也跟着有一个时期的停顿。但当局曾另订计划,短期训练报业人才,民国廿九年十一月开办"新闻专修班",分甲乙两组招收学员,分别予以半年或一年的训练。班主任先后由程沧波和潘公展担任,马星野副之,一共办了三期。民国卅年开办"新闻专修科",招收高中毕业以上程度的学生,修业期限为两年,前后共办了两期,初时也由马星野担任主任。自从马氏受任中央宣传部新闻事业处处长之后,由中央日报总经理詹文浒继任。到了民国卅二年,政校才恢复设立"新闻学系",在抗战继续进行期间,教务还能够在安定中求发展。

同年有一件重要的事情发生。那就是中国大学中第一个报学院的设立。哥伦比亚大学报学院院长爱克门(Carl W. Acherman)应中央宣传部副部长董显光之请,举荐该院教授克罗斯(Harold L. Cross)和纽约前锋论坛报(New York Herald-Tribune)总编辑庄同礼(Anthony T. Drall)等几位美籍教授,担任国际宣传处高级新闻人员训练班的教席。这一个训练班开设的时候,正式改隶于中央政治学校,而称为该校的"新闻学院"。当时院长由董显光兼任,国际宣传处处长曾虚白副之,克罗斯则担任教务长。除几位美籍的教授外,兼聘请甘乃光、潘公展和马星野等为特约教师。这一个学院近似研究院,因为入学资格是规定大学毕业,与该校"新闻学系"性质不同。其训练的目标集中于英文写作,以求养成国际宣传人才。至于课程上的特色,是包括了"广播"和"摄影",为国内普通报学系课程所未列。该学院修业期间为两年,后来办理了两期,因抗战胜利而宣告停办。

复旦大学在抗战时迁入四川北碚,由民国卅一年起,该校再请陈望道主持"新闻学系"。经过抗战损失和长途搬迁之后,复大"新闻学系"也须重新建设起来。民国卅四年四月开幕的"新闻馆",等于扩大了从前"新闻研究室"组织,表现出师生的精神和毅力。"新闻晚会"经常在那里举行,一时校内研讨报学蔚成风气,不少有志于报业的青年,希望到复旦研习报学。

当时世界时局演变很快,使报业更受社会人士的注意。政府对于宣传人才也非常重视,间接有助于报学教育的推行。陪都军事委员会政治部,曾于民国廿八年秋季起,在中央训练团开办了两期"新闻研究班",抽调军队方面人员,训练编辑《阵中简报》。其后又于民国三十二年起,在军中文化训练班中设立"新闻系",由诗词家易君左担任主任教官,目的也在养成军中的报业人才,这也是值得记载的一件事。

燕京大学在日军侵占北平之后,有过一个时期,校务还是继续进行,但到了民国三十年十二月,太平洋战争爆发起来,校长司徒雷登(J. Leighton Stuart)和其他美籍教授,都遭受了日军的禁锢,于是校务无法维持下去。次年燕京大学在成都复校,获得大公报总经理胡政之的协助,和"张季鸾纪念奖学金保管委员会"拨助的国币十万元,迅速地恢复设立"新闻学系",由大公报桂林版编辑主任蒋荫恩担任主任。重新建设报学系原是繁重的工作,而且当时延聘教师更见困难,蒋氏为适应学生的需要起见,实行调整报学课程,使于简化中仍保存主要的训练,同时恢复了《燕京新闻》的刊行,令学生获得每周实习的机会。

当太平洋战争进行的时候,华南方面的高等学府,出现了一个报学系,那就是广东国民大学的"新闻学系",该校本来创立于广州,其后分别撤退到开平和香港,港校再度撤退到曲江,校长吴鼎新当时兼任广东省参议会议长,对于报学教育很为重视,因鉴于华南方面各大学始终没有办报学系,便于民国三十一年在民大开办"新闻学系"。主任一职先由文学院院长黄轶球兼任,次年曲江新校舍落成,聘请美国斯坦福大学(Stanford University)报学系研究员袁昶超继任主任,特约广东报界人物担任教师,并筹建新闻馆为学生实习之用。但这一个接近前线的大学,又于湘桂粤北撤退一役中,第三次遭受日军的蹂躏,"新闻学系"的发展计划不得不延缓下来。

民国卅四年抗战胜利之后,教育界人士都准备复员。但是因为交通上的困难,许多学校师生要等到卅五年秋季,才能够重返原来的校园。复旦大学复员上海江湾,"新闻学系"继续由陈望道主持,添聘上海名记者担任教师。该系恢复战前创立的"新闻研究室",其中设有图书馆、阅览室和资料室,并筹备添设实验印刷厂,便利学生实习出版工作。中央政治学校,于民国卅五年七月,改组为国立政治大学,复员后设校于南京红纸廊和孝陵卫,"新闻学系"还是由马星野负责。该校前后造就报业人才,当时已达四百余名之多,且有半数以上还在报界工作。燕京大学复员北平燕园,"新闻学系"由蒋荫恩继续办理。为适应学生不同的志向起见,中文和英文的科目同时兼顾,使这两个方面的课程平衡发展。蒋氏并曾于民国卅七年秋季前往美国,考察密苏里大学和其他大学报学院系的状况。广东国民大学迁返广州荔枝湾,"新闻学系由大光报社长陈锡余兼任主任,推动东南报学教育工作,也曾举行各地报纸展览会",引起社会人士的注意。圣约翰大学于战时没有迁离上海,胜利后继续由美国教会办理,其梵王渡校舍和设备依然存在,复员工作易于完成,"新闻学系"仍由武道负责主持,学生的训练注重办英文刊物。清华大学回到北平清华园之后,中国文学系曾于卅五年一度开设"新闻学概论"一科,请蒋荫恩兼任教授,此外还有少数大学开设同样科目的,民治新闻专科学校复员后,在上海长乐路设校,继续由顾执中主持校务,和报界方面联系颇多。

　　抗战胜利之后,国内专科以上学校也不乏添设报学系的,这是报学教育发展的一个好现象。上海暨南大学文法学院学生,原有"新闻学研究会"的组织,民国卅五年秋季,该校正式设立"新闻学系",由报学家冯列山担任主任。次年冯氏离沪辞职,改由新闻报总经理詹文浒兼任主任。政务在日渐开展中。国立社会教育学院,于复员后设校于苏州拙政园,民国三十四年秋季开办"新闻学系",由前星洲日报总编辑俞颂华担任主任,三十六年俞氏病逝,改聘马荫良教授主持,继续充实各种设备,并敦请报界人物前往演讲。上海方面专为训练报业人才的机关,添了"中国新闻专科学校"。该校成立于民国三十四年,校长为陈高傭氏。此外"新中国学院"和"文化函授学院",都设有"新闻学系"。各校的添设报学系,自与青年学生对报学兴趣的增加有关。

　　如上所记载的事实,中国报学教育的发展,只有三十余年的历史。各大学最初开设报学科目和创立"新闻学系"的时候,因为师资与课本的缺乏,多敦请报界人士为教师,讲授其从事报业的经验。后来由欧美归国的留学生中,不少专门研究报学的,多被延聘为报学系教授。历届报学系毕业生中,也颇多在报界取得相当地位的。中国本位的报学学术系统,逐渐由报学系的师生建立起来。教育界人士在抗战中播迁流离,刚在萌芽的报学教育也遭受挫折,如设备上难求完备的缺点,使报学系学生不易得有"实习的机会"。但报学的研究日见增加和进步,在国内外造就的人才已经不少。致力于报学教育的学者,对于这种新科学的前途,都抱着坚定的信念。

载《报学杂志》第 1 卷第 5 期,1948 年

袁昶超

报学教育的目标

　　本文为笔者在本杂志发表有关报学教育短文的第三篇。执笔时候是以研究报学的学生为对象,不作为与教育家讨论的题目,从《报学教育的目标》出发,可以申论到其他许多问题,本文的发表如能"抛砖引玉",使教育界和报界对报学教育重新估价,并继续研讨实际联系的方案,便是笔者所企望的。

现代报学教育的趋势,并重报学理论的探讨,和报业技术的改进。前者在求继续发现一种新科学的原理,确定其在社会科学中的地位;后者在培植优秀的专技人才,提高从事报业的标准。实施报学教育的对象,是一般有志献身于报业,并决心以此为终身事业的青年。而提倡报学的意义,在乎达到一种崇高的报业理想。所以,报学教育的主要目标,可以分为下列三点陈述:

　　(一)灌输报学和有关科学的基本知识——报学所研究的范围,除了新闻报纸的性质、原理和技术之外,旁及一切期刊的撰述、编纂、与经营诸问题;广义的报学,并包括了宣传学在内。报学本身所研究的范围既广,而其牵涉所及的,显有政治、法律、经济、历史和社会各方面的问题。所以,凡是从事于报业的青年,除了若干报学科目必须学习外,还要选修其他有关系的科目,如中国近世史、中国外交史、中国政府、行政法、民刑法、西洋通史、比较政府、国际政治、政治学、经济学、社会学、社会问题、科学概论、艺术概论、理则学、修辞学、速记学、打字术以及外国语等,这些不属于报学的科目,也有一部分为报学系所规定必须修的。其中差不多包括了社会科学的基本知识,倘若把握着这样广博的知识,则从事报业必能获得较大的成功。

（二）训练从事报业工作的专门技能——报业工作不仅是开办报社,而且包括经营通讯社。再广大一些来讲,还可以把期刊社和广告社,都归并到报业工作的范围。在目前社会生活日益繁复的时候,不论禀赋如何得天独厚的人物,倘若对于一种专业没有基本知识,断不能了解其实际的内容。但若仅有基本的知识,而没有技术上的训练,也不会胜任那种专业的工作。报业在各种专门的职业中,尤其是要讲求知识的充实和技能的熟练,因为报业和社会国家以至于世界,都发生了极密切的关系。凡是从事报业工作的人,决不能毫无专业技术的准备,就贸然负起那样重大的责任;应当在报学教育机关之中,不断研求技能的训练和改进,以求促成报业的发展。

（三）培成经营健全报业的道德观念——报业工作人员在社会上,有其职业上的地位。这种职业和其他职业一样,也有其道德上的信条。报学教育家对于报界的道德问题,不能不特别重视。本来高等教育的目标,除了研究高深学问和训练专门人才之外,同时要陶冶高尚的人格。这个目标和报业人员所需要的知识、技能、道德三条件完全吻合。所以,经营健全报业所需要的道德观念,应在实施报学教育的时候培成,使报业人员在社会上的地位,永久地获得尊重。以往因为客观环境的特殊,所谓道德问题不被重视,而保持报业道德这件事,对于报业本身的健全发展,却是非常重要,这就是报学教育机关所担负的最有价值的工作。

唯有真正认识报学教育的目标,才知道在大学设立报学系的需要;亦唯有真正了解报学教育的问题,才明白办理报学系的方法。过去有些报界人物,以为新闻报社便是最好的报学院,不必在大学里面再设专系;更有些报界人物,引证报学系毕业生不能胜任工作,而判断报学教育不会有优良的效果,这都不免是片面的观察,规模完备的新闻报社,虽然能够使报业人员获得宝贵的经验,但对于报业人才的训练,不能完全替代了大学的报学系,因为报学课程一方面探讨健全的理论,一方面也重视实际的经验,报学系学生的实习时间,固然不及报社工作时间之多,但对于学理有较充分的时间研究,而且一般报学教育家,都承认报学系学生毕业之后,还需要在报业机关里面,继续博取丰富的经验;并不是凡出身于报学系的青年,都可以立即成为干练的报业人员。反过来说,报业工作者在业余之暇,也常会感觉到有研究报学原理的需要,但因为工作环境的关系,若在报社中与同时研究学理,事实上都有困难,大学报学院对于报界的关系,好像大学医学院对于医药界一样,只会有学术上的贡献而无妨碍,我们不能借口医学院的毕业生经验不足,而否定了医学教育的功能,也许因为有些报学教育机关办理成绩欠佳,而致那些毕业生不能负担实际的报业工作,不过这是报学教育应求改进的问题,并非其本身注定不能收到良好的效果,正如同医学院的毕业生,在执业时未能获得预期的成绩,那应当归咎于其训练之不良,而不能引为医学教育注定失败的原因。

社会人士对报学教育还有其他的误解,每以为报业人员必须有特殊的禀赋,而不是教育的功能可以造成的;他们多以为报业工作的专技,不是任何人都可以学习的,但在事实上,报业人员所需要的智慧和才干,都可以由训练中得来,正如同医师、律师和工程师,都要经过适当的训练一样。固然,报业人员须有敏锐的感觉,强□的记忆,机警的活动,清晰的观察和正确的判断,但这些优越的能力,凡是脑力健全的人,都能够训练成功,并不是先天的禀赋所注定,至于道德观念和责任心,那是修养方面的问题,凡是担任专业职务的人,都应当求其适应,不独报业人员需要具备这些条件。报业既然成为专业化的职业,对于志愿从事这种工作的青年,自然可以予以适当的训练。无论如何,训练的成效要比未训练的情形为好,而且社会人士也将认识,并非凡"文人"都可以成功地成为"报人",因为今后报业技术的发明日多,不曾容许一个门外汉立足。从这一方面看来,提倡报学教育的作用,也是和提倡其他专业教育的作用一样,都有其培植优秀专技人才的理想。

一般的专业教育机关,都依据教育方针、学生程度和训练目的而划分等级与修业期限,如医学教育方面,设有大学医学院、医药专科学校、护士学校等;工程教育方面,设有大学工学院、工程专科学校、工程训练等。从报学方面言,各大学的报学院或报学系,训练高中毕业研究报学课程,修业期限定为四年,并且有设立报学研究院的,可以说是高级报学教育机关,不过对于报学教育的提倡,还需要向其他方面发展,才能培育众多的专技人才,是以有报学专科学校的设立,入学资格和大学报学院系相同,而修学期限只有两年或一年,侧重于报业技术的讲习。以迅速造就报业人才的观点而论,这种专科学校自有其特点。此外还有报业职业训练班,招收初中毕业以上程度的学生,在短期内授予报学的常识和技术,使能担负基层的报业工作,在中国的环境也有其需要。至于在专科以上学校开设报学科目,如"报学概论"一类,列入文法学院的选修课程,使报学内容获得较普遍的认识,对于报学教育的推行,也是很有帮助的。

载《报学杂志》第 1 卷第 6 期,1948 年

袁昶超

报学系课程概述

本文为笔者在本杂志发表有关报学教育短文的第四篇,关于报学系课程的订立,因为教育部还没有确定标准,所以由各大学自行编拟,目前可注意的现象是:报学课程不切实用,课室讲授的时间过多,报社练习的机会太少;科目名称未能统一,不是分列得重复不当,便是对并得分辨不清。报学系学生功课繁多,选习科目时顾此失彼,离校就业时一无所长,事实上最感觉困难的,还是主持报学系的教育家,在开办报学系的时候,既不容易编订适当的课程,等到课程订立了以后,也不容易延聘专任的教师,如果是接办一个报学系,原列课程早经教育部核定,为着各年级功课衔接的关系,又不便随时修改订正,结果是勉强维持着旧章。本文论述大学报学课程时,特别拟定一个报学科目表,借以阐明报学所研究的各种主题,也许可以供国内报学教育机关采用。

美国是报学教育最发达的国家,各大学报学院或报学系的课程比其他国家所订立的较为完备。其所以分设报学院(School of Journalism)和报学系(Department of Journalism)的原因,是因为规模大小的关系,以一般的情形而论,报学院与其他各学院是并立的,而报学系则多归并于社会科学院内。倘若开设报学科目过少,不能成为一个专系的时候,则依据那些科目的性质,附属于文学系或其他学系。在一个课程完备的报学院里面,还可再分若干部门,使学生能于志愿职业选定之后,集中于那一种专业的训练。报学虽然是新兴的科学,但因为其研究的范围很广,所以逐渐有分列部门的需要,美国各大学的报学科目,都见于其"课程概览"(Catalog of Courses)。对于报学课程的订立,因编制的互异,而各有不同。但对于报学教育标准的提高,其方针原是一致的。

中国报学教育的发展受美国方面的影响特别多。密苏里大学报学院故院长威廉博士,是一个世界知名的报学教育家。他曾几次亲自到中国来,联络教育家提倡报学教育。那时候中国各大学初设报学科目,其后中国学生陆续到美国,专习报学和其他有关科学,归国后献身报业或从事报学教育工作,是以专门人才逐渐增加。中国各大学的报学课程和美国各大学的报学课程,也有很多相似的地方,如第一二年级多修习其他社会科学的科目,第三四年级才集中于本系功课的研究。美国报学教育原是一种高级职业训练,注重报学知识和现代化的技术。在大学的修学期间内,也不容易完满地达到目的。中国报学教育还在创始时期,倾向于把握职业教育的方法,而以建立中国本位报学系统的精神为其实践的指导。

中国各大学报学系的课程,都是根据当时的需要而编订,并且经过教育部的核准,课程表里面并非全是报学的科目。因为大学教育和普通职业教育不同,报学系学生除了本系科目之外,还要修习其他各系的有关科目,才能够完成必要的训练。对于准备开设科目的名称,每科学分的多少,修习次序的先后,在课程表中都有规定,但报学系学生也不必尽修本系的功课,而可以于若干必修科目之外,随自己兴趣选修他系科目,只要获得本系主任的许可。有些报学系划分本系主修科、副修科和他系选修科等三种科目。

中国各大学的报学课程,多年来已有不少的变动,而且科目名称未能统一,事实上难以列举比较。下面是试行拟定报学科目表,并附有概括的说明。

报学概论:对于报学的发生、原理和范围,报业的性质、部门和技术,作简明的介绍。

中国报业史:叙述中国报业的原始、发展和现状,说明其时代背景杰出报纸和报人的贡献。

新闻采访:分析新闻的要素、种类和体裁,采访的目的,程序和方法,同时练习新闻写作。

新闻编辑：研究新闻的标题、版面的编配和校对的方法，在校报工作中取得实际经验。

时事评论：讨论时事，阅读社评，研究思想方法，征集参考资料，练习评论写作。

报纸文体：分析专论、特稿、通讯和小品文的体裁，选读各种文体，并练习专题写作。

新闻摄影：训练摄影，冲洗，印放等技术，以配合新闻采访为目的，并说明铜锌版制作程序。

报纸图画：讨论报纸图画的价值和制作，包括寓意书、故事画、新闻照片、新闻地图和其他插图在内。

副刊编辑：分析日报、副刊、星期特刊、图书增刊以及其他专刊的内容，读者的兴趣，和选材的方法。

资料供应：研究报社资料室的组织，剪报材料的分类，参考图书的编目和图片铜版的处理等。

电传术：说明收发电讯，广播新闻和无线电传真的原理，并见习各种工具的使用方法。

印刷术：说明印刷的历史，近代的发明和排印的技术，见习活字排版和各种印刷机器的应用。

报业管理：研究报社的组织、行政、设备。讲求报务，财政和工场的管理，并及发行、广告和推销的问题。

广告学：分析广告的原理、政策、效能，练习稿件的设计、撰述、制图，并将报纸广告举例评断。

报业法律观：论列有关报业的法令，如宪法、民法、刑法、出版法、著作权法和战时检查条例等。

报业社会观：论列报业对社会的关系，报业人员的道德问题，社会势力对报业的影响和人民公论的表现。

世界报业：讲述世界报业发展史、各国报业现状和国际通讯机构的组织等。

交稿翻译：训练以中文翻译英文电讯、评论和特稿的能力，使达到正确而且迅速的标准。

通信社业务：以开办通信社为研究的对象，兼顾采访、编辑及发行三方面问题，自设小型通信社实习。

期刊社业务：以创立杂志社、书报社及其他期刊社为讨论的对象，注重组织、编辑及经营方法，自设小型期刊社实习。

宣传学：论述宣传的意义，讨论宣传的目的、媒介和技术，并研究担任实际工作的问题。

专题研究：采取个别方式，选择特殊的题材，如资料供应社业务，国外采访工作和通讯应用等。

英文新闻：选读英文新闻，研究英文记叙，练习英文写作，英译中文新闻，草拟英文电讯。

英文评论：选读英文评论，研究英文文体，练习英文写作，旁及报纸特稿与期刊专论的撰述。

英文编辑：阅读英文报纸与期刊，练习英文稿件的校阅、标题、编记、校对和其他编辑工作。

英文报务：研究英文报社的组织，英文报纸的排印，英文电讯的传播和英文广告的处理等。

校外实习：对报业工作有专长的学生，得派赴校外报社实习，成绩由报学系与报社会同考核。

毕业论文：由教授指导学生选择专题，注重研究中国报业的改进，使能在学术上有所贡献。

以上所列各项报学科目，可能适合中国各大学报学系的需要。至于主修科如何分组指定，学生修习各科的次序，每科学分与时间的编配，以由各校自行订定为适宜，在报学科目以外的其他科目，也有报学系学生副修科和选修科之分。所谓副修科是按学生志趣而定的，通常可分为文学、史地、政治、经济、社会、教育等六组。择定一组后，便以该组指定科目为副修科。

中国各大学所定课程虽大致相同，但如果报学系是隶属文学院的，学生就须副修文学院学生共同必修科目；如果隶属法学院的，又须副修法学院学生共同必修科目，是以其间会有差别之处，不若将报学系改隶于社会科学院为合理。现在将报学系学生可以选习的报学以外科目，不论是属于副修科，或选修科特列举较为重要的一部分如下：

国文　国语　修辞学　英文　英语　理则学　法文　法语　速记术　日文　日语　打字术　中国近世史　中国外交史　中国文化史　中国政府宪法　中国政治思想史　政治学　行政学　行政法　法学通论　民法总则　刑法总则　西洋近世史　西洋外交史　西洋文化史　比较政府　亚洲诸国史　西洋政治思想史　国际政治　国际公法　联合国组织　美国问题　日本问题　苏联问题　中国经济地理　世界经济地理　民俗学　经济学　经济问题　统计学　社会学　社会问题　社会调查　文学概论　中国文学史　中国文学选读　心理学　社会心理学　伦理学　艺术概论　西洋美术史　现代戏剧　物理学　化学　生物学　图书馆学　工商管理　商业统计　科学概论　哲学概论　教育概论　生理学　语言学　体育

载《报学杂志》第 1 卷第 7 期，1948 年

袁昶超

报学教育和职业训练

> 本文是袁先生在本杂志发表有关报学教育短文的第五篇,下期的题目是"报学教育的前途"。——编者

现代报学教育的目标,既然是侧重于职业的训练,究竟已经获得怎样的效果?这是教育界和报界都注意到的问题。中国报学教育在萌芽时期,虽有职业教育的理想,不求职业训练的方法,因而没有显著的成效,后来发现报学教育不彻底的弊害,才逐渐注意毕业生的实际出路问题,但又因为报学系设备未臻完善,对于技术的习练仍然不能达到标准。而且社会人士对于沿用"新闻学"一词,只知其狭义的解释,不知作广义的研究,大都以为凡报学系的毕业生,都只能担任普通新闻报社的记者,那种职业是范围狭小、待遇菲薄和工作辛劳的,这也是阻碍报学教育发展的原因。

现代报学在社会科学中,已经位居一个重要的地位,其范围推广到报纸的研究以外。而办理报学教育的机关,也重视各种专技的训练,力求适合职业的标准。从现状和趋势观察,报学教育必将继续发展,直至获得满意的效果。这种观察可以美国的情形来说明:美国各大学的报学院和报学系,可以说是社会人士所公认,为最理想的报学教育机关,从里面毕业出来的学生,差不多都能够获得职业上的机会,一方面固然因为训练的适宜,使每人可以担

任实际的工作;一方面也因为部门的互异,使大家可以分途找寻出路。美国原是一个报业最发达的国家,不过全国六十间以上的报学院和报学系,每年训练出来的毕业生不在少数,如果都要入报社里面服务,事实上难以——容纳。加以报界本身也产生不少人才,很可能和报学院毕业生竞争职位,但因为报学的范围是比较广阔的,完善报学院的课程,容许学生选择其中的一个部门,特别注重那种职业技能的训练,因此可以为未来职业作充分的准备。学生在修习基本报学科目之后,知道自己已对于报业中那一个部门发生最大的工作兴趣,再经过教授的说明和指导,便可以决定专门研究的目标,如报纸的编辑、报社的管理、评论的著述、通讯社的活动、广告的设计、期刊社的经营、宣传工作和出版事业等。这种有计划的职业训练,可以使报学系学生各展所长,而免报界有人才过剩的现象。

美国各大学的报学院系,学生修业期间多定为四年,但因为采取学分制之故,如果能够在每年暑期中继续修业,提前完成规定的学分,也可以缩短修学的年限,报学院系的毕业生,由学校授予"报学士"学位。有些大学还发给职业训练证书,证明学生的学业成绩达到职业标准。"报学士"继续在大学研究院进修一年至两年,对于某一个报业问题有特殊研究,并著作有成绩优异的论文时,可以由学校授予"报学硕士"学位。但美国各大学通常不授予"报学博士"学位的。研究院学生在取得报学硕士学位之后,如果以高级报学科目为副修科,而以社会科学另一部门的科目为主修科,继续作两年以上的精深研究,并且著有在学术上发明性质的论文时,可能由学校授予那一个部门的"博士学位",如政治学博士或社会学博士等。但对于报业的职业训练,已经在大学本科的四年期间完成,此外高级学位的授予,不过表明其学术上成就的程度。报业职业训练的方法,除了报学科目的研读和实习外,还需要其他课外的活动,如在假期中组织考察周,前赴各地考察报业,途中练习撰述新闻通讯稿,返校后再行草拟报告书,共同研讨和批评,实习和考察报业工作,对于职业训练有良好的效果,也可以说是绝对需要的。因此,有些报学教育家主张改订报学系的修学期限,由四年延长至五年,以最后一年从事实际工作的训练,成绩合格才能够毕业,这和一般医学院的学制相似,在职业教育的观点上说,多一年的训练当然有其深长的意义。美国各大学报学院的学生,多有充分实习报业工作的机会,除了在本校经营一种小型报纸之外,在毕业前总要被派到较大的报社实习,这是报业的职业训练最重要的过程。一般从报学院系毕业的青年,多数要立即找寻适当的职位,除了大城市报社的工作之外,他们也愿意担任小城市报社的职务,或杂志社和书报社的编辑,通讯社派驻各地的记者,商业机构广告部的职员,图书印刷公司的经理,或各种期刊的专栏作者。美国出版事业和商业广告特别兴盛,使报学院系毕业生的出路,不必都趋集于新闻报社一方面,这也是美国报学教育日见发达,而职业训练成效显著的原因。

中国的报学教育,虽然不能和美国的报学教育相比,但对于完成基本训练和提高职业标准的要求可以说是一致的。中国的客观环境和物质设备,自然有许多地方不及美国,不过中国各大学的报学系,一旦确切把握着职业训练的方法,自然可以获得预期的效果。

中国的报学教育,前后不满四十年历史,实际上造就出来的人才不算多,而且因为时局变迁频繁,环境不利于报业的发展,各报社的经济状况和人事制度,使有志于报业者不能安心工作,不少毕业于报学系的优秀学生,终于离开了报业的岗位,因此报业人才更见缺乏。我们要想研究报学教育的效果,若仅在报界方面找些例证,还是不能指出其成败的程度的,似乎比较可靠的量衡方法,是先研究报业需要何种人才,然后调查报学系的职业训练能否达成培育这些人才的任务。中国政府当局、教育家、报业专家和报学系学生,莫不希望报学教育成功,而事实上似乎距离尚远,大家不是寻不出停滞的原因,而是没有想出具体的办法。例如开办报业的时候,很少人想到附设小型报社的必要,各大学把报学系并入文学院或法学院,把报学系和文学系或政治系同样看待,没有顾及职业训练的必要条件。如果能够把报学系和医学院相提并论,则报学系之必须有附属报社,犹医学院之必须有附属医院,以配合学生的见习课程,这个道理是十分明显的。又如教育当局对于报学教育的目标,报学研究的范围和报业工作的实质,都没有寻觅机会对高中学生说明,致使他们于升学选科的时候,很多人不自知应否入报学系。再如报业人士对于报学教育,附了偶或批评其实际效果外,很少提出协助推行的方案,使报学系能在报界鼓励之下,增加其职业训练的进度。如果各有关方面都能密切合作,则报学教育可在高等教育中确立地位,而报学系也可在报界职业中树立标准。在历年的报学系毕业生中,已经可以找出若干创业成功的例证:他们主持各地日报社、通讯社、期刊社,担任国内外通讯员、特约撰述员等,表现很多优异的成绩,可以说是报学系职业训练所收获的效果,倘若以过去的经验为基础,确切把握职业训练的方法,则距离成功之途不远了。

载《报学杂志》第 1 卷第 8 期,1948 年

袁昶超

报学教育的前途

报业是一种社会事业,同时可以作为责任的职业来观察,这种事业对于社会,可能发生很巨大的影响,而从事于这种工作的人,对社会也要负很重大的责任。所以,报学教育的实质,虽然是把握职业训练的方法,但报学教育的精神,还是在学术上的建树,使报业不断有新的进展,各国的报学教育,方针虽然不完全相同,但对于学术贡献的努力,其态度是一致的。现代报业随客观环境的需要,在物质上陆续有新的发明。因此,报学的范围也跟着扩充。而驾驶这种物质上的发明,使成为推进报业技术的工具,同时不忽略了精神上的建设,使成为一切实践的指导,应为今后报业问题的重心点。所以,报学教育的前途,有着一条康庄大道。如果能够注重学术上的贡献,则职业训练会获得更大的成功,因为主办报学教育的机关,将成为报界职业的精神领导者,非仅报业工作人员的养成所。社会人士承认了报学院或报学系的学术地位,而信仰其对于促进报业的成就之后,那些毕业生的出路便不成问题。过去有些报学教育家,订立了报业人员的道德信条,树立了经营报业的高尚理想,不啻是引导报业进步的南针。今后继续作学术上的努力,完成报学教育的使命,可以说是必然的趋势。

中国报学教育的推进,其目标正和各国一样,在把握职业训练的方法以外,重视报学理论的建立。一般报学教育家都认为,中国报业的技术改良问题,可以借鉴于欧美先进国家,但对于报学方面理论的研究,也应有相当发明和贡献。这样,使社会人士对于报学科学,逐渐有了正确的认识;而中国报学教育的成就,也能够见知于世界了。为达到学术上的独立研究起见,将来需要由政府加以提倡,在各大学中开办报学系,并设立报学研究院。集中人才从事探讨,此外各报学系本身应有一种联合组织,向各方面征集一笔基金,奖励对于中国报业有特殊贡献的,藉以提高中国报业在世界报业上的地位。建立中国本位的报学学术,本来不是一种简易的工作。但如中国报学教育家具有决心和毅力,将来总可以达到这个目的,从物质方面的进步言,中国报业自必有相当的发展;而具有学术性的报学著作,也可能逐渐产生出来。中国报学教育的发达,也许能够和美国并驾齐驱,两国报学教育机关的贡献,表明了东方和西方报业理想的一斑。不论在任何一个时期,双方的联络切磋都是很需要的,正如其他各种学术一样,唯有共同保持着合作的精神,才可以迅速获得进步。中国报学教育发展到那个阶段的时候,我们就可以相信,中国报业也必将有更优良的表现。

中国本位报业学术的建立,不仅是报学教育家的责任,而是全国报界人士的责任,大学报学系只是高级学习机关,为报学的研究试验所,对报界提供促进报业的方案;而报界在执行专业的时候,也常有发现报业上的新问题,进而实地研求解决的方法。唯有学术机关和职业界的切实联络,才能促成那一种专业的进步。所以,中国报学教育今后的发展,将以联络报界从事学术研究,为其主要目标之一。现在各大学报学系的学生,多设有报学研究会,经常敦请报界人士,作报业专题演讲,或参加实际问题的讨论,已经启导共同研究学术的风气。今后,报界对报学教育机关的匡扶,和报学系对于报界的贡献,乃是促成中国报业发达的条件。从心理方面研究,修习报业技术的青年,固渴求在毕业之后,献身于那种高尚的事业;同时,担负实际工作的报人,也不少希望在余暇时间,研究健全的报学理论。换言之,未有经验的学生,需要找寻工作经验,而已有经验的工作者,还需要学问上的进修。在这种情形之下,各大学报学系自然成为报业学术的重心机关,将来在大学里面开设高级报学科目,利便报界人士的进修,应是一件可能实现的事情。

中国报学教育的实施,将来会重视这几方面的努力:其一,鼓励青年创办县镇报社,普遍发展全国的报业,因为报纸是良好的社会教育工具,报业负担了推行社会教育的责任,各县镇报业的普遍发展足以协助建国工作的完成。而且报学系毕业生日多,如果大家不准备到县镇开展事业,而只是集中于都市方面,自难免造成都市人才过剩的现象。其二,造就较多的报业管理人才,使能适应报业的商业活动。因为报业必要应用商业管理的方法,然后可以获得业务上的成功。过去报学系的毕业生,多数重视报纸文章的写作和新报的编辑,很少人注意到报社的业务管理,以致在工作上常常遭遇困难。对于商业管理方法的学识,必然为报界人士所重视。其三,训练从事国外采访工作的记者,扩大我国报业的国际通讯网。因为国外消息的来源,向多仰赖于外国通讯社,致使我国报业地位低落。今后我国须有干练的驻外记者,他们可以由报学系训练出来,除了特殊的采访技术应研究之外,并至少要精通一种外国语言文字,使能负担国外采访和报道的责任。其四,培植传播报学知识的师资,使报学成为通习的科目。因为报业和人类社会生活不可分离,差不多每个国民都要了解它。将来报学系可以栽培报学教师,在专科以上学校和高级中学里面,担任讲授报学科目,加深一般学生对于报业的认识。如果前述四种计划都能够实现,则中国报学教育在半个世纪中的努力,更可以表现其卓越的成功。

载《报学杂志》第 1 卷第 9 期,1949 年

吴灌声

论新闻教育

新闻教育的发展,只不过有数十年的历史,由报馆学徒式的训练,进步为具体的学校教育,为新闻事业前途造一光明之远景,诚有其划时代的意义,我们鉴于新闻事业在社会上所占地位之重要与夫现在面临之危机,新闻从业人员之缺乏,新闻教育所负的责任,更觉其重大,盱衡现实瞻望将来,仅将刍尧之见提供如后:

一、中国新闻教育之重点:

(A)正确的观念——吾人对一宗学说或一种事业,均必须先具有正确观念,然后能产生合理的见解。新闻记者号称为"社会批评家"、"社会教育者",其言论负有代表人民,领导政治之职责(当然指民主政治国家而言),若本身缺乏正确观念,则其影响贻害于一般社会者至重且大,故新闻教育务必要确立准记者们两种不可动摇之观念:

( )新闻记者为一种神圣的职业,除必具有超人之德行外,尚须博学深思,养成学者风度,又须机警稳健,勇于克服一切障碍,感导社会,而不为社会所同化。

(二)新闻记者为人民的喉舌,立言必须以争取群众之利益为目标,凡为一己利害而歪曲事业,或专事阿谀权威,不惜违反民意,颠倒黑白均为吾人之仇敌。吾人必须以学力为基础,人格为保证,用神圣的笔杆完成其任务。

（B）学术与经验——新闻记者对社会处于领导地位，充分的学识，丰富的经验乃为必备的条件，学术与经验相辅而行，重要性已毋庸多述。为谋实现上述条件，兹按实际步骤提供意见如下：

（一）学术方面——新闻学范围广阔与其他社会科学均有密切关系，故除习授正规课程外，尚须设有下列设备与组织：

（1）扩大图书馆设备——图书馆为每一学校必有之设备，新闻学府尤其需要，除广罗各种书籍外，并宜搜集全国各地之报纸，供研究参考，俾得随时了解全国新闻报纸的动态和进展。

（2）强化课外组织——此种组织包括学术时事等座谈会，及摄影驾驶等研究会，藉此提高学习兴趣，交换研究心得。

（3）优良师资的选择——由于目前优良师资的缺少，及新闻学专著的贫乏，给予从事新闻教育者甚深的苦闷，今后对于师资的选择除应延聘专才教授外，并宜尽量提高其待遇，力求专职，予以发展的机会。

（二）经验方面——学术每偏重理论，忽于现实，故吾人除阅读书本外，尚须在实际工作中寻求经验，其必要的措施：

（1）发行小型报纸——规模务求完善，由师生轮流指导实习，并宜同时发行两种以上，藉此发生竞赛作用，相互砥砺前进，美密苏里新闻学院，即采用此种方法，而收惊人的效果。

（2）参观团与采访组——此种组织专为利用假日或课余特殊机会，从事实地考察，校外采访尤属重要。

（3）特约讲座——由校方或同学自治会特约名人学者（不忌党派）来校演说，以客观态度虚心研究。

二、对我国新闻教育的几点希望：

（A）政府的协助——新闻教育还是在萌芽时期，建立基础，工作艰巨，且因经济拮据，若干设备有心无力，政府应鉴于"社会教育"——狭义地说即新闻教育之重要而负起实际的协助责任，如（一）创办国立新闻学院，（二）扶助私立新闻学校配给校舍与印刷机器等设备，（三）教育部应重视并倡导新闻教育。

（B）新闻教育家的决心——世界学术不断进步，新兴思潮波涛汹涌，基于"社会教育"的急迫需要与新闻事业的重重危机，新闻教育家决不能疏忽其在历史上应负的使命,将以何种坚毅之精神,排除万难,确定其教育方针,举起辉煌之火炬,武力和金钱都不能控制正义的苏甦,站在时代的十字街头,智慧的新闻教育家们,自会决定你们的去路。

（C）希望于新闻记者与准记者们——欲发展新闻事业必须彻底发展新闻教育,新闻界同人均有登高疾呼,提倡推行的责任,运用舆论之力量,奖励贤才,排除败类,使新闻事业与新闻教育打成一片,做准记者的在校同学,亦应认清新闻教育的重要与自身未来之责任,争求主动服从真理,尊重法令为新闻学府养成卓然不拔之风气。古人云:"天下兴亡,匹夫有责",更何况我们是置身于新闻圈内的人,谁也免不了一份责任。

我们用客观的眼光去看目前的新闻事业,用诚挚的热情去憧憬未来的新闻教育,内心中却充满了不安和矛盾,因为我深深地了解在一个"社会问题"没有得到合理解决以前,一切理论总不免流为纸上谈兵。新闻事业所表现的是最现实的"社会意识",新闻教育也是代表着一代"社会制度"的教育文化。由于整个的"社会体系"而影响于从事新闻事业与教育的每个人员的思想行为,自所难免,这不能不使人们在叹息中寄予了无限的同情。可是社会是不停地进化的,"社会制度"也无法静止,纵观目前世界局势,民主思潮的激荡澎湃,早象征着一个新社会形态的成熟,将扬弃旧形态而诞生。即以我国而论:社会秩序的紊乱,人民生活的不安其严重的程度已为近代史所仅有。我们从事新闻事业与教育的人,在社会上是处于领导民众的地位,从整个的社会的观点上看是负有促进社会进化与安定人民生活的责任。凡我新闻圈里的同志们,在这个黑暗沉沉、风雨如晦的今日,新闻事业与教育,只有一个目标,那便是一切以人民意志为主体,以大众福利为依归,技巧地使用着我们的武器,笔,为和平民主而奋斗。当此新闻人才尚待培养,新闻教育犹在起步的今天,纪念母校成立两周年节日,尤其值得我们深长的意味。

载《中国新专校刊》第8、9期合刊,1948年

曾虚白

注重通才的培养

新闻记者是一位"通才",不是"专才"。"通才"的发展是横的,"专才"的发展是纵的。横的求其博,纵的求其渊。一个记者在专家集合的场所,会衬托而成浅薄,可是在普通人的场合中,却是一个无所不知、无所不晓的人物。他会运用他的博来发掘人家的渊,他的博是一串万能钥匙,可以打开任何渊深的宝库;他的博是一本索引,可以按图索骥,找到任何渊秘的资料。

这是理想新闻记者的标志。

树立了这个标志,我们进一步研究如何可以教育出符合这标志的人才。

新闻技巧的研究,实际没有独立专科的必要。如何写新闻,如何写社论,如何写特写,当然各有其为然的技巧,可是这技巧也只是常识,老实说,聪明才智之志,略加解释,就能心神领会。一段新闻,一篇社论,一节特写要写得生动,却也要写得有内容;写得生动可以靠聪明,可是写得有内容却非要有修养不可了。真正成功的记者,决不靠以技巧炫人,却要有真才实学来贡献给读者。换言之,记者的教育应注意在"通"而造成其"博"。

新闻是否应立专科,本来仍是个辩论未决的问题。我个人的私见,新闻既已成了个现社会中很重要的专业,自有设立专科的必要。可是目前中外各新闻教育机构的教育制度,却有商榷的余地。

我是参加过规划筹备与主持中政校新闻学院的一个人。学院同学经过一足年的训练,英文写作,采访能力,以及新闻记者所应具的技巧皆突飞猛进,先后升学美国哥伦比亚及密苏里等大学,都能得教师的注意和同学的敬佩,就成绩讲不能不说收到相当的效果。然而我总觉得这样的制度,这样的课目,是片面的,是局部的,或者更可以说是,缓急轻重之分,竟有些先后倒置之嫌。在同学方面,也都感觉到忙虽忙,忙得有些无聊,全部时间都花费在奔走访问,再没有多余的时间来充实自己。对各种问题,所得的尽是些皮毛,都有些感到光阴的虚度。后来我到美国,又遇到这些在美进修的同学,不论在哥伦比亚或者密苏里,他们还是有这同样的感觉。

因此我觉悟,目前的新闻教育制度,实在有改革的必要。我们不应再偏重在技术的训练,而应转移注意到通才的培养,一切社会科学因应广加涉猎,就是哲学,文艺以至自然科学也都不能不知道。我上面说过,记者的博要有一串万能的钥匙,要有一本万能的索引,我们不希望每一个未来记者都读破万卷书,可是我们希望未来的记者能知道什么资料向什么地方去找。如能做到这一点,我认为新闻教育已真成功了。

载《报学杂志》第 1 卷第 2 期,1948 年

朱沛人

改造新闻教育

中国新闻教育办了很多年了,新闻学校(包括新闻学系、专修科、专科等)数不在少,从新闻学校出来在国内新闻界服务的人确实不少,其中也不乏卓有成就的人,但我们不能认为新闻教育成功了,任何一个新闻学校出来的学生走进报社,并不比其他学校出来的学生更能胜任愉快。新闻学校只可以说给一批有志从事新闻工作的青年一个名义和一点人事关系,而获得一条走向新闻事业的比较便利的路径,并没有给他们必须的技能与学识。一个会计学校的学生走进他的职业界时,对于一笔收支款项的账目,知道如何去处理,一个法律学校的学生走进他的职业界时,可以胜任一个低级法官或书记官的职务。但是一个新闻学校的学生,走进报馆往往任何事情都做不好,新闻写得不像新闻;坐上编辑台子,铅字的大小不能辨识;图书资料不知如何编目整理;广告和发行的处理根本之前未闻;走进工厂更是目迷五色,即使偶然参观过,再来时连似曾相识的印象都没有。目前新闻学校出来的最好的学生,不过是文字比较流利,常识比较丰富而已。然而这并非是新闻学校的专利,其他学校的学生同样也可以有这种的造诣。那么,我们何贵乎有新闻学校?何必办新闻教育?

办理新闻教育的最低要求,似乎应该是受过新闻教育的人,除了对新闻事业有兴趣而外,比任何其他学校出来的学生,更能胜任新闻事业实际工作,比其他学校出来参加新闻工作的学生,更具备有发展的可能的基本条件,他走进新闻机构比其他人更为熟悉。事实上我们的新闻学校都没有达到这个要求。因此,我们要达成这个最低的要求,我们的新闻教育应该有根本的改革。

一、从文学院搬出来

除了单独设立的新闻专科而外,大学新闻系都隶属在文学院,这实在可以看作是一桩笑话。新闻学决不是文学的一支,新闻事业需要的不是文学士。如果说新闻记者需要一支流利的笔,因而看待他为文学家,那么法官律师何尝不要一支流利的笔,是否也可以看做文学家?三四十年前,社会有一种流行的观念,只要会摇笔杆儿的人,就可以办报,这观念到如今还在作祟,所以,教育当局就把新闻系塞进文学院了。其实,无论从新闻的课程内容,从担任实际新闻工作所需要的技能与学识,我们都找不出新闻系和文学有什么重大的关联。新闻系的课程中,新闻写作和评论写作,因为摇的是笔杆,要的是文藻,或许可以勉强和文学拉上点亲谊,但作为新闻和评论的骨肉的知识,便不是文学素养了。犹之法官作判决书,律师写诉状,虽然也要摇笔杆,也要饰以文藻,但判决书和诉状视为文学作品究竟是拟于不伦的。新闻系其他课程和文学发生关系的就没有了,如编辑、采访、报业管理、发行、广告、史地、政治、经济、法律等等科目,根本就和文学院发生不了什么关系,倒是和法学院或商学院的关系更接近一点。如果新闻教育不能单独办理,自行设院,也应该归并在商学院或法学院内,而不应该隶属在文学院里。无论从课程的开设和教师的选聘上讲,新闻系在商、法学院内,要比在文学院内更为便利。新闻事业可以看作是一种企业,但不能视为文学。

二、只办后两年

大学新闻系不必与其他学系一样,要办四年,只要办后两年。新闻系本身的专门课程并不多,只修习这些课程也不足以培养一个好的新闻从业员。新闻记者要有广博的常识,并且要有一项专门知识。这已成为公认的一个良好的新闻记者的基本条件。自然，一个人不能什么都懂，但以工作需要言，编辑部门的新闻从业员应该有较丰富的政、法、经的知识，而就其中更有一项比较懂得更多。经理部分的从业员，应该有较多的管理和商业的知识，就中更应有一项比较懂得更多。目前新闻系的课程是一般性课程多于专业课程，原则上对的，但至多只能达成常识较丰富的要求，不能完成专长的理想。盖新闻学校无法为个性不同的学生开设许多不同的有系统的课程，使他足以获得较完备的专门知识。我以为新闻系只办后两年，招收大学文、法、商学院已修满两年的学生。使这些进入新闻系的学生，原来就已在各别的专门学系修习过了比较专门的基本课程，我们在新闻系里使之学习新闻系专修课程，并赓续就其专长深入研究，再开设若干讲座，聘请学者专家，对国内外当前若干问题，作广泛而较高深的讲述，以补充学生的常识，培养学生高瞻远瞩的眼界。

三、应该分组

新闻学校不仅培养采访、编辑、评论撰述的人才，也应该培养管理、经营、事务的人才。目前新闻学校几乎是编辑部从业员养成所，新闻学生也不愿走进经理部。但是中国报业要进步，非须有大量的经理人才不为功。有的人以为编辑经理两部人员应该可以互调，但我不赞成这意见。近代新闻事业分工日细，尤其需要专门人才，我们不可不顺这潮流走。而且经编两种人才，性质并不相同，应该各有专长，各有其个性。新闻学校应该分组训练经编两部不同的专才，以应发展事业之需。

四、要有实验报纸

目前新闻学校的专业课程都是纸上谈兵，编辑、采访、广告、发行都在课堂里讲。但这些课程都不是讲得好的。我讲过编辑，两三个星期以后，我就觉得无话可讲了，勉强敷衍了几个礼拜，学生所获甚少，甚至一无所获。容许这是个人的无能而致失败，但我也没有见过上过编辑课堂的人，走进报馆就可以编新闻，认识铅字大小，除非他曾经有过实习机会。采访、广告、发行等等也是如此，课堂是讲不会的。而我们今日的新闻学校，一切都是课堂上讲，这又是一个极大的笑话。我以为不办新闻学校则已,要办新闻学校必须有一个完整的实习报纸,使新闻学生走进社会具备基本的工作技能。

这个暑期,新闻学校毕业学生出路都很坏,固然报业的不景气是一个原因,但报社对新闻学生的不信仰,也是一个因素。因为引用一个新闻学生进报社,并不能把他当做正式的工作人员来用。大的报社可以给他们实习练习的机会,小的报社就无此能力,也无此雅量了。我们为新闻学校学生出路着想,也应该改革新闻教育的内容。

载《报学杂志》第 1 卷第 2 期,1948 年

储玉坤

论我国新闻教育

要中国进步,新闻界先得要进步;要新闻界进步,新闻教育先得要进步!

(一)新闻自由责任与新闻教育

我国新闻界近年来受了国际潮流的激荡,很明显的,发生了两大运动:第一是提倡国内言论自由,以保障政治民主化的运动;第二是提倡国际新闻自由,以永保世界和平的运动。但是所谓"言论自由",所谓"新闻自由",决非听任新闻记者冲破藩篱随心所欲之谓。古人所谓"一言兴邦,一言丧邦",现代新闻记者的言论,何尝不是如此,记者的一枝秃笔,不但有关国家的荣辱,世界的安危,甚至人类的命运有时也系于记者的笔上。美国第三任总统杰斐逊说:"报纸是启发民智的最好工具,它能帮助人民理解事情而成为社会上的一个完善分子。"威尔逊总统也说:"报纸是国民的精神食粮。"美国新闻教育专家威廉博士,甚至把报纸列为促进现代文明进步的三大力量之一。我国学者专家论及报纸对于社会国家的功效,也莫不强调其责任重大。梁任公论报纸的责任称:"报馆者,政之本也,教师之师也。"一代报人张季鸾对于报纸的性质也说:"一面应作商业经营,一面则对于国家社会负有积极的扶助倡导的责任。"

报纸的责任既如此重大,记者应如何善用其"言论自由"及"新闻自由",自然更加困难。目下国内也有少数记者,因为醉心于"言论自由"及"新闻自由",不论在报道新闻方面,或在发表言论方面,往往抛弃国家社会于不顾,使我们不能不引为我国新闻界当前的隐忧。姑以新闻自由而论,今年三四月间,国际新闻自由会议在日内瓦举行,对于新闻自由有无范围的问题,也曾通过一项重要的决议,规定新闻自由必须有其责任与义务,不能逾越八项限制,否则即应受法律的制裁。这个议决现已获得世界争取人权、爱好自由、维护民主的人士的一致拥护。所以我们新闻记者在新闻自由与新闻责任同时兼顾的范围内,如何尽其对于国家社会应尽的责任?实在是一个严重问题;但若欲解决这个问题,则非从新闻教育方面去努力不可。本刊试刊献词说:"民主的基本条件,是有负责的自由的新闻纸,……要中国进步,我们新闻界先得要进步。"所以我要说:"要新闻界进步,我国教育先得要进步。"

(二)新闻教育失败的原因

我国新闻教育已有二十余年的历史,在抗战期间,尤其在胜利之后,一般知识青年看到新闻事业的重要,对于新闻学均发生极大的兴趣。同时教育当局对于新闻教育也逐渐重视起来了,各大学纷纷添设新闻学系,有如雨后春笋,在表面上看来,不能不说中国新闻教育已有长足的进步;但按之实际,中国新闻教育尚在成功与失败之间。作者本人也是热心从事新闻教育的人,四五年来的努力,到今天对于我国新闻教育失败的事实,也不能不加以承认。在胜利之初,作者在沪曾与上海同业先进,共同创办一所新闻专科学校,所有教务、学制、行政、课程均由作者负责策划,教授大半也由作者物色,二三年来,学生人数虽然增加了不少,但扪心自问,这个新闻学校还是失败的,甚至再也没有勇气去加以整顿和改造了。同时作者还在一所国内著名教会大学兼任新闻系教授,起初一切情形都合理想,但一年不到,新闻系却奉部令取消,迫令学生转系,作者在尝试失败之余,曾写过好几篇文章,在中国文化服务社出版的读书通讯及商务印书馆出版的教育杂志发表,呼吁教育当局切勿再忽视新闻教育,但是教育当局始终没有注意到这个问题。

根据作者实地观察及研究所得,中国新闻教育的迄未成功,不外乎下列各项原因。

第一是社会上的传统观念,对于新闻教育的价值,至今还抱着怀疑态度,他们不相信新闻学也能和其他科学一样可以从学校教育的方式来研究和学习。因此各报馆添用新人,并不直接到新闻学校去物色,而采用公开考试的方式,从优录取,不问你是普通学系或是新闻学系毕业,都要从实习记者做起,过去申报一再公开考试,就是一个实例,作者曾参加出题及阅卷的工作,竟发现到新闻系毕业生被录取的百分比并不大。新闻系学生毕业后到报馆工作,还要经过一次"再教育",试想新闻教育还有什么价值?

第二是教授人才的缺乏。各大学新闻系不容易聘请到优良的教授;同时出版界对于新闻学的著作又非常缺少,不能补充教授讲解之不足。因此新闻系的学生,读满了四年学程毕业,反躬自省一下,总觉得内心空虚,几乎一无所得,除了一些肤浅的新闻学理论而外,不论是写作能力或是普通知识,或许还不及其他学系的学生。

第三是各大学新闻系的设备不全。各大学办理新闻系,和办理其他学系一视同仁,并没有另眼看待。这实在是一大错误。因为研究新闻学,和研究兵学一样,三分理论七分实际,如果没有实验室,就无异于纸上谈兵,所学得的理论与实际的工作,不能打成一片。试问国内有新闻系的大学,有没有像美国新闻学院自己办有报纸?

第四是教育当局不够重视新闻教育。不仅迄未厘订新闻学系的课程标准,而且也没有编纂大学用书,就是在教育部内,也没有一个新闻学专家专门管理各大学新闻系。而我们看到的事实,有南京鸣远新专遭教育部的取缔,上海中国新闻专科学校及民治新闻专科学校的迄未获教育部的批准立案,上海法学院报业管理专修科的奉令停止招生。凡此种种,几乎令人怀疑教育部是不是在那里摧残迫害新闻教育!

(三)改进新闻教育的三个建议

中国新闻教育的成功,对于我们新闻界的进步,有莫大的关系,不仅将来的新闻记者,要靠新闻教育机关造就,就是现任新闻记者的进修,也要靠新闻教育机关予以便利。所以作者除了呼吁教育部重视新闻教育而外,并提出三项建议,请求教育部从速采纳和实行:

第一,教育部应于本年内召开新闻教育会议,凡是国内知名的新闻教育专家,新闻学著作人,各大学新闻系主任,各新闻专科学校校长、教务长、各大报各通信社的社长、总主笔、总经理、总编辑均应邀请参加,共同商讨新闻教育应兴应革的事宜。目下亟待解决的问题有:(一)新闻系四年必修与选修的科目及其课标准;(二)延请新闻学专家编著各科大学用书参考书;(三)对于办理新闻系卓有成绩的各大学,应予以特别经费,用以添置设备,最好各校大学新闻系均能自己办一个报纸,使新闻系的本身就是一家完善的报纸;(四)组织研究委员会,一方面随时注意国内各大学新闻系办理的情形,提供如何改善的意见,另一方面则应派员赴英美考察新闻教育,以资借鉴。

第二,教育部对于新闻教育应采重点主义。通令国内各大学普设新闻系,在目前的中国是无理由可言的,粗制滥造出来许多记者人才,不仅要造成失业恐慌,而且对于报业也是有害无益的。所谓重点主义者,作者认为教育部应将上海的复旦大学、南京的政治大学、北平的燕京大学三校之中,抉择其一,作为新闻教育的示范,其他各大学可暂缓设立新闻系。

第三,教育部应开办一独立的新闻学院及研究院,一方面作为新闻教育的实验室,另一方面则为现任记者进修的学术机关。密苏里新闻学院与哥伦比亚新闻学院所主办的"美国新闻学院",都是值得我们模仿的。

八·二〇,上海

载《报学杂志》第 1 卷第 2 期,1948 年

武　道
（M. Votaw）

中国新闻教育的现状与急需

目前中国全国大学中，设有新闻学训练及课程的，有四个大学和一个专科学校。上海方面，另外还设有一两家私立学校；（编者按：武道教授对于最近成立的暨大新闻系似忘提及。）在美国，设有新闻学院系的大学和专科学校却有一百个。

在中国从事于报纸工作和杂志编辑的新闻从业员中，曾受过新闻学理论与实际，及新闻事业史训练的百分比，非常之低。很多出版界的经理人和编辑，都希望能有更多受过新闻训练与教育的人来参加他们的工作。可是，就在年前，教育部方面有位负责的人，却表示中国大学中设立新闻系的已太多了。

中国全国大学中，国立的复旦和政治大学，私立的燕京和圣约翰及苏州社会教育学院（过去在四川璧山）都设有新闻系。

以上各大学的新闻系的课程各不相同，国立政治大学自然比其他几个大学多偏重于政治学的训练，并且大体上都采用中文教授，原因一方面是学生的基础教育不够，一方面是别的课程要用英文教授也不容易。国立复旦大学的功课多半是兼任教授，这些教授都是在报馆有专职的。复旦学生的英文程度也不十分好，一样的不能采用英文教授。

至于燕京和圣约翰两个教会学校,则中英文两种语言并重,因为两校的学生入学试验时,英文都经过严格的考试,平时听英文的机会比较多,他们自己也常应用英文,所以对图书馆里的中英文书籍、报纸和杂志都能涉猎。

苏州国立社会教育学院的新闻系学生则偏重于社会问题的训练,学生英文程度很低。该校新闻系主任,为维持家庭生活计,在上海另有工作,只周末时才到苏州去。

燕京和圣约翰大学的设备比较好,两个大学新闻系的学生都有实习工作。两个大学都自己办有报纸,学生得用中英两种语文学写社论。圣约翰的日规(Dial)中英文都有相间出版,而燕京新闻却每期都采用中英文对照。

在目前不安定的情势下,各大学都感到经费不足,无法扩充发展,也没有一个大学想自己设立印刷所。

各大学当前所碰到的问题大体都相同,第一个,也就是最迫切的一个问题,就是没有适当的经费,用以提高将来准备做新闻记者的学生的训练水准。其次一个问题便是师资的问题,因为目前一般报纸都是在早晨出版,在各大学所在地的城市里,凡是可以请到学校担任功课的教授,时间表都只能排在下午四点至六点之间。这个时间与大学里的课程时间表不适合,而且读这种课程的学生,既已上了一整天的功课,到那时大都已经没有精神了,而且这类的报人往往又因意外的新闻工作而缺课,亦或因交通不便而迟到。

合格的新闻学科教授之所以聘请不到,另外还有一个原因就是待遇太低。事实上,目前中国各大学都因经费困难,不足应付各种开支。当然也有曾在大学里任教有年的教授,愿意刻苦自奉,继续在校服务。但是,如果要以同样微薄的待遇,去聘请从事新闻工作者,来担任专任教授,那简直是办不到的事。同样的,自海外归来,得有新闻学位的中国留学生,在目前经济不安的情势下,自然也不能出任新闻学系的教授。

所以,现在不仅是报纸及其他出版物需要受过大学教育与训练的新闻从业人员,而且设有新闻系的大学校里也需要受过良好训练,有资格的教师。如果中国要使本国情形及本国的问题与发展,让国内外大多数人士有所认识,那么还得要大批的男女学生到大学里去受新闻训练。目前中国政府机关里受到正式训练负责"公众关系"的官吏人数真是微乎其微,考其原因,一部分就是现在中国各大学里设有新闻训练的太少了。就中国驻外使团来说,又何尝有什么受过新闻训练负责"公众关系"的官吏？我们再看看南京各大国大使馆中,差不多个个都有一位受过训练负责"公众关系"的职员,这种情形实行有极谋补救的必要。

其实只要相当有远见的新闻界人士,社会领袖,政府官吏有决心去加以改进,那中国的新闻教育是可以改善的。一俟新闻教育有改进,就可以有大批受过训练的工作人员供应报纸和杂志,而中国报界的道德水准也可以提高。这得要精神和经济两方面的协助,如果这两方面的协助都可以得到,那么不要几年,中国出版界必能发挥自由,负责而有价值的出版事业的精神。（月卿译）

载《报学杂志》第 1 卷第 3 期,1948 年

钟华俎

敬与武道教授论中国新闻教育

从十月一日报学杂志第一卷第三期中,拜读到了武道(M. Votaw)先生的《中国新闻教育的现状与急需》一文,心中感到万分兴奋。武先生以一位美国学者来中国主持上海圣约翰大学新闻系,历已多年,人才辈出,誉满海内,这不但是武先生努力的结晶,也是中国新闻教育史上光荣的一页。作者除对武先生表示无限钦慕与敬意外,并愿以"未来新闻从业员"的资格,谨向老前辈武先生请教。

武先生文中,对于中国新闻教育的现状,大体说来分析得相当详细,对目前中国新闻教育的未能进展,说出了致命伤的所在。我们由这里,一方面看出了武先生对于中国新闻教育已具有相当的认识与经验;另一方面也看出了武先生对中国新闻教育的遭遇,流露出很热烈的同情与无限的期望。

在武先生的文中,对中国新闻教育,有下列数段的批评:

"中国全国各大学中,各大学新闻系课程各不相同,国立政治大学自然比较其他几个大学多偏重于政治学的训练,并且大体上都采用中文教授,原因一方面是学生的基础教育不够,一方面是别的课程要用英文教授也不容易。"

"国立复旦大学的功课多半是兼任教授,这些教授都是在报馆有专业的,复旦学生的英文程度也不十分好,一样的不能采用英文教授。"

"国立社会教育学院的新闻系,则偏重于社会问题的训练,学生英文程度很低,该校新闻系主任为维持家庭生活计,在上海另有工作,只周末才到苏州去。"

"各大学当前所碰到的问题,大体都相同,第一个也就是最迫切的问题,就是没有适当的经费,用以提高将来准备做新闻记者的学生训练水准;其次一个问题便是师资的问题,因为目前一般报纸都是在早晨出版,在各大学所在地的城市里,凡是可以请到学校担任功课的教授,时间表都排在下午四时至六时之间,这个时间与大学里的课程时间不适合,而且读这种课程的学生既已上了一整天的功课,到那时大都已没有精神,而且这类的报人往往又因意外的新闻工作而缺课,或因交通不便而迟到。"

从上面数段中,我们深深地体会到其症结所在,不外三点:(一)目前各大学新闻系的英文程度太低,(二)经费不够,(三)师资缺乏。武先生对这三点报导,可说都是事实,丝毫不容否认。对武先生的批评,我并不是认为批评不当,而是批评得不得其时,用在十年廿年甚至一百年以后的中国,未有不当,如在这教育未普及,烽火遍中国的今日,我却觉得武道教授对中国目前所需要的新闻教育未能彻底认识,对中国目前的处境未能彻底了解,不无遗憾!

一、新闻教育是否已被重视

中国新闻教育,已有廿余年的历史。尤其在抗战期间,政府深感新闻与抗战的关系重大,迫切需要大批新闻从业人员到战地去采访消息,到大后方去编行报纸,以鼓励士气民心,使国人人人均能抱着"抗战必胜,建国必成"的信念,始终不渝,故特命令各省市政府设立训练班,以培养新闻人才。同时对现任各报记者加以特别训练,使他们能适应战时需要。宣传部与美国新闻处所合办的新闻学院就负有这重大的任务。迨至抗战胜利以后,政府又鉴于"新闻"与"民主"的关系密切,教育部又通令大学设立新闻学系,截至目前,设有新闻学系的院校已达六个,而新闻专科学校之大设立,亦如雨后春笋,虽比不上武道教授所说美国设有新闻系院校之数目,然而在中国却不能不承认已有长足的进步。

可是,现在呢?教育部却有着一连串不可解的事实表现:如对新闻学系的课程标准尚未厘订;大学用书之尚未编纂;上海新专与民治新专的迄未获准立案;上海法学院报业管理专修科的奉令停止招生。凡此种种,若不是当局有意摧残新闻教育,便是还在怀疑与尝试阶段。

二、英文并不是新闻从业员的心脏

一个从事新闻的人,要有丰富的常识,这是不能否认的事实。不但各专家著书立论如此强调,即现今有许多新闻记者的笑话百出,也归根于缺少常识。有人说新闻记者什么都晓得一点,同时什么也不懂得,这就是说:新闻记者只有广泛的常识,而无专门的知识。诚如法国作家所谓(To know everything is to forgive everything),但在社会生活日益复杂,世界在千变万化的今日,要有各种广泛的常识也不是件容易的事情,所以一个准备将来从事新闻事业的学生,除了注重各种科学以外,对普通的常识也应特别加以注意。

新闻局曾虚白先生在《注重通才的培养》一文中,有这样一段话:"新闻记者是一位通才,不是专才。通才的发展是横的;专才的发展是纵的。横的求其博,纵的求其渊。一个记者在专家集合的场所,会衬托而成浅薄,可是在普通人的场合中,却是一个无所不知、无所不晓的人物。他会运用他的博才能发掘人家的渊,他的博是一串万能钥匙,可以打开任何渊源的宝库;他的博是一本索引,可以按图索骥,找到任何渊秘的资料。

这是理想新闻记者的标志。

树立了这个标志,我们进一步研究如何教育出符合这标志的人才。"

依据目前各大学新闻学系的课程,大致可分三类:(一)社会科学:中国史地、世界史地、社会学、政治学、经济学、法律学、人类学、心理学、伦理学、哲学、外国语、文学等;(二)新闻学程:新闻学概论、中国报学史、社论作法、时事分析、报业管理、广告学、编辑与采访、英文新闻阅读等;(三)技术科目:摄影、无线电、印刷、速记等,假如对自己将来愿担任的职务,应有门户的研究。例如要做一个国际新闻编辑,就得再研究世界史、国际公法、国际贸易、各国政府及比较宪法、现代各国经济问题、现代政治思潮等课程。由上看来,一个肄业于新闻学系的学生,除了要读本身的课程以外,还要读文法学院甚至理工学院的课程。以短短四年的时间,以个人有限的精力,把这些科学都念完都学会,实在已是一件很不容易的事情。

在现今英美化的时代,英美科学的惊人进步,我们不容否认,我们为了要吸收英美的新文化新科学,英文当为最重要的桥梁,故英文一科不论在中学大学都很注重。尤其是大学新闻系,人人均认为英文是最重要的科目,这点作者也不否认,不过觉得英文仅是新闻系中重要的一门,而还有许多其他科学更为重要,以作者个人观察所及,各大学新闻学系的学生,因为学校对英文过分严格,终日埋头于翻字典,看文法,读生字,其他功课却无法顾及。结果,不但英文没有弄到相当的地步,反而陷于一无所长,新闻学系毕业生的不为各报社所欢迎,此点也就是症结所在。

关于大学生英文程度太低的问题,乃目前一个普遍的现象,也不仅是政大、复旦、社教的学生如此,即全国各大学也莫不有此现象与感觉。如同济大学法学院院长徐道邻先生,即曾在《观察》第五卷第三期中说过这样的一段话:"现在一般大学毕业生,无论什么学科,除非家庭环境特殊,论国文,一个个文字欠通,字体恶劣,白字连篇,典故乱用;论外国文,口既不能说,又不能看,更不能写,占去小学中学里多多少少的时间,消耗了青年多少精神气力,学来的一点外国文,经过了大学四五年级的教育,而终于寿终正寝。"事实如此,要单独将某几个大学的英文程度提高,是极困难的事情,必须从中学去找治本的方法。

总之,作者认为目前中国的新闻教育,固然应注重英文,但对国文及常识也不应忽视,不应以为精于英文便觉满足,也不应以为不长于英文便阻塞了从事新闻的路向。学校或教育当局应根据各生的志趣、各人的程度、分别训练出"必具一专长"的新闻人才。在注重英文以外更加上日文、德文、俄文、法文等科目,除一方面可以吸收英美文化之外;另一方面并使可以领受其他各国之优秀文化与智慧。

三、经费不足,对新闻教育应另眼看待

经费问题,是发展教育的根本课本。就理论上说,欲使一所学校在学术上占有卓越的地位,表现出惊人的成绩,必须要有充分的经费。环顾今日大学情形,真使人摇头叹息!学校仰赖政府,而政府又是这样穷困,于是课程、编制、设施等等均受影响与约束。办学者并多感于经费缺乏不能展其所长,

诚有"巧妇难为无米炊"之苦。学校由于经费的困难,设备不得不因陋就简,图书不得不停止添购,同时更发生了另一重大的问题,即教授□□,遇是,目前大学教授生活之清苦,待遇之菲薄,乃众所周知之事。他们仅靠薪水收入实难养活一家数口,因此为生活奔走或兼职他处,以补不足,成了普遍的现象。记得曾有一位教授很坦白地对学生说:"教书,还不是为了吃饭!"语重心长,道出了今日大学教授内心的苦衷,也反映出中国教育正面临着厄运。

经费缺乏,为整个中国教育的严重问题。但处在这经十数年战乱,农村破产,遍地烟火,流亡、饥饿、纷乱的今日,如要全力来解决这个问题,实不可能。但是以新闻教育而言,当局却有另眼相看的必要。新闻教育在中国是一枝刚抽出的嫩芽,如要它欣欣向荣,日渐长成而不致干枯,则必须努力灌溉。各校新闻学系的设立,不及其他系科的久远,根基未臻稳固,而设备、图书亦都贫乏与落后。所以政府如欲使新闻教育发展,使新闻教育的理论与实际相切合,则非增加各大学新闻系的经费不可!

四、师资并不是不够

新闻是一门新起的科学,在中国教育史上更是幼稚,由英美新闻学校学成归国的人才实属寥寥。故在目前来办新闻教育,表面来看,师资缺乏是不可否认的事实,即新闻界先进亦莫不为此呼吁,感叹!

然而,师资是否真正缺乏呢?作者认为有详细分析的必要:

中国社会上素来有一个传统的观念,就是不问他是否真正有学问,有才能,只看他毕业于什么学校,是否吃过海水,以为有博士硕士头衔的便够格做教授,留过洋的便会引起学生的尊敬。这种观念,真不知贻害了教育多少年,故胡适先生曾有"中国学术独立"之提议。一个有学问的人,一方面固然是由学校中得来;但另一方面却以由他的努力研究与经验中得到的更为重要。诸如顾颉刚、梁漱溟、王云五等先生,都不是镀过金的人;而梁王二先生更谈不到什么学历,现在却是也成为中国数一数二的学者,成为叱咤风云的人物,这便十足证明了镀金的传统观念不一定完全正确。

中国新闻教育,虽只有廿余年的历史,但从事新闻事业十数年的老报人却不算少。有的虽已隐没或转业,但大都还在苦守岗位,他们多着的是办报的经验，并有不少的人从经验中获得了新闻学的理论与实际技术。他们了解中国的环境，他们知道中国目前的所需，他们洞悉中国过去教育的缺陷，所以各大学新闻系的师资，除了专门研究新闻的学人以外，这些老报人，便是一个宝贵的泉源。

摈除了"镀金"的传统观念，作者以为目前新闻教育的师资，并不是真正不够，而是因着另一问题感到缺乏。

在今天的大学校里，我们可以看到一个普遍的现象：学校成为党派活动的场所，充满了阴险与歧视，主持校务的人，还是首重其政治的立场；择任教师，也多以派系关系来决定；培植爪牙，不以才学为前提，控制束缚，教授无独立思想，于是许许多多学术渊博的学者，不是愤愤而走，便是被拒于校门之外。作者以为欲发展中国的新闻教育，政府必须对各大学新闻系的教授，统由教育部聘定。师资问题，便可迎刃而解了。

至于武先生认为教授在报馆工作，致使各校新闻系课程均得排在下午四时至六时，学生上课情绪不佳一节，作者认为大学与小学不同，而且除了新闻课程之外，还有十分之七以上的其他科学，在一天八节课中，至少总有几门在下午讲授。这是暂时的局部的现象，并不能说是新闻教育的严重问题，其影响所及，真是太渺小了。

国庆日于苏州拙政园

载《报学杂志》第 1 卷第 4 期，1948 年

王公亮

进步的新闻教育

社会变迁日益急剧而复杂后,一种"进步的教育",遂应运而生。这种"进步的教育",是一种开拓未来世界新天地的原动力,它是对于传统教育的一种建设性的抗议,至少也是一种优势的对比。因为传统的教育是形式主义的,主知主义的,绝对主义的,他的教材是固定的,方法是权威的,致学方法在学生方面是纯乎被动的;而进步的教育所注重的却是自由,是实验,是活动,是参预社会生活,是自我兴趣,是个人发展,也是主动的。

所以,这一种"进步的教育",在这日新又新的大时代中,将能发挥其极重要的作用。而新闻教育,在近数十年间随新闻事业突飞猛进的兴起之后,因其本质有注重现实生活,注重社会化的纪律,注重自由与活动,注重兴趣与主动等的优点,因而在"进步教育"的潮流中,更有其巨大的责任和意义。诚如杜威先生所说:"心理学有三大发现,此三大发现不能不影响并改变教与学的方法:(一)现代心理学知道人心不是在真空中学习的材料事实,必须与个人的过去经验或现在需要有联系,学习是从具体到一般的,不是从一般到个别的。(二)是个人之间确有差异,统一的方法在教育上不能有统一的结果,愈要求人人大致相类,愈需要多方面的个人的教学方法。(三)是个人没有或缺少兴趣必不能努力用功,任何科目本身不能有任何训练的效果。假如个人对于工作本身缺乏兴趣,或者做工作的结果不发生兴趣,个人不会竭力用功作去。"此三点都是对传统的教学方法的一种批评,亦就是进步的教育渊源所自,当然,对于新闻教育,也依然是切合实际的。

新闻教育之范围,本可分为四种:即(一)新闻事业机构的新闻教育;(二)专科新闻教育;(三)社会新闻教育;(四)大学新闻教育。但新闻事业机构的新闻教育,每每只能获得有关于技术方面之常识与经验;专科学校的新闻教育,虽对于新闻学能猎涉研讨,不过时间短促,不免草率,且因无暇兼及其他各种可以辅助新闻学之学科,故亦难有良好成绩;至于社会新闻教育,其指导效用能否尽到教育社会大众之功能,端赖主持者本身是否对新闻教育有深切之领悟及热情;就是大学新闻系的新闻教育,一般而论,自然较为适合社会与新闻事业之需要,但也不乏被人指责之处;只是,以上所述之四类新闻教育,尽管各有利弊。但在今日,进步的新闻教育,已经应该跃然而出,试让我们提出"教学做合一"的教育方法,来为新闻教育除弊增益,藉为中国无穷前程的新闻事业奠基,因为唯有用这种"教学做合一"的精神灌注入新闻教育,才能使新闻教育进步,也才能使小至中国,大至世界,蒙受新闻教育开花结果后的伟力!

在进步的新闻教育中,"教学做合一"的基本特点,就是要:(一)把教和学统一在"做"上教,学习者要在"做"上学,教的方法根据学的方法,学的方法根据"做"的方法,使新闻教育由理论通过了实践,接触到现实社会,从真实的社会中取得人类生活意义的真谛。(二)使最富于现实性的新闻教育,走向政治经济的统一,因为新闻教育决不能自命清高游离于政治经济之外,所以必须使受新闻教育者,进入社会活动的范畴中,去改造社会,并领导社会的舆论。(三)要使传统劳心与劳力分家的教育,走向劳心与劳力合并的境地,因为从事新闻工作者有这种需要,例如担任报社外勤采访工作的,和无线电广播记者工作的,都是既需劳心又需劳力,而且只有在劳力上劳心,才可以在实践中去认识世界,在实践中培养出足以改进世界的力量。(四)以真实事物作为主题的活教材,来代替以文字符号空虚概念为主体的死教材。一扫远距现实空虚贫弱的弊病,健全并改变了教育的内容。(五)"教学做合一"既健全并改变了教育的内容,遂也要求改变了书本在教育上的地位。在过去认为教育就是教书,受教育就是读书,于是读书成为教育最高目的,"教学做合一"虽看重书本,但是为了帮助完成事物而"用书",要把书上的知识和实践联系起来,主张活用书本的生活教育。(六)这种教育方法下的学习,可在学习中获得无限兴趣,学习有了实践以后,遂给学习者以明确的学习目的,生动的学习内容,使学习者愿有丰富知识和技能的准备,来完成事物的建设与创造,实践也给学习者以更多的新的体验,使他感觉到客观世界的深奥与广博,而后发挥出他应付复杂社会的潜能来。

创始平民教育的晏阳初先生曾说:"中国三万万以上的平民潜伏着雄厚的力量,必得下决心来教育,二十年后的今天,国家又是一个新阶段。"又说:"世界上的领袖们拼命在叫和平,除非你教育人民大众来参与本身的改造工作,否则就不会有真正的和平。"于是,他主张普遍开发中国的广大民力,而开发的武器,就是利用新闻事业中的报纸、电影和广播,以新闻教育而言,本可分"受"和"予"二方面,从事新闻工作本身必先"受"良好的新闻教育,而后才能"予"人以教育。美国斯坦福大学校长威尔伯博士曾说:"中国物力富足,历史伟大,假如四亿五千万民众都受了教育,我敢说,中国是维持世界和平唯一的主力。中国要世界乱,世界不可能不乱,中国要世界平,世界不可能不平。"

如今,国际风云日紧,正在多事之秋,国内情况,亦为爱国者忧愁忧思,连年战乱,中国的教育问题,始终在艰难困苦的境地中苦熬,但教育是立国的根本大计,"百年树人",其成功的途径是遥长的,而且,它不能等待一切安定后才再开始进行,所以无论国情如何困难,这项工作必须放手做去。新闻事业的教育性,现在已被举世重视,世界需要它,它不得不存在,也不得不发展。今后,各国朝野都要为此共同努力,而中国的新闻教育,尤需跳跃进步,打通一条新时代的文化路线,树立中国崭新的新闻事业,教育中国无数失学的平民,不奢谈其他许多崇高的目的,就仅仅为了国家的建设方面,也可以多尽些力量。(卅七年九月于国立复旦大学)

载《报学杂志》第 1 卷第 6 期,1948 年

白宝善

论新闻系与新闻界之合作

新闻教育为新闻事业发展到某一阶段的产物,事实证明学校为报社培植人才,较报社自行训练的方法经济,而且更有助于报业的发展。

我国新闻教育,至今尚未健全,一般人所诟病者,如师资缺乏,课程编配欠当和新闻系毕业学生缺乏实地工作经验等,均可藉新闻事业之合作获得改进;此等缺点和困难,亦唯有学校与新闻界合作方能改善。

学校和新闻界原是不可分的,二者相辅相成,互依为命。新闻事业之进步,固藉助于新闻教育;同样的,新闻教育之发展,更非取得报界之合作不可。

合作原则:

在我国,学校与新闻界间之合作,一向是若即若离,没有计划,加以运用不甚得当,所以形成学校与社会的脱节。过去的合作关系,大多出于学校方面的主动,新闻界对之非但不重视,且视为一种无可奈何的负担。

不少的报馆拒绝免费赠阅报纸,也不欢迎学生进社实习;容或接受学生在内实习,亦多以客人视之,不予实际工作的机会,更少予实习学生以切实的指导。至于帮助学校设备和设立奖学金,因报社限于经济能力,更谈不到。

以上情形,当然非报社片面的错误造成。如果学校师生对所赠报纸资料作适当的运用,对理论的研究提出许多有价值的报告,对实习学生之选派能慎重将事,且授意报社认真督导的话,自然不致于此。再如毕业学生初进报馆,本身既乏专长,工作尚无表现,即斤斤计较职位待遇,妄自尊大不肯虚心学习,当然招致报社的厌恶。又如学校在新闻教育方面的困难,并未提出详细报告,致未得新闻界的协助,学校方面自难辞其咎。

凡百事业之合作原则,必须公平合理,尤贵能互惠。今后两者的合作,应由双方共同拟订计划,或由一校和一报个别订立合同,逐步切实执行。学校与社会之沟通,是理论与实际的配合,相互间,是义务也是权利,任何一方面,均可要求对方合作。

合作方式:

新闻事业机关与学校新闻教育之合作,其重要者如:免费赠送报纸,供学生阅读比较;设置新闻教育奖学金,救助贫寒鼓励研究;指导学生实习,增加学生对实际工作的认识;举办新闻学术讲座,传授经验,指导学习;筹募教育基金,充实学校设备;提供意见,帮助教学设计;以及容纳毕业生工作,解决就业出路问题等。

在新闻教育方面,对于新闻事业机构之供给新人,解决报界人才荒;提供研究心得,使新闻事业日新又新;接受报社保送的学生,协助新闻从业员之进修与再教育等;亦非仅享权利而不尽义务。

携起手来:

一部新闻教育史,就是学校和新闻界的合作史。我国新闻教育之发轫,得力于民元中国报界俱进会之催生,各校之设系开课,教师亦多自报界罗致。抗战期间,大公报以季鸾奖学金助燕大新闻系在成都复课,中央政校举办新闻专修班培训党报从业员,凡此皆弥足珍贵。

现在,为了新闻教育的顺利进行,也为了报业的发展,我们诚恳请求改善今日若即若离的局面,从速密切地携起手来,由双方联合成立中国新闻教育促进委员会,根据实际需要,实施计划教育,解决新闻教育中的实习、师资、设备、就业等重大问题。

载《报学杂志》第 1 卷第 7 期,1948 年

余 予

假如我再念报学系

（一）

假如年龄和环境仍许我再进大学,我一定再念报学系。

四年大学生活和四年报业生涯至少增添了我一点聪明,叫我懂得怎样选择真能训练报人的大学,叫我懂得怎样培植我自己。

假如我读报学系只是因为看见名记者们的受人崇拜而有动于衷,或是由于中外政界红人大半出身记者而亦跃然欲试,我想我还是放弃的好。兴趣这个东西跟遗传和环境都有关系,我亲眼看见不少报学系的毕业生在报业天地里进退维谷,甚至对人生兴味索然,而原因只是学了他羡慕却毫无兴趣的东西。

有人把报纸当做踏板,搭铺他的宦途,这是报纸功能的误用。原子能用在广岛和放进汽车引擎,其功用是大有分别的。报人之应为专门职业者就像一加一等于二一样正确而无可置疑。

假如没有终生从事报业的勇气和决心,我想我顶好别寻生计。

我想起用教育学上的学习曲线来说明记者生活的历程也同样恰当。跨进报社,抱着一肚子工作热诚,东采,西访,吃闭门羹,坐冷板凳,数月一年之后,心灰意冷,锐气全消,这时际需要一股冲力,几许忍耐,锲而不舍,再后便是柳暗花明又一村的境界了。老报人搞报的兴味每较年轻人更浓,其理由也许就在这里。采访了十五年的老记者有时候会说:"搞疲了!"与其说是他诉苦,毋宁称之为一种职业上骄傲的自白,他搞"疲"了,但他并不放手。

每一职业都有它的甘苦,表现在报业中的更为深刻。假如我再念报学系,我一定先把我自己和报人职业生活,二者一同放到天秤上衡量,我决不贪新鲜,图名气和自己开玩笑。

(二)

假如我再念报学系,我一定得选择这样一所大学,它的主持人有办好报学系的决心,不随便设立,不中途松懈,不随办随辍,他舍得花钱,用得恰当,绝不吝惜。

它有一所专为报学系而设的实习报馆,自己有印刷机,有排字房、浇铅、制版,一应俱全。

很多设有报学系的大学总不肯在这件事情上花钱。他们辩论着:"我们可以利用现成的报馆让学生们去学习。"这个简省的办法大半选定寒暑假或者夜间来实行的,我并不完全无视它的功用(在教育经费少得可怜的状况下,其用心之苦毋宁说是值得称道的),因为至少可以让学生们有个"接触"的机会。

编辑们肯让实习生替不重要的新闻稿装一栏标题已算难得了,大多是客气地让他们"观察"一番,有一两个小时就足够疲极而入睡。

有位大报编辑主任曾向我抱怨,说他时常为一些实习生所扰。他说:"我真猜不透念报学系有什么用,我根本没有进过什么系,然而'坐□子'也快十年了!"

我不想替报学系的成立找根据(已有不少人先我做过这场工作了)。我只想说明去报馆作短期实习并不十分得策。我想实习的主要目的在求理论与实际配合,说得通俗点,是把课室里学的搬到报馆里来用,从应用的成功与失败中证明并改进所学。实际上,二者是循环不休,互为因果的。

但过程中无论如何不能缺少一种优良的指导——一种已证明的属优良的经验加诸学习者倾向上的纠正。报馆究非学校,时间与精力两不许一位编辑像教授那样替你修改标题和新闻稿。

我想，进报馆实习有如站在池畔看人游泳，比光读"游泳指导"总算进步了，但不幸跌入水里，其仓皇失措，一筹莫展，却决不会有异。我如再读报学系，我必须让自己有机会经常"下到水里"去学习。

报学系之应有实习报馆正如医学馆的应有附属医院一样，你不难想象一位从未一亲病人脉搏，从未临床实习过的医科大学生，一旦执行业务时的啼笑皆非。

我觉得花上四载光阴进一所没有实习报馆的大学，终日埋头故纸堆中，倒不如干脆上报馆充练习生，四年后的造就未必逊于戴方帽子之辈。我更极端地主张，没有实习报馆的报学系宁可关门藏拙点的好。

我要挑选这样一所大学，它不强烈地宣称"报学系便是读报纸的系"，不让图书馆的目录卡中报学著作空无所有，它有足够的社会科学典籍，文学中的游记、传记、信札、札记也不"阙如"。

一位读报学系的同乡向我诉苦，说他学校的图书室里找不出一本谈报学的书籍，就是报纸也少得可怜。比较起来，我未免太苛求，我甚至激烈地要求，至少我所理想的学校应收集若干其他国家研究新闻学的著作，包括苏联在内——这个生活方式与英美迥异的国家其立论不同的报学著作（如果有的话），我们没有理由弃而不顾。

我要挑选这样一所大学，它的主持人对"洋水"并不迷信，在我是宁可听一位具有实际丰富经验的教授说法的。我奇厌生吞活剥，和用"'中国必须强大'，罗斯福这样告报界。"开头的新闻写作课。

中国语文习惯与欧美的不同大大影响了新闻写作方法上的一致，从这里不难看出中国人的含蓄与彬彬有礼，发言者倒装式的句子读来总觉不惯。这使我联想起政治讽刺画，中国报纸所以极少讽刺本国时事的漫画，与含蓄的民族性不无关系（政治空气问题非我所欲论）。

我坦率承认，我反对兼任教授上报学课，除了精力超人者外，十九不能忠于他的授课时间表，如果经验不会说谎，我相信我的反对深具理由。

有人反驳：现职报人多半不愿放下报纸来当教书匠，其实这论据是不值一击的，显然现职报人并不包括所有学识经验均丰富的全体报人，若果能创有学校日报，他们又何尝不一样可以指导学生办得津津有味。

我特别重视这个学校是否聘有专任讲师教授印刷,摄影和时事漫画。时事漫画划属艺术学院的领域既不恰当,报学系便应勇敢地把它接收过来,替我们这个国度制造若干个罗大卫(David Low)、菲兹巴狄克(G. K. Fitz-patrick)。

(三)

假如一切都称心如意,而我又能再度跨进大学,我决不快活得太早。"谁笑得最后,谁笑得最好"。在我前面还有四个冬天,很长却又很短,全看我怎样安排。

剑桥大学规定新生必读十本权威社会科学、文学和史地著作的办法倒是可取的。诸如亚当·斯密的《原富》,卢梭的《民约论》,吉朋[吉本]的《罗马帝国兴亡史》、希罗多德的地理巨著,亚里斯多德关于哲学和政治学的典籍,无一不富于启迪性,这些书的作者归纳前人零散的经验,渗以自己超人的禀赋,给后人留下更深厚的泉源。

读原始权威著作的好处在我可以自根柢上出发,比读千百本演绎它们、介绍它们的概论之类,不知要省多少有用的时间和精力。

第二年的时间,我对史地和文学决不放松,尤其是传记文学。像《维多利亚女王传》那样优美的文笔和作者那样处理材料的手法,对于新闻写作的帮助该不会太小的。

如再有余暇,正课之外,我还想选读几点钟哲学。

关于是不是该读英文的问题,我抱如是看法:我如国文早有根柢,不妨多抽点时间攻习英文,否则,宁可不要它。英文差而国文优良的人仍可胜任报社一般工作;但英文好而国文太差的人(除了进洋文报纸工作外),其上进的道路远较前者为坎坷。

其实这理由还居次要,主要的是一个好记者不能光以国文或英义来造就,他的观察力和了解力,他对事物的剖析力常具有决定性的作用,而这些又得自平日学识的素养。

语文这东西并不易搞好,花了太多精力和时间换来一点阅读和说写的能力,结果把前面所述的决定因素荒误了,究非得策。有人主张用英文教授报学课,殊嫌太偏激。

假如我再读报学系,我一定要看这个系是一般性的施教,抑是严格地分科,二者当中,我是同情后者的。分科的严密,可免学生浪费脑力,反过来说,可让学生把性近的工作干得更好。

有人主张:把理、工、医三科和文科其他系的学生加以新闻训练使成专家记者,也无非是这主张更积极的强调。

假如我决习采访,则新闻编辑,报业管理,资料,时论写作的课程,有几个小时的"名人演讲",足够我消化了,我可把大半精力放在采访术、新闻写作、特写写作上。假如我兴趣的触角接近社会新闻,我决不在选课和读书时忽略民法、刑法、社会心理学、民俗学、社会问题甚至侦探学。

(四)

速记一科常常可在报学系的课程表上发现。中文速记译出的困难常令最有耐性的人咋舌,除了这点速记本身所具的缺点,还有一个原因叫我放弃了它,那就是实际上并无大用。重要得必须一字不漏的演说和谈话,殊不多见,长篇大谈,每不能为报纸有限的新闻地位所全容纳。

记者采访演说新闻,若倾全力于声音的记录,对会场气氛,和演说者的表情反要无暇旁及了,而这些在一篇演说新闻中与演说词同具地位。性急的读者大半只希望晓得演说的主旨,若能抓住,记录演说词精华和结语,足可写一条动人且合用的新闻稿的。

我与其花上三个月的时间习一门无大用的技术,何如利用一个暑假和一个学期中的空闲改习摄影。照片对于新闻的重要性与日俱增,摄影记者究不若自备一架照相机来得方便。假如我再念报学系,我决不犹疑选习摄影,想办法弄点钱,买只尚可一用的相机。

有照相机的人常比没有的人更易交友,当你旋动镜头,对准光圈,替你刚握过一次手的生人拍张小照时,他会微笑,动情,相机一开一闭间奠下了你和他深远的友谊。

假如我再念报学系,我仍决不学吸烟,很多人的错觉,以为不如此会妨碍一个记者的交友的,还有人以为夜工作者必须靠烟来清醒神经,这些似是实非之说绝对不堪事实的一击,在我所认识和所知道的记者中,十九是不吸烟的,而更奇怪的是和我一道坐编辑桌的同事,竟没有一个人有吸烟的习惯。

(五)

假如年龄和环境仍许我入大学,我愿再读报学系,但我却不希望再写"假如我再念报学系"这样的文章。

三七·十二·十二,南京

载《报学杂志》第1卷第8期,1948年